AI赋能教育

智慧教学与创新应用100例

刘伟◎著

化学工业出版社

·北京·

内 容 简 介

本书系统梳理了AI在教育领域的创新应用与实践路径，通过100个典型场景案例，全面解析AI如何赋能教学、学习和管理全流程。随书附赠：90多组AI提示词、100多个素材效果文件、120多分钟教学视频演示以及120多页PPT教学课件。书中具体内容安排如下。

【AI工具篇】聚焦AI教育生态的核心载体，涵盖从科大讯飞、百度等头部企业的教育大模型，到ChatGPT学习规划、腾讯智影视频创作等15类智能软件工具，再到智能学习机、AI词典笔、错题打印机等8类硬件设备，全面解析AI技术如何重塑教学互动与资源获取方式。

【教育体系篇】深入基础教育、高等教育、职业教育及其他教育场景，通过生成教案、批改作业、跨学科案例开发、职业素养分析等21项实用技巧，展现AI技术在不同学段的差异化赋能路径。

【高级应用篇】聚焦AI与教育的深度融合，从教师教学优化、学生自主学习、教育管理升级到行业标杆实践这四大维度展开，系统呈现技术如何推动教育场景从个体到体系的全面革新，构建“教—学—管”闭环的智慧生态。

本书以“场景驱动、资源支撑、案例落地”为特色，既涵盖教育全链路的AI工具与方法论，又提供可复用的模板与解决方案，适合教师、教研员和教育管理者等教育从业者阅读；也适合想探索AI辅助学习方法的学生与家长阅读；还适合教育行业研究者和AI技术爱好者阅读。

图书在版编目(CIP)数据

AI赋能教育 ： 智慧教学与创新应用100例 / 刘伟著.
北京 ： 化学工业出版社, 2025. 9（2026.3重印）. -- ISBN 978-7-122
-48931-9

Ⅰ. G40-057

中国国家版本馆CIP数据核字第202524MN86号

责任编辑：郭　阳　李　辰　　封面设计：异一设计
责任校对：杜杏然　　装帧设计：盟诺文化

出版发行：化学工业出版社（北京市东城区青年湖南街13号　邮政编码100011）
印　　装：大厂回族自治县聚鑫印刷有限责任公司
710mm × 1000mm　1/16　印张13　字数256千字　2026年3月北京第1版第2次印刷

购书咨询：010-64518888　　售后服务：010-64518899
网　　址：http://www.cip.com.cn
凡购买本书，如有缺损质量问题，本社销售中心负责调换。

定　　价：78.00元

前言 Preface

一、写作驱动

随着AI技术的迅猛发展，教育行业正经历着前所未有的变革。AI不仅重塑了传统的教学模式，更通过智能工具、数据分析与个性化服务，为教育公平、效率提升与创新实践开辟了新路径。从基础教育到高等教育，从课堂教学到教育管理，AI正逐步成为推动教育现代化的核心引擎。

当前，教育领域对AI技术的需求日益迫切，主要体现在以下3个方面。

（1）资源优化需求：城乡教育资源分布不均，需要通过技术手段实现资源共享与精准匹配。

（2）效率提升需求：教师面临备课、教学、评估等繁重任务，亟须智能化工具减轻负担。

（3）个性化学习需求：学生多样化学习需求难以被传统“一刀切”模式满足，AI成为破局关键。

然而，广大教育工作者与学习者在拥抱AI技术时，仍面临诸多挑战。

痛点1：技术应用门槛高

AI工具种类繁多，功能复杂，教育从业者缺乏系统性指导，难以快速掌握技术核心。

痛点2：实践案例碎片化

现有的AI教育案例非常分散，并且缺乏针对性，难以直接适配不同学段、学科的实际需求。

痛点3：创新转化能力弱

技术与教育场景融合不足，用户常陷入“有工具无方法”的困境，难以释放AI的深层价值。

二、本书特色

本书以推动教育智能化，赋能教学全场景为宗旨，响应国家加快教育数字化转型，构建高质量教育体系的战略号召，聚焦AI在教育领域的应用与落地实践，通过100个精选案例，为读者提供全方位解决方案。

特色1：覆盖全场景，构建系统化知识网络

本书从智能工具、教育体系到高级应用，系统梳理AI技术在教育全链路的应用路径，帮助读者建立从工具认知到实践落地的完整知识体系，实现技术与教育场景的深度融合。

特色2：聚焦实操性，提供工具与案例指南

本书以“即学即用”为目标，针对每类AI工具提供分步操作指引与场景适配建议，配套100多个素材效果文件和120多分钟视频演示关键操作节点，帮助读者快速掌握工具核心功能，将技术高效转化为解决实际教学痛点的行动方案。

特色3：激发创新力，推动技术与教育深度融合

本书通过“AI+传统文化”“AI+职业素养”等跨领域探索，打破学科壁垒。依托90多组AI提示词与70多个实操技巧，帮助教育者从工具应用者转型为场景设计者，推动教学从知识灌输向创造力培养升级，实现技术与教育价值的协同提升。

三、教学资源

本书教学资源及数量如下表所示。

教学资源及数量表

序　　号	教学资源	数量
1	素材	12个
2	提示词	92组
3	效果	96个
4	视频	100个
5	课件	120页+

四、获取方式

如果读者需要获取书中的教学资源，请使用微信“扫一扫”功能按需扫描下列对应的二维码即可。

扫码获取教学资源

五、特别提示

1. 本书涉及的文心一言网页版为基于文心大模型4.5的V3.6.0版。

2. 本书在编写的过程中，是根据软件和工具的当前最新版本截取的实际操作图片，但书从编辑到出版需要一段时间，在此期间，这些工具的版本、功能和界面可能会有变动，在阅读时请根据书中的思路，举一反三，进行学习。

3. 需要注意的是，即使是使用相同的提示词，AI工具每次生成的回复和效果也会存在差别，因此在扫码观看教程时，读者应把更多的精力放在提示词的编写和实际操作的步骤上。

4. 由于篇幅原因，AI工具的回复内容只展示要点，详细的回复文案，请看随书提供的完整文件。

本书由刘伟撰写，李玲参与资料整理，在此表示感谢。由于编写人员知识水平有限，书中难免存在疏漏之处，恳请广大读者批评、指正。

目录
Contents

【智能工具篇】

第1章　10个AI教育大模型：革新教育行业 …… 1

001　科大讯飞助力学生高效学习 …… 2
002　百度赋能教师智慧教学 …… 5
003　松鼠Ai提升个性化教育体验 …… 7
004　阿里巴巴拓宽教育资源边界 …… 9
005　网易有道强化语言学习理解力 …… 10
006　好未来引领数学教育创新 …… 15
007　作业帮助力解决学习难题 …… 17
008　读书郎激发学习潜能与创造力 …… 18
009　希沃优化课堂互动与效率 …… 20
010　三盟科技驱动智慧教育升级 …… 21

第2章　15大智能软件工具：教育的得力助手 …… 23

011　ChatGPT助力学习规划 …… 24
012　Kimi提供论文选题建议 …… 25
013　秘塔AI搜索提供高效信息检索 …… 26
014　通义助力学习与教育发展 …… 27
015　文心一言提供个性化学习辅导 …… 28
016　智谱清言生成个性化教学图像 …… 29
017　DeepSeek提供学习辅导与教学支持 …… 31
018　Course Hero提供AI课程助手与专家辅导 …… 32
019　Querium提供个性化学习与分步辅导 …… 33
020　Fireflies.ai转录与分析课堂对话 …… 35
021　Gradescope自动化评分与数据分析 …… 36
022　Fetchy生成个性化教学内容与课程计划 …… 37

023　Mathos AI逐步解答数学问题 …… 39
024　Tiny Tap AI生成个性化教育游戏 …… 41
025　腾讯智影助力教学视频创作 …… 44

第3章　8大智能硬件工具：实现AI互动学习 …… 51

026　智能学习机赋能个性化学习模式 …… 52
027　智能机器人重构教育互动场景 …… 54
028　AI词典翻译笔打破语言学习壁垒 …… 56
029　点读笔激发儿童语言启蒙兴趣 …… 60
030　智能学习灯实现护眼学习双功能 …… 61
031　错题打印机优化学习反馈机制 …… 65
032　可穿戴设备赋能教学互动与场景革新 …… 66
033　AI手写笔推动数字化学习进程 …… 69

【教育体系篇】

第4章　7个基础教育AI应用技巧：激发学习潜能 …… 72

034　用AI生成教学PPT …… 73
035　用AI搜集并整理教学资源 …… 76
036　用AI设计教案内容 …… 78
037　用AI生成历史时间轴 …… 79
038　用AI批改作业 …… 83
039　用AI生成美术教学材料 …… 85
040　用AI制作在线互动游戏 …… 88

第5章　5个高等教育AI应用技巧：助力高效教学 …… 92

041　用AI生成课程大纲 …… 93
042　用AI规划课程内容 …… 95
043　用AI生成期中/期末测试题 …… 98
044　用AI生成辩论内容 …… 100
045　用AI生成跨学科案例 …… 104

第6章　4个职业教育AI应用技巧：技能提升加速器 …… 108

046　用AI分析职业素养案例 …… 109
047　用AI生成面试问题 …… 111

048 用AI制订培训计划 …… 113
049 用AI生成员工职业发展建议 …… 115

第7章 5个其他教育AI应用技巧：拓宽学习视野 …… 117

050 用AI生成户外活动预案 …… 118
051 用AI辅助社区教育 …… 121
052 用AI制订家规 …… 123
053 用AI助力亲子沟通 …… 124
054 用AI定制教材内容 …… 126

【高级应用篇】

第8章 11个教师赋能AI应用技巧：提升教学效率 …… 130

055 用AI设计课程活动 …… 131
056 用AI管理课程时间 …… 133
057 用AI设计课堂提问 …… 135
058 用AI生成学生评语 …… 136
059 用AI进行知识扩展 …… 138
060 用AI进行教学反思 …… 139
061 用AI设计个性化作业 …… 140
062 用AI生成班主任工作总结 …… 141
063 用AI生成通知 …… 142
064 用AI生成活动策划方案 …… 143
065 用AI生成学生问题分析报告 …… 144

第9章 17个学生赋能AI应用技巧：助力学习成长 …… 146

066 用AI解答语法问题 …… 147
067 用AI解释公式与定律 …… 148
068 用AI推荐学习资源 …… 149
069 用AI生成测验题目 …… 150
070 用AI制订备考计划 …… 152
071 用AI赏析古诗词 …… 154
072 用AI指导调研报告 …… 156
073 用AI生成实验报告选题 …… 157

074 用AI生成论文选题与大纲 …… 158
075 用AI进行心理疏导 …… 160
076 用AI积累写作灵感 …… 162
077 用AI撰写演讲稿 …… 163
078 用AI创作短视频脚本 …… 164
079 用AI生成历史事件多视角分析 …… 165
080 用AI创作班级活动宣传语 …… 167
081 用AI提炼文章要点 …… 168
082 用AI创建智能体 …… 170

第10章 10个教育管理AI应用技巧：优化管理流程 …… 175

083 用AI生成课表 …… 176
084 用AI设计表格 …… 177
085 用AI设计应急预案 …… 178
086 用AI生成学校/班级的管理制度文件 …… 179
087 用AI生成值班安排 …… 180
088 用AI生成宣传文案 …… 181
089 用AI设计调查问卷 …… 182
090 用AI生成学校周报 …… 183
091 用AI进行数据分析 …… 184
092 用AI生成会议纪要 …… 185

第11章 8个教育行业AI应用案例：促进智能化发展 …… 188

093 哈尔滨工业大学电工电子实验教学中心 …… 189
094 北京邮电大学“码上”平台 …… 189
095 北京师范大学课堂教学评测系统 …… 191
096 华东师范大学跨学科融合的AI教育模式 …… 192
097 中国传媒大学AIGC+传统文化 …… 194
098 国家开放大学个性化智慧教学体系 …… 194
099 北京大学口腔虚拟仿真智慧实验室 …… 196
100 华中农业大学“有教灵境”系统 …… 197

【智能工具篇】

第 1 章

10 个 AI 教育大模型：革新教育行业

在数字化浪潮席卷全球的时代，教育也在这一变革浪潮中迎来了前所未有的机遇与挑战。本章将聚焦于10个具有代表性的AI教育大模型，深入探讨它们如何以强大的技术力量革新教育行业的传统模式，重塑学习与教学的未来。

001　科大讯飞助力学生高效学习

扫码看教学视频

讯飞星火大模型是科大讯飞推出的一款具有重要影响力的AI（Artificial Intelligence，人工智能）产品，它在教育领域的应用尤为突出。讯飞星火大模型具备7大核心能力，包括多模生成、代码生成、内容创作、数学能力、语言理解、知识问答和逻辑推理，如图1-1所示。

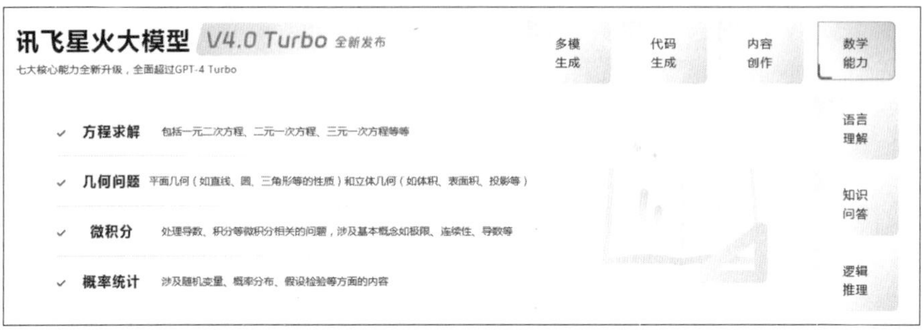

图 1-1　讯飞星火大模型的 7 大核心能力

其中，多模生成能力可以根据文本描述生成对应的图像，帮助学生更直观地理解抽象知识；代码生成能力可以为学生提供简单的代码示例，帮助他们理解编程语言的逻辑结构，逐步掌握编程技巧；内容创作能力可以在写作课上，依据给定主题快速给出不同类型的文章框架，并引导学生进行丰富和完善，从而激发写作灵感，提升写作水平。

另外，数学能力可以辅助学生解答数学难题，分析解题思路，推荐适合的学习方法；语言理解能力助力语文等语言类学科，帮助学生准确理解文本内涵，对文本进行语法检查与情感分析；知识问答能力如同智能百科全书，可以随时回答学生的疑问；逻辑推理能力则有助于培养学生的思维严谨性，使他们在解决数学、科学等学科问题时更具条理性和准确性。使用讯飞星火大模型解答历史题目的案例如下。

提示词

请解答以下题目，并提供详细的解析。
1. 在中国古代历史上，有一个朝代以其强大的军事力量、广阔的疆域和繁荣的经济文化而著称，该朝代还开创了行省制度，对后世产生了深远影响。这个朝代是（　）
A. 秦朝
B. 唐朝
C. 元朝

D. 明朝

2. 元朝是中国历史上首个由______族建立的大一统王朝，其创立的______制度对后世的行政管理产生了深远影响。

讯飞星火

【解析】

1. 根据所学知识可知，元朝疆域辽阔，为了加强统治，实行行省制度。在中央：由中书省掌管全国的行政事务；设枢密院负责全国的军事事务；设御史台负责监察事务。在地方：设立行中书省，在行省之下，继承前代的制度，设路、府、州、县。这一行政区划与管理的制度，被称为“行省制度”，在历史上影响深远。故选C项。其他三项均不符合题意，故排除ABD项。

2. 第一小问，根据所学知识可知，元朝是中国历史上首个由蒙古族建立的大一统王朝。第二小问，根据所学知识可知，元朝疆域辽阔，为了加强统治，实行行省制度。在中央：由中书省掌管全国的行政事务；设枢密院负责全国的军事事务；设御史台负责监察事务。在地方：设立行中书省，在行省之下，继承前代的制度，设路、府、州、县。这一行政区划与管理的制度，被称为“行省制度”，在历史上影响深远。

【答案】

1. C

2. 蒙古；行省

科大讯飞教育系列智能硬件也因星火大模型底座能力的提升而得到了全面升级。例如，讯飞AI学习机在语义理解、多轮交互、图文能力等方面有显著提升，能够实现超拟人答疑辅导，以及启发互动式的“AI 1对1”教学模式。AI答疑辅导试点数据显示，学生使用该学习机后，学习成绩和错题解决率均有显著提升。

科大讯飞AI学习机以其创新科技，为小学至高中的学生及家长提供了更好的服务，不仅重新定义了自主学习的边界，还针对预习、复习、备考、作业辅导等多个学习环节，提供了个性化、精准化的辅导方案，有效解决了学生学业进步缓慢、良好习惯难以形成，以及家长辅导压力大的难题。

作为讯飞星火大模型的重要载体，讯飞AI学习机将AI技术深度融入学习过程。图1-2所示为科大讯飞AI学习机Lumie 10 Pro，这是一款功能强大、资源丰富、操作简便的学习设备，能够为学生提供个性化的学习辅导和全面的教育资源。

自2017年科大讯飞荣获首批“新一代人工智能开放创新平台”称号以来，其AI学习机持续深耕教育领域，不断融合最新AI技术，为学生量身定制学习路径，其优势主要体现在以下几个方面。

图 1-2　科大讯飞 AI 学习机 Lumie 10 Pro

（1）区域化AI同步精准教学。无论学生身处何地，科大讯飞AI学习机都能依据本地考情，实现小初高全学段的AI同步教学。通过覆盖单元、章节、备考的全场景学习需求，并结合AI与大数据分析，学生只需少量练习，即可快速定位知识薄弱点。同时，科大讯飞AI学习机还可以生成个性化知识图谱，让学习更加有的放矢，成绩提升效果显著。

（2）3～8岁益智阶段的精准启蒙。针对3～8岁儿童的早期教育，科大讯飞特别推出了原创瑞恩熊AI英语、Raz-Kids分级阅读及熊小球语文启蒙3大板块。瑞恩熊AI英语以故事为引，结合自然拼读法，让孩子在趣味中提升英语口语；Raz-Kids提供千余本英文原版绘本，结合AI口语评测，全面提升孩子的英语阅读与口语能力；熊小球则以趣味旅行为主线，教授汉字拼音、诗词国学，让语文学习充满乐趣。

（3）8～12岁自主学习的强力支持。在这一成长阶段，科大讯飞AI学习机聚焦于语文阅读写作能力与数学思维的培养，通过系统化的阅读技巧教学和作文批改服务，逐步提升学生的阅读理解和写作能力。同时，数学思维训练板块涵盖了多种计算类型及奥数思维课程，辅以“学练测”三步走策略，帮助学生攻克数学难题。

（4）12～18岁学业提升的得力助手。面对高中学业的挑战，科大讯飞AI学习机提供了AI精准备考和AI全科错题本两大功能。前者能够精准分析区域考情，智能筛选考试重难点，配合海量题库和本地精品密卷，助力学生高效备考；后者则通过一键收录错题，智能整理并提供变式训练，帮助学生巩固知识，实现举一反三。

另外，科大讯飞还推出了星火智能批阅机，如图1-3所示，集成了智能批改、学情分析、个性化作业等功能，支持多学科、多题型的智能批改，并能即时生成多维学情报告，为教师提供有效的教学支持。

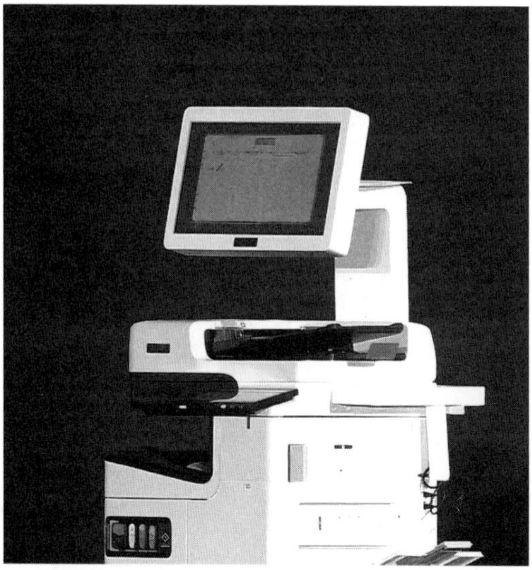

图 1-3　星火智能批阅机

科大讯飞携手中国教育科学研究院与华为，基于讯飞星火大模型的卓越能力，强强联合推进智能教师体系的建设，打造教师专属的AI助手，通过课时智能生成、情景活动优化、多模态资源检索融入等手段，提升教学设计效率和资源检索便捷度。同时，科大讯飞还与科普中国合作研发科普大模型，提升科普智慧化水平，赋能中小学科普学习。

在高等教育领域，星火科研助手则为科研人员提供了强大的文献信息挖掘和分析工具，有效节省了科研人员在文献检索、整理和研究方面的时间。讯飞星火大模型在教育领域的应用，不仅推动了教育技术的发展，也为教师和学生提供了更加高效、个性化的教学和学习工具，预示着教育领域智能化发展的广阔前景。

002　百度赋能教师智慧教学

扫码看教学视频

小度灵机大模型是百度小度科技在AI领域的一项核心技术，它基于深度学习和海量数据训练而成，并集成了百度文心大模型的所有能力，具备高级表达能力和理解能力。搭载小度灵机大模型的设备能够更好地理解用户需求，提供更为精准和个性化的服务。

小度灵机大模型主要包括自然语言处理、个性化推荐、知识问答和智能辅导这4个功能，具体如图1-4所示。

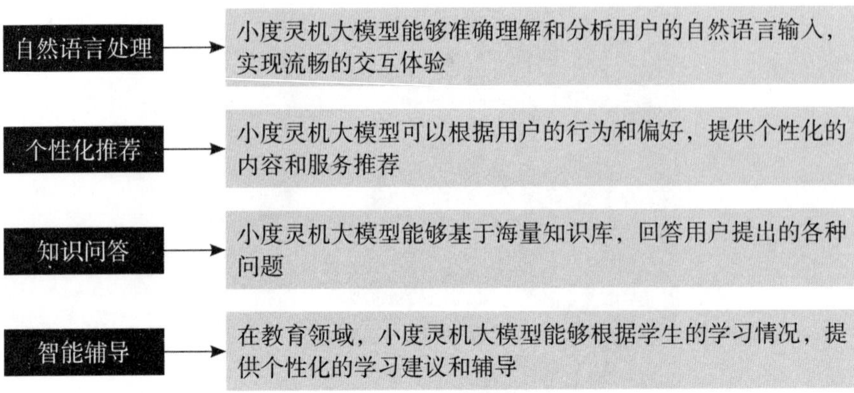

图 1-4 小度灵机大模型的 4 个功能

目前，多个百度小度科技的产品已经搭载了小度灵机大模型。例如，小度青禾就是一款针对青少年群体推出的智能学习手机，内置了小度灵机大模型，专门设有“智学”和“畅听”模式，如图1-5所示。

图 1-5 小度青禾智能学习手机

小度青禾作为一款专为青少年群体设计的智能学习设备，成功地将学习功能与家长管控模式相结合，为学生和家长提供了一个安全、高效、便捷的AI学习平台，其产品特色与功能如下。

（1）百度文心AI学习助手。小度青禾内置百度文心AI学习助手，覆盖小学到高中的教材内容，并实时更新，与学校教学进度同步。这一功能使得学生在家也能如同在学校一样进行同步学习，提高学习效率。

（2）AI讲题与精准学。小度青禾搭载了百度文心大模型，AI讲题教师功能能够为学生讲解难题，并通过互动启发式的讲题方式，帮助学生掌握解题思路。

同时，小度青禾还具备AI精准学功能，可以通过测、学、练三步，有针对性地提升学生的学习薄弱项。

（3）丰富学习资源。除了教材内容外，小度青禾还提供了国学经典、英语听力等多种学习资源，满足学生多样化的学习需求。

（4）应用与使用时间管理。家长可以通过手机远程控制孩子的学习手机使用情况，包括控制应用、设置使用时长和禁用时段等，防止孩子沉迷手机。

（5）通话白名单。家长可以将自己的电话设置为白名单，仅允许白名单上的电话呼入，有效拦截陌生人电话，保障孩子的通信安全。

（6）实时定位功能。小度青禾具备实时精准定位功能，家长可以随时查看孩子的位置，确保孩子的安全。

（7）优视蓝技术。小度青禾采用专利的优视蓝技术，主动过滤有害蓝光，减轻视网膜负担，保护学生的眼睛健康。

小度灵机作为小度专为智能设备领域精心构建的AI模型，预示着其未来将在小度全系列产品中深度应用与融合。小度灵机大模型在教育行业的应用，不仅实现了全场景、互动式、个性化的教学，让学生的学习更有效率、更有效果，同时也为教育行业的数字化转型和升级提供了有力支持。

003　松鼠 Ai 提升个性化教育体验

松鼠Ai的LAM（Large Adaptive Model，智适应大模型）是智能教育领域的一项重要创新，该模型通过结合多模态大模型，实现了教育技术的深度应用，旨在通过AI技术打造更为高效、人性化的学习环境。

扫码看教学视频

在全球大模型技术竞争日益激烈的背景下，松鼠Ai独树一帜，深耕教育垂直领域，将教育学、心理学与认知科学的精髓融入LAM之中，加速了未来学习革命和教育普惠的到来。

LAM的独特之处在于其3大核心优势，具体如下。

（1）通过深度挖掘并分析超过100亿条学习行为数据，以及整合海量的语音、图像、视频和手写板等多模态教育数据资源，LAM实现了对教育场景和学生学习过程的深刻理解。这种深度的数据驱动能力，使得LAM能够提供更加精准、高效的教学互动体验，为每一位学生量身定制学习方案。

（2）LAM具备强大的学生画像构建能力，它不仅能够全面记录学生的学习历程，还能通过复杂的算法来分析学生的学习能力和学习习惯，动态生成个性化的用户画像。基于这些用户画像，LAM能够智能推荐最适合学生的学习路径和内容，确保每位学生都能在最适合自己的节奏下成长。

（3）LAM融合了多维度AI智能体技术，实现了对学生的需求、特征、行为和反馈的即时响应与动态调整。这种智能化的输出策略，不仅能够根据学生的学习状态实时调整教学内容和形式，还能通过情感计算等先进技术，增强学生的学习体验，激发他们的学习兴趣，从而显著提升学习效率。

LAM大模型分为数据层、模型层和应用层这3层，基本架构如图1-6所示。

- 数据层 → LAM 大模型的数据包括全学科纳米级知识图谱、海量学习资料、视频讲解以及测评和题库等
- 模型层 → 结合大模型的 KG（Knowledge Graph，知识图谱）和 RAG（Retrieval Augmented Generation，检索增强生成）技术，以及 MoE（Mixture of Experts，混合专家）系统，提升预测性能和降低推理成本
- 应用层 → LAM 大模型的应用覆盖学习内容推荐、学习兴趣启发、习惯培养、情感干预、学习路径规划等多个场景

图 1-6　LAM 大模型的基本架构

LAM大模型具有多模态能力、个性化学习和高效评估这3个技术特点，具体内容如图1-7所示。

- 多模态能力 → LAM 大模型能够处理文本、图像、音频、视频等多种媒体数据，突破传统大语言模型的局限性
- 个性化学习 → 基于学生的学习历史数据，LAM 大模型能够精准识别学生的错误原因和情绪变化，提供有针对性的学习建议和互动反馈
- 高效评估 → 在主观题评分上，LAM 大模型能够精准给出分数并详细解析扣分点，助力学生自我提升

图 1-7　LAM 大模型的技术特点

目前，LAM已搭载在松鼠Ai的多款学习机产品中，并覆盖学龄前教育、科学学科教育以及跨学科基础能力培养等多个领域，为学生提供了个性化的学习体验。图1-8所示为搭载LAM的智能学习机。

图 1-8　搭载 LAM 的智能学习机

☆ 专 家 提 醒 ☆

MCM是指Mode of Thinking（思维方式）、Capacity（能力）、Methodology（方法论）的结合，在松鼠Ai的语境中，特指一种独特的学习分析方法，它专注于对学习的思维方式、能力和方法进行拆分与解析。

004　阿里巴巴拓宽教育资源边界

扫码看教学视频

“智海—三乐”是由浙江大学联合高等教育出版社、阿里云和华院计算等单位共同研发的教育大模型，取名于孟子所言“天下英才而教育之，三乐也”，寓意重视教育是亘古不变的话题。

“智海—三乐”以阿里云通义千问70亿参数通用模型为基座，通过继续预训练和微调等技术手段，打造专注于AI专业领域教育的大模型。

“智海—三乐”基于核心教材、核心领域论文和学位论文等教科书级别的高质量语料和专业指令数据集进行预训练和微调，集成了搜索引擎、计算引擎和本地知识库等功能，以进一步提升模型的性能和使用体验。

“智海—三乐”教育大模型的应用场景与功能如下。

（1）智能问答：能够回答用户关于教育领域的各种问题。

（2）试题生成：能够根据教学需求生成各种类型和难度的试题。

（3）学习导航：为学生提供个性化的学习路径和资源推荐，帮助他们更好地掌握知识。

（4）教学评估：能够评估学生的学习情况，为教师提供反馈和建议，帮助改进教学效果。

目前，“智海—三乐”教育大模型已通过阿里云灵积平台（DashScope）对外提供API（Application Programming Interface，应用程序编程接口）服务，相关示例如图1-9所示。开发者可以通过阿里云灵积平台调用模型，进行使用。

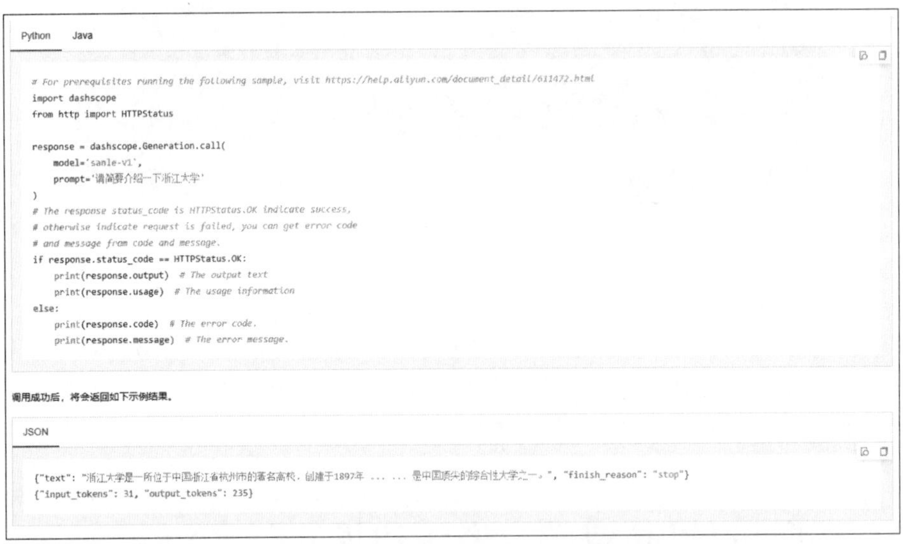

图1-9　通过阿里云灵积平台调用“智海—三乐”教育大模型的相关示例

开发者可以通过阿里云灵积平台的统一SDK（Software Development Kit，软件开发工具包）接口接入“智海—三乐”教育大模型，获取云上高效推理能力。

总的来说，“智海—三乐”教育大模型是阿里巴巴在AI教育领域的一项重要成果，具有广阔的应用前景和重要的社会意义。随着大模型产品化时代的来临，“智海—三乐”教育大模型将依托灵积平台强大的微调训练能力及丰富的插件框架，不断拓展其应用场景与效果，为教育行业的智能化转型贡献力量。

005　网易有道强化语言学习理解力

扫码看教学视频

“子曰”大模型是网易有道公司发布的教育领域垂直大模型，该模型自发布以来在教育领域展现了广泛的应用前景和技术实力。“子曰”大模型从一开始就定位为“场景为先”的教育垂直大模型，旨在通过技术创新助力教育创新，实现因材施教的教育理想。

“子曰”大模型拥有多项创新应用，包括但不限于以下几项。

（1）LLM（Large Language Model，大语言模型）翻译：基于大模型的翻译功能，提供准确、自然的AI翻译体验，相关示例如图1-10所示。

图 1-10　AI 翻译的相关示例

（2）虚拟人口语教练（如Hi Echo）：提供生动的英语口语练习体验，支持多语种流式低延迟语音识别技术，具备实时反馈和润色功能，帮助学生解决英语口语学习中的难题，如图1-11所示。

图 1-11　与 Hi Echo 进行口语对话

（3）AI作文指导：不仅具备作文批改功能，还能提供作文指导，帮助学生确定题目主旨、丰富写作素材、提升写作能力。

（4）语法精讲：为学生提供针对性的解题思路和方法，推荐同类型考题，帮助学生触类旁通。

（5）AI Box：提供多种教育场景下的智能辅助工具，满足学生的多样化需求。

（6）文档问答：支持对文档内容的快速问答，帮助学生迅速理解文档内容。

“子曰”大模型主要有个性化分析与指导、引导式学习、全科知识整合能力以及技术赋能这4个技术特点与优势，具体内容如图1-12所示。

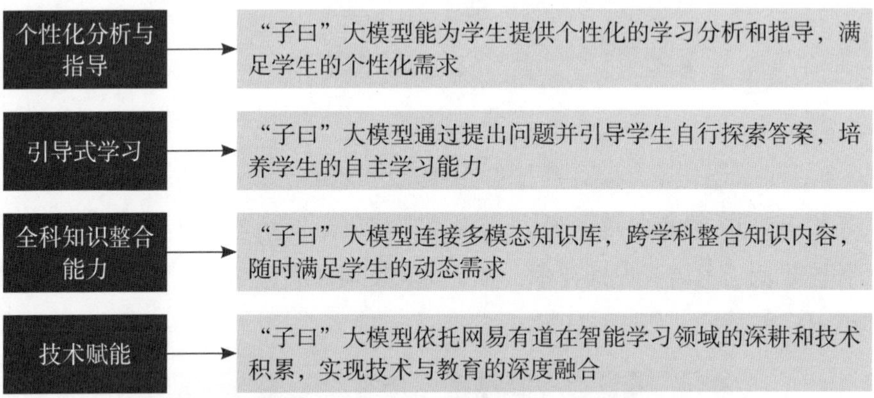

图1-12　“子曰”大模型的技术特点与优势

使用“子曰”大模型批改作文的操作方法如下。

步骤01 登录并进入“子曰”大模型的“中文写作”页面，在AI发来的提问中，单击“作文批改”按钮，如图1-13所示。

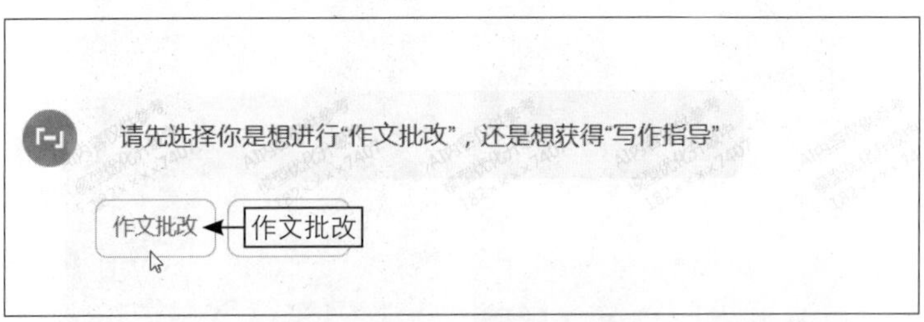

图1-13　单击“作文批改”按钮

☆ 专 家 提 醒 ☆

在“中文写作”页面中，大家要先单击“作文批改”按钮或“写作指导”按钮，进入对应的模式后，才能在输入框中输入并发送具体的内容。

步骤02 执行操作后，会进入作文批改模式，AI会要求输入待批改的作文，并弹出“作文批改示例”面板，大家可以选择面板中的示例，查看作文批改的效果，也可以在输入框中，❶输入作文内容；❷单击按钮，如图1-14所示。

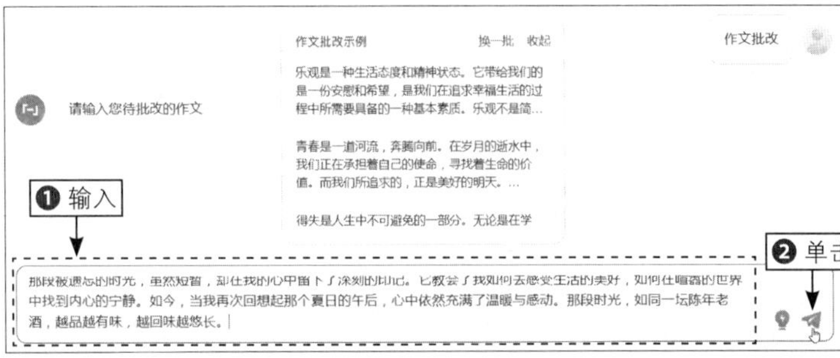

图 1-14　输入并发送提示词

步骤03 执行操作后，即可将作文发送给AI，并获得相应的评价，相关提示词和回复内容如下。

提示词

那段被遗忘的时光

在记忆的长河中，总有一些片段被岁月的洪流冲刷得模糊不清，而有那么一段被遗忘的时光，却如同被精心雕琢的珍珠，虽然深藏心底，却偶尔在心头泛起温柔的涟漪。

那是一个夏日的午后，阳光透过老槐树繁密的绿叶，洒下斑驳陆离的光影。我独自一人坐在老家后院的老槐树下，手中拿着一本泛黄的连环画，偶尔抬头望向那片蔚蓝如洗的天空，几朵白云悠闲地游走。那时的我，没有繁重的课业，没有电子产品的干扰，只有无尽的遐想和简单的快乐。

……

“子曰”大模型

评级：较为优秀

体裁：叙事

期望题目：小议成长

综合评价：这篇文章开头“有那么一段被遗忘的时光，却如同被精心雕琢的珍珠”点题，结尾“那段时光，如同一坛陈年老酒，越品越有味，越回味越悠长”照应开头，首尾呼应。构思独特新颖，不露雕琢痕迹而颇有情韵。

☆ 专 家 提 醒 ☆

限于篇幅，这里对提示词内容进行了省略，如果想获得完整的提示词，可以查看提示词文档。

步骤04 除了对作文进行评价之外，AI还提供了改进建议和作文好句及评价等功能，单击“改进建议”按钮，如图1-15所示。

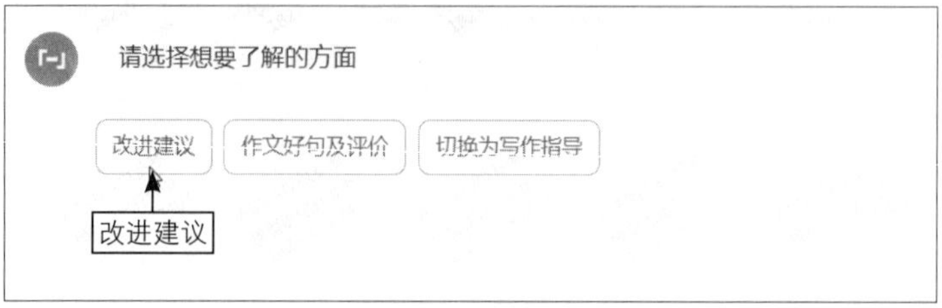

图 1-15　单击“改进建议”按钮

步骤05 执行操作后，即可获得AI针对作文给出的改进建议，相关提示词和回复内容如下。

提示词

改进建议

“子曰”大模型

语言表达：建议在语言表达方面更加生动形象，例如可以用更具体的形容词和动词来描述场景和情感，让读者更加身临其境。同时，可以适当运用比喻、拟人等修辞手法，增强文章的表现力。
结构逻辑：建议在结构逻辑方面更加严谨，例如可以在文章开头明确主题，中间段落分别阐述不同的细节和感受，结尾再进行总结和回顾。同时，可以适当运用过渡句、承接词等连接词语，让文章更加流畅自然。
内容深度：①建议在文章中加入更多的细节描写，让读者更加身临其境地感受作者的情感和场景，例如可以详细描述作者手中拿着的连环画的颜色、形状以及画面中的细节；②建议深入挖掘文章主题，从不同的角度展开思考和感悟，让文章更具有思想性和深度。
情感丰富度：文章情感真挚度已经很高，建议在情感表达方面更加细腻。例如可以适当增加一些细节描写，让读者更加感受到作者的情感变化和内心感受。同时，可以在结尾处加入一些感人的话语，让读者更加深刻地体会到文章所传达的情感。

另外，网易有道还发布了基于“子曰”大模型2.0版本研发的3大创新应用及一款智能硬件新品，包括AI家庭教师“小P老师”、有道速读、虚拟人口语私教Hi Echo 2.0，以及有道AI学习机X20，进一步拓展了其在教育领域的应用范围。图1-16所示为有道AI学习机X20，搭载了“子曰”大模型的最新教育应用，包括“小P老师”和Hi Echo虚拟人等。

"子曰"大模型自发布以来受到了广泛的关注和好评，其创新的应用场景和强大的技术实力为教育行业带来了新的可能和变革。同时，网易有道还通过技术迭代和产品创新，持续提升"子曰"大模型的性能和应用效果，旨在为用户提供更加优质、个性化的教育服务。

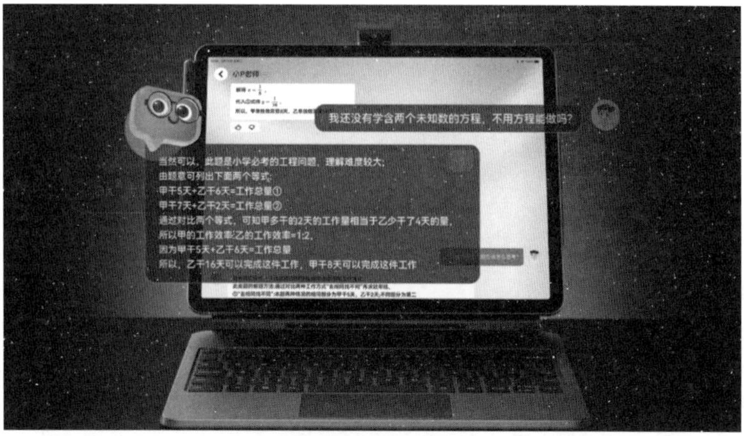

图 1-16　有道 AI 学习机 X20 搭载的"小 P 老师"

006　好未来引领数学教育创新

扫码看教学视频

九章大模型（原名学而思数学大模型），作为好未来匠心独运的杰作，是首个专注于数学领域的综合性大模型，为全球用户及科研机构提供了精准、高效的解题与讲题算法服务。"九章"灵感源自中国古代璀璨的数学瑰宝《九章算术》，这一命名不仅承载着深厚的文化底蕴，更象征着智慧之光与不懈探索的精神内涵。

九章大模型广泛应用于AI对话、答疑、辅导助手、百科问答、智能规划、语音助手和作文助手等多个领域，实现了学习场景的全覆盖。学生只需拍照上传或自由问答，即可在AI的帮助下，快速定位学习薄弱点并实现高效提升。使用九章大模型解答数学问题的案例如下。

提示词

某商店经销一种品牌的空调，其中某一型号的空调每台进价为400元，商店将进价提高30%后作为零售价进行销售，一段时间后，商店又以9折优惠价促销，这时该型号空调的零售价为每台多少元?

九章大模型

【分析】

首先，题目给出的是一种价格调整的逻辑，即从初始的进价开始，先进行提价，之后再进行打折。我们需要按照题目给定的步骤来计算最终的零售价。

【详解】

步骤1：计算提价后的价格

根据题目，空调的进价为400元，商店将进价提高30%，即提价的百分比为30%。计算提价后的价格，可以使用下面的公式：

提价后的价格=进价×（1+提价百分比）

提价后的价格= 400 × (1 + 30%) = 400 × 1.3 = 520元

步骤2：计算打折后的零售价

提价后的价格为520元，商店再以9折优惠价促销，即打90%的折扣。计算打折后的零售价，可以使用下面的公式：

打折后的零售价=提价后的价格×打折比例

打折后的零售价= 520 × 90% = 520 × 0.9 = 468元

【点睛】

通过上述计算，我们得出了该型号空调在经过提价和打折后的最终零售价。需要注意的是，每一次的价格调整都是基于上一步计算结果的百分比操作。此题的解题关键在于理解题目的价格调整逻辑，并准确地运用百分比计算。

好未来将九章大模型的AI能力深度融入学而思学习机中，提供了一系列创新AI交互学习方式，如AI对话学、AI口算批改、AI讲题助手、中英文写作助手、指尖翻译、百科问答等，为学生打造了专业、极致的学习体验，如图1-17所示。其中，AI对话学通过多轮智能对话，实现了学习内容精准度的飞跃提升，不仅提高了准确率，更在个性化教学上迈出了坚实的一步。

九章大模型的4大核心功能——数学自动解题、复杂应用题批改、语文英语作文批改和个性化AI分步骤讲题，全方位满足了学生的学习需求。九章大模型强大的生成与理解能力，能够精准解决学生个性化问题，并通过内置优质教学资源，实现知识的融会贯通与广泛普及。

九章大模型针对现有大语言模型的不足，进行了专项优化，它确保了题目解答的正确性、步骤的稳定性与清晰度，并提升了讲解的趣味性与个性化，让学习变得更加生动有趣。

作为教育领域的垂直大模型，九章大模型专注于教育和学习场景下AI能力的训练与优化。九章大模型历经严格的数据训练与监督微调，依托优质教育数据，不断优化题目计算、讲解、问答等核心功能。同时，九章大模型构建了全面的内容审核体系，从而确保解题步骤的专业性与清晰度，为学生带来权威、易懂的学习体验。

图 1-17　搭载九章大模型的学而思学习机

在模型调试过程中，好未来依托20年的教研教学数据与用户反馈，不断精进模型性能。特别是在AI讲题方面，团队根据各年龄段孩子的特点，精心调试机器讲题思路，确保教学效果的最优化。

好未来致力于将九章大模型在数学教育领域的优势发挥到极致，将基于大规模、高质量内容的千亿级大模型研发经验与行业共享，携手推动教育智能化的共同进步与发展。

007　作业帮助力解决学习难题

2023年9月2日，作业帮推出了其自主研发的银河大模型（Galaxy），这是一款专为教育领域精心设计的大语言模型，融合了作业帮多年来在AI算法与教育数据领域的深厚经验积累。

扫码看教学视频

银河大模型跨越多学科、学段及学习场景，旨在为学生提供全方位、个性化的学习支持。银河大模型将广泛应用于作业帮App、智能硬件、智能图书及教育数字化等多个业务场景，持续推动教育技术的革新。

随着银河大模型的正式发布，其在C-Eval与CMMLU两大权威评测中的卓越表现也同步揭晓。在C-Eval评测中，银河大模型以73.7分的平均分拔得头筹，如图1-18所示；而在CMMLU的Five-shot与Zero-shot测试中，更是分别以74.03分与73.85分的平均分位列榜首，成为首个在这两大权威榜单上均取得第一的教育大模型，彰显了其强大的综合能力。

图 1-18　银河大模型在 C-Eval 评测中的部分得分情况

☆ 专 家 提 醒 ☆

C-Eval评测集由清华大学、上海交通大学及爱丁堡大学联合构建，覆盖了52个学科、4个难度级别的13948道选择题，全面考验了模型的中文语言理解与处理能力。而CMMLU测试，则由MBZUAI、上海交通大学与微软亚洲研究院共同推出，其测评结果是衡量大模型性能的重要标准。

银河大模型不仅擅长解答多学科问题，还能辅助学生进行中英文写作，实现自主出题与陪伴式学习，全方位促进学生的个性化成长。银河大模型以其智能解题、知识问答、AI写作、AI伴学等功能，为学生提供了前所未有的学习体验。

银河大模型精通诗词歌赋、课文知识，更能在写作过程中提供语法纠正、结构优化及创意激发等帮助，有效提升学生的写作能力。同时，通过对学生学习行为的深入分析，银河大模型能够量身定制个性化学习计划，确保每位学生都能得到最适合自己的辅导。

银河大模型不仅展现了作业帮在AI技术领域的深厚底蕴，更为学习机产品增添了独特的竞争优势。凭借超过10亿份的题库资源、134万份教辅材料及130万套真题试卷的庞大教育资源库，作业帮成功地将AI技术应用于教育实践，实现了从数据积累到技术创新的全面飞跃。

008　读书郎激发学习潜能与创造力

扫码看教学视频

读书郎凭借其深厚的教学教研沉淀和先进技术优势，成功研发出梦想GPT大模型，并通过了国家互联网信息办公室的备案，这标志着读书郎在大模型算法安全技术和管理机制方面获得了国家级认可。

梦想GPT大模型采用了先进的AI技术，具备强大的自然语言处理能力和知识推理能力，能够满足学生个性化、多层次、全流程的学习需求。梦想GPT大模型的主要应用场景如下。

（1）AI作文批改。在梦想GPT大模型的加持下，读书郎AI学习机的作文批改功能得到了全新升级，能够多维度、更深度地批改作文，提供专业化写作建议，并自动匹配优秀范文，如图1-19所示。

图 1-19　读书郎 AI 学习机的作文批改功能

（2）AI口语对话。读书郎AI学习机紧密结合孩子当前正在学习的课本内容，设计了情景演练和AI口语对话功能。这些情景对话鼓励学生大胆实践口语表达，以增强学生的语言运用能力。

（3）电话手表应用。读书郎电话手表X5少年版也搭载了全新的梦想GPT技术，实现了作文续写和口语练习功能，如图1-20所示。其中，作文续写功能可以通过AI帮助孩子提高写作能力，口语对练功能则可以带领孩子循序渐进地掌握一口流利的英语。

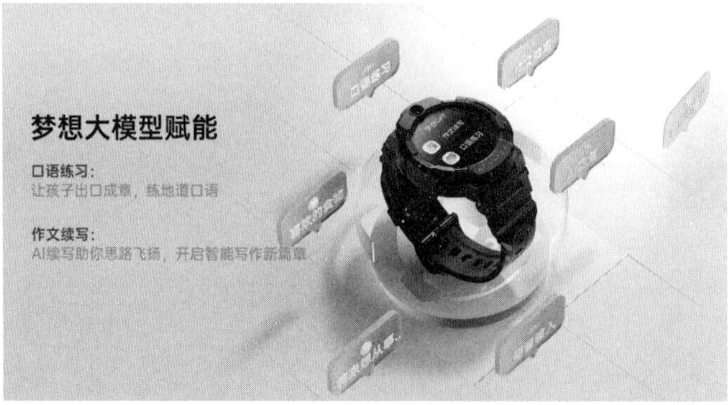

图 1-20　读书郎电话手表 X5 少年版

读书郎深耕教育科技领域多年，始终秉持着以科技推动教育进步的理念。梦想GPT大模型的推出，正是读书郎对这一理念的生动实践，它不仅为孩子们提供了更加个性化、高效的学习路径，也为家长减轻了辅导负担，让教育更加轻松愉悦。

009　希沃优化课堂互动与效率

扫码看教学视频

希沃教学大模型是视源股份旗下品牌希沃（seewo）在教育领域推出的一款专用大模型，旨在解决教育场景中的实际问题，特别是针对教师如何更高效地教学的问题，其功能特点如图1-21所示。

课件与教案自动生成	希沃教学大模型能够自动生成课件和教案，极大地减轻教师的备课负担。通过输入相应的课程名或教学主题，希沃教学大模型即可生成一份具有个人特征、美观实用、符合要求的互动课件，并给出有针对性的教学建议和讲解思路
课堂智能反馈系统	搭载希沃教学大模型的软件平台（如希沃课堂智能反馈系统），能够实现课堂数据的实时采集和分析，为教师提供多维度的课堂实录和详细的数据报告，有助于教师快速回溯教学中存在的问题，优化课堂环节设计
学情分析	通过对学生学习数据的分析，希沃教学大模型能够生成学情分析报告，帮助教师了解学生的学习情况，有针对性地优化教学计划和辅导策略
集体备课与智能摘要	在集体备课环节，希沃教学大模型能够跨时间、跨空间地辅助进行同步或异步的集体备课，并生成智能摘要，帮助主备课人快速吸收建议，提高备课效率
作业自动批改	希沃教学大模型支持作业自动批改功能，利用作业采集设备快速扫描作业，自动进行批改和反馈，减轻教师的工作负担

图 1-21　希沃教学大模型的功能特点

希沃教学大模型主要搭载在希沃第七代交互智能平板和希沃课堂智能反馈系统上，为一线教师提供了高效的教学辅助工具，如图1-22所示。这些工具能够提升教学质量和效率，减轻教师的工作负担。另外，希沃学习机也搭载了希沃教学大模型的相关功能，如AI绘本阅读体系等，这些功能能够丰富家庭教育场景，提升孩子的阅读能力和学习兴趣。

图 1-22　希沃第七代交互智能平板

希沃母公司视源股份成立AI算法研究团队已有近十年时间，尤其在AI自动生成评语方面有一定的研究成果，这为希沃教学大模型的研发提供了坚实的算法基础。另外，希沃通过加强与一线教师的沟通与连接，不断收集教师在教学场景中的真实体验和教学产品反馈，从而加深对教育场景的理解，使希沃教学大模型更加贴近实际教学需求。

010　三盟科技驱动智慧教育升级

扫码看教学视频

智慧教育AIGC（Artificial Intelligence Generated Content，人工智能生成内容）大模型是三盟科技基于大规模数据训练的AI模型，它具备强大的内容生成能力和多模态交互能力。这种模型能够理解和处理多种类型的信息，包括文本、图像、音频等，并能根据输入的提示或需求生成高质量的相应内容。

在教育领域，智慧教育AIGC大模型可以应用于个性化学习、智能客服和风险评估等多个场景，为师生提供便捷、高效的服务，其特点如图1-23所示。

三盟科技的智慧教育AIGC大模型为教育领域带来了全新的智能化解决方案。凭借强大的内容生成能力、多模态交互能力、定制化解决方案以及数据安全与隐私保护等特点，三盟科技成功地将AIGC大模型应用于多个教育领域的产品中，为师生提供了便捷、高效的服务，相关产品如下。

（1）AIGC助手广场（AIGC App Store）。这是三盟科技基于智慧教育AIGC大模型打造的大型AI教育助手应用平台。它涵盖了办公、科研、教学、学习、招生、生活、情感、就业等多个领域的智能助手，可以满足学校管理者、教师、学生、家长的多样化需求。

（2）智慧教室助手。这是三盟科技针对高校智慧教室场景推出的智能助手。它利用AIGC大模型的强大逻辑推理和智能业务整合能力，为高校教职工提供线上操作指导，解决智慧教室使用中的常见问题。例如，教职工可以通过智慧教室助手了解如何操作智慧教室的智能教学设备，以及如何解决在使用过程中遇到的技术问题。这不仅提高了教职工的工作效率，也提升了他们的教学体验。

未来，随着技术的不断进步和应用场景的不断拓展，三盟科技的智慧教育AIGC大模型将在教育领域发挥更加重要的作用，推动教育行业的智能化革新和发展。

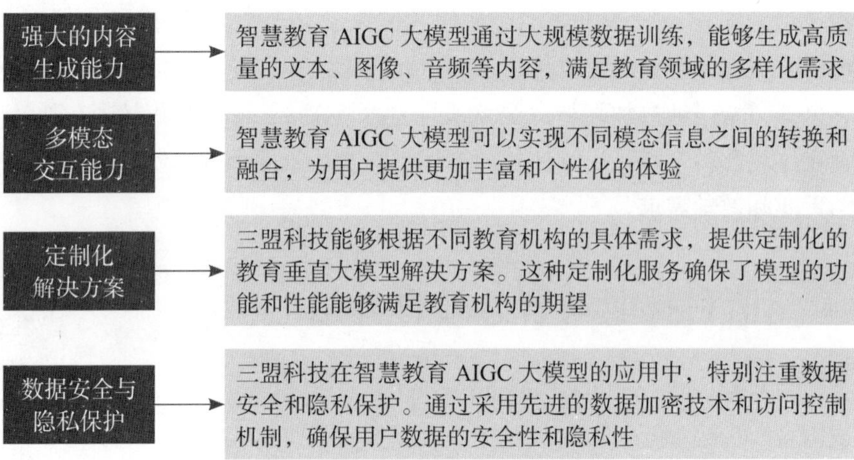

图 1-23　智慧教育 AIGC 大模型的特点

第2章

15 大智能软件工具：教育的得力助手

随着科技的飞速发展，智能软件工具逐渐成为教育工作者和学习者的得力助手。这些工具不仅丰富了教学手段，还极大地提升了学习效率和质量。本章将深入探讨15种智能软件工具如何在教育中发挥重要作用，为教学和学习带来全新的可能性。

011　ChatGPT助力学习规划

扫码看教学视频

ChatGPT是OpenAI开发的一种基于Transformer结构的大型语言模型，它能够进行自然语言处理，包括生成文本、回答问题和完成任务等。ChatGPT以其强大的对话生成能力而闻名，能够与用户进行流畅、连贯的对话，理解复杂的提示词和上下文，并据此生成相应的回复。

ChatGPT可以根据学生的学习水平和兴趣，提供定制化的学习建议和辅导材料。学生可以随时向ChatGPT提问，获得即时且准确的答案解析。另外，在写作、编程等创造性任务中，ChatGPT可以帮助学生产生新的想法和灵感。

例如，ChatGPT能够根据学生的个人信息、学习背景或考试目标，进行智能分析，提供个性化的备考建议，相关案例如下。

提示词

距离高考还有一年时间，如何安排学习计划？针对语文、数学、英语、历史、地理和生物的学习建议是什么？给出你的看法。

ChatGPT

距离高考还有一年时间，制订合理的学习计划至关重要。这一年时间，可以分为不同的学习阶段，逐步进行复习与提升。根据科目特点，给出以下学习建议。

1. 总体学习计划安排

- 分阶段复习：这段时间可以分为两个大阶段——前半年（加强基础知识，做题训练），后半年（冲刺阶段，专题攻克，模拟考试）。
- 合理分配时间：每天按照科目分配学习时间，可以采取早晨、午后、晚上不同时间段的科目组合，确保每个科目都有足够时间复习。
- 定期评估：每周进行一次小测验或总结，检验学习效果，根据薄弱点进行调整。
- 保持良好的作息与心理状态：高效学习和合理休息同等重要，心理上要保持积极态度，不给自己过大压力。

2. 各科目学习建议

语文

- 基础与积累并重：语文的基础知识很重要，积累好字词句的基本功，可以做一些古诗文默写、文言文翻译等练习。
- 阅读理解与作文训练：每天保持一定时间的阅读与作文训练。多读优秀范文，学习如何提炼文章主旨和提高作文写作技巧。
- 专项突破：针对高考常考的古诗文、文学常识等进行专项复习，同时做一些真题模拟。

……

☆ 专 家 提 醒 ☆

因为篇幅有限，AI工具回复的内容只展示要点，详细的回复文案，请看随书提供的完整效果文件。

012　Kimi 提供论文选题建议

扫码看教学视频

Kimi是由月之暗面科技有限公司开发的AI助手，它具备多语言对话能力，尤其擅长中文和英文的交流。Kimi拥有强大的文本处理能力，能够支持多轮总和最多20万字的输入和输出，这使得它在长文本写作、翻译、代码编写等方面的表现非常出色。

Kimi的特点之一是其文件处理能力，用户可以上传多种格式的文件，如TXT、PDF、Word文档等，Kimi能够阅读这些文件内容并据此回复用户。另外，Kimi还具备搜索能力，能够结合搜索结果为用户提供更加丰富和准确的回答。

对于教育行业而言，Kimi可以作为一个智能教学助手，为学生提供定制化的学习支持。Kimi可以帮助学生解决作业中的问题，提供语言学习、论文写作等方面的支持，甚至辅助进行编程练习。对于教师来说，Kimi能够为教师提供教学资源的搜索和整理服务，减轻教师的备课负担。另外，Kimi还可以作为教育管理者的辅助工具，提高教育管理的效率。

例如，在学术研究的初期阶段，选择合适的论文选题对于确保研究的方向和质量至关重要，但确定一个既有研究价值又符合学术要求的选题往往是一项挑战。学生可以通过与Kimi的互动，获得多个具有研究潜力的论文选题方向，相关案例如下。

提示词

我是一名信息技术专业的学生，我正计划撰写一篇聚焦于大数据分析的论文，但我不知道具体的选题方向。你能给我一些建议吗？

Kimi

当然可以！大数据分析是一个非常广泛且充满潜力的研究领域，以下是一些可能的选题方向，你可以根据自己的兴趣和研究资源来选择。

一、基础技术研究

1. 大数据存储与管理技术的优化

研究如何改进现有的分布式存储系统（如HDFS、Cassandra等）以提高数据存储的效率和可靠性。
探讨新型存储架构（如内存计算、边缘存储）对大数据存储的影响。
2. 高性能大数据计算框架的比较与应用
对比Hadoop、Spark、Flink等大数据计算框架的性能特点，分析它们在不同应用场景下的优劣。
研究如何优化计算框架的调度算法以提高计算效率。
3. 大数据安全与隐私保护技术
探讨如何在大数据分析过程中保护用户隐私，例如通过差分隐私、同态加密等技术。
研究数据脱敏技术在大数据环境下的应用。
……

☆ 专 家 提 醒 ☆

HDFS的英文全称为Hadoop Distributed File System，是一种分布式文件系统，专门用于在大规模集群环境中存储和管理海量数据。

013　秘塔 AI 搜索提供高效信息检索

扫码看教学视频

秘塔AI搜索是由秘塔科技推出的AI搜索工具，通过整合大语言模型、多模态数据处理和智能推理技术，为用户提供高效、精准的信息检索服务。在教育领域，它能够快速获取学习资源、整理知识体系，并辅助解决复杂问题。

对教师而言，秘塔AI搜索是备课与研究的得力助手。教师可以通过上传课程资料创建专题知识库，系统会自动生成概念图与信息框架，从而帮助梳理教学逻辑。对学生而言，秘塔AI搜索是自主学习与问题解决的智能导师。无论是学术研究还是日常作业，秘塔AI都能通过多模态支持与快速响应，帮助学生突破信息壁垒，提升学习效率。

例如，在学术研究和教育领域，信息检索是一项基础而关键的任务，秘塔AI搜索通过其先进的算法和功能，极大地提高了这一过程的效率和质量，相关案例如下。

提示词

请你作为一位植物学领域的专家，帮我查询蓝花楹的相关信息，结果需要包含这种植物的基本情况、来源地、生长习性等。

秘塔AI搜索

蓝花楹（Jacaranda mimosifolia）是一种观赏价值极高的植物，属于紫葳科蓝花楹属。以下是关于蓝花楹的详细信息。

基本情况

蓝花楹是一种落叶乔木，原产于南美洲的巴西、玻利维亚和阿根廷。它以其美丽的蓝色花朵而闻名，花期通常在春季至夏季，花朵密集且色彩鲜艳，非常适合作为观赏植物。

来源地

蓝花楹原产于南美洲的热带地区，如巴西、玻利维亚和阿根廷。在中国，它主要分布在广东、海南、广西、福建和云南南部等地。

生长习性

- 光照：蓝花楹喜光，需要充足的阳光才能生长良好；在光照不足的环境中，其生长速度会减慢，且花朵数量减少。
- 温度：蓝花楹喜欢温暖湿润的气候，耐热但不耐寒；冬季气温低于15℃时，生长会停滞，甚至可能受到冻害；在北方地区，冬季需要采取保暖措施。
- 土壤：对土壤条件要求不严，在一般中性和微酸性的土壤中都能生长良好，但最适宜的土壤是肥沃、疏松、深厚且排水良好的土壤。

……

014　通义助力学习与教育发展

扫码看教学视频

通义是阿里云开发的超大规模语言模型，它集成多种功能于一体，如多轮对话、文案创作、逻辑推理、多模态理解、多语言支持等。通义具有强大的语言理解能力，能够掌握复杂语言规律，理解自然语言文本的含义和逻辑关系。这种能力使得通义能够更准确地回答用户的问题，提供有用的信息。

通义可以作为学生的学习助手，提供个性化的学习建议和辅导。通过自然语言处理技术，通义能够理解学生的问题和需求，为他们提供具有针对性的学习资源和练习题目。

另外，通义的英语学习助手功能可以帮助学生提高英语水平，通过互动教学激发学生的学习兴趣和积极性。在教育行业中，通义的应用将推动教育的智能化和个性化发展，为学生和教师带来更加便捷、高效的学习和教学体验。

例如，通义具有强大的翻译能力，无论是复杂的英语课文、专业的学术论文、生动的文学作品，还是日常的交流对话，通义都能迅速而准确地将其转换为易于理解的中文表述，相关案例如下。

提示词

现在你是一个专业的英汉互译器，我输入中文时，你会将其翻译成英文，我输入英文时，你会将其翻译成中文，请对以下内容进行翻译。
Unit 2 Technology and Innovation
TECHNOLOGY AND THE FUTURE
Technology has always been a driving force for human progress. From the invention of the wheel to the development of artificial intelligence, each breakthrough has changed the way we live and work. In the past, technological advancements were often slow and limited by resources.
Today, however, technology is evolving at an unprecedented speed, with new innovations emerging every day. These innovations not only make our lives more convenient but also open up new possibilities in fields like medicine, education, and communication.

通义

第二单元　技术与创新
技术与未来
技术一直是人类进步的推动力。从轮子的发明到人工智能的发展，每一次突破都改变了我们的生活方式和工作方式。过去，技术进步往往缓慢且受限于资源。
然而，如今技术以前所未有的速度发展，每天都有新的创新出现。这些创新不仅使我们的生活更加便捷，而且在医学、教育和通信等领域开辟了新的可能性。

015　文心一言提供个性化学习辅导

扫码看教学视频

文心一言是百度开发的一款基于AI技术的文本编辑工具和大语言模型，它采用先进的自然语言处理算法，能快速准确地理解用户需求并给出回应。文心一言的特点显著，包括高精准度、高智能化程度、高效性以及可定制性。同时，文心一言还能不断学习积累知识，提升智能化水平，使对话更加自然流畅。

对于教育行业而言，文心一言提供了强大的学习辅导和教学辅助工具，它能够根据学生的需求提供个性化的学习计划、复习建议和学习技巧，助力学生高效学习。同时，教师也能利用文心一言的教学辅助功能，更好地完成教学任务，提升教学质量。另外，文心一言还能提供丰富多样的学习资源，满足不同学生的兴趣和需求，促进教育公平和个性化发展。

例如，在浩瀚的汉语言文学海洋中，学生们常遇难题，古文的深邃、诗词的韵律、文学的意境，无一不考验着求知者的智慧与耐心。如今，有了文心一言这一智能助手，解答之路变得轻松而高效。

文心一言以其深厚的国学底蕴与先进的AI技术，为学生们搭建起一座通往知识彼岸的桥梁。无论是晦涩难懂的古文释义，还是复杂多变的文学理论，文心一言都能迅速响应，精准解答，让学习之路更加顺畅愉快，相关案例如下。

提示词

现在你是一名精通汉语言文学的国学专家，你会结合你丰富的国学知识，对我给出的字词或成语进行阐释，要求：浅显易懂地进行表达，内容专业有深度。我给出的第一个成语：桃李不言，下自成蹊。

文心一言

“桃李不言，下自成蹊”这个成语，听起来就充满了诗意与智慧。咱们先从字面上来拆解一下。

“桃李”，大家都很熟悉，指的是桃树和李树，它们都是春天开花、夏天结果的常见果树，象征着美好与丰收。

“不言”，就是不说话、不张扬的意思。在这里，它用来形容桃树和李树默默无闻、不夸耀自己的特点。

“下自成蹊”，“下”指的是树下，“成蹊”则是形成小路的意思。这个“蹊”字，在古代是专指人踏出来的小路，与人工铺设的道路不同，它代表着自然、质朴与频繁的使用。

把这几个字合起来，“桃李不言，下自成蹊”就是说，桃树和李树默默地开花结果，它们不炫耀、不张扬，但因为它们的果实香甜、花朵美丽，自然而然地吸引了人们前来观赏、采摘。这样一来，时间一长，树下就被人们踩出了一条条小路。

这个成语背后，其实蕴含着一个深刻的道理：真正美好的事物，是不需要通过言语去宣扬的。它们自身的价值，就足以让人们心悦诚服、主动靠近。就像那些品德高尚、才华横溢的人，他们不需要刻意去展示自己，人们自然会因为他们的美好品质而尊敬他们、追随他们。

所以，“桃李不言，下自成蹊”这个成语，常常用来形容那些品德高尚、默默奉献、以实际行动赢得人们尊敬和喜爱的人或事物。它告诉我们，真正的魅力，往往来自内心的真诚与美好，而不是外在的炫耀与张扬。

016　智谱清言生成个性化教学图像

扫码看教学视频

智谱清言是北京智谱华章科技有限公司推出的生成式AI助手，它可以巧妙地结合用户的工作、学习以及各种日常生活场景，广泛解答各类疑问，并高效执行多样任务。

智谱清言的特点在于其高度的智能化与个性化，通过深度学习与大数据分析，它能够精准理解学生的学习需求与困惑，提供定制化的学习资源和解决方案。无论是汉语言文学的古典韵味，还是现代科学的严谨逻辑，智谱清言都能以清晰、易懂的方式呈现，帮助学生跨越知识障碍，实现高效学习。

用户只需输入文字描述，智谱清言即可生成与之匹配的图像，将抽象的文字转化为具象的视觉内容。智谱清言支持多种艺术风格和绘画技巧，用户可以根据个人喜好选择不同的视觉效果。

教师可以利用智谱清言将抽象的科学概念或历史事件转化为直观的图片，提高学生的学习兴趣，这不仅节省了教师准备教学材料的时间和精力，还使得教学内容更加生动、直观。

例如，在准备地理课时，教师可以通过文字描述世界各地的地貌特征，智谱清言则能立即绘制出对应的地图和景观图，帮助学生更好地理解地理知识。

教师可以在智谱清言中输入并发送“画一幅珠穆朗玛峰的山顶风光图，雪山和蓝天，自然风光，真实感，摄影风格”，即可获得AI绘制的图片，如图2-1所示。

图 2-1　AI 绘制的图片

017　DeepSeek 提供学习辅导与教学支持

扫码看教学视频

DeepSeek是由杭州深度求索人工智能基础技术研究有限公司开发的智能对话模型，自发布以来，就在多个领域展现出广泛的应用潜力，而在教育领域的应用更是备受关注。

对于教师来说，DeepSeek是一位得力的教学助手。在备课阶段，教师可以通过 DeepSeek快速获取高质量的教学资源，如教案框架、课件素材等，显著提升备课效率。在教学过程中，DeepSeek的数据分析功能能够帮助教师实时了解学生的学习情况，及时发现学生的学习困难和薄弱环节，从而有针对性地进行辅导和教学调整。此外，自动批改作业的功能也大大减轻了教师的负担，让教师有更多的时间和精力去关注学生的个体差异，设计更丰富的教学活动，提升教学质量和效果。

对于学生而言，DeepSeek犹如一位随时在线的私人教师。当学生在学习过程中遇到难题时，DeepSeek能够迅速提供详细的解答和解题思路，帮助学生及时解决疑惑，保持学习的连贯性和积极性。同时，通过个性化的学习路径规划，学生能够根据自己的学习节奏和兴趣点进行学习，避免了传统教学的“一刀切”模式，真正实现了因材施教，有助于更好地发挥学生的潜力，提升学习效果。

例如，DeepSeek可以为学生提供数学、科学等科目的实时辅导，无论是复杂的物理题目、化学反应方程式，还是数学证明题，它都能迅速给出详细的解题思路和步骤，帮助学生理解题目的本质，相关案例如下。

提示词

现在你是一个专业的数学辅导助手，我输入数学题目时，你会提供详细的解题思路和步骤，请给出以下题目的解题过程。
【题目】观察下列数列：2，5，10，17，26，……试求出第7项的数值，并阐述你的推理过程。

DeepSeek

题目回顾
我们需要找出数列的第7项，数列的前几项为：2，5，10，17，26，……
第一步：观察数列
首先，我观察到数列的项依次为：
- 第1项：2
- 第2项：5

- 第3项：10
- 第4项：17
- 第5项：26

第二步：计算相邻项的差值

为了找出数列的规律，我计算了相邻两项之间的差值：

- 5−2 = 3
- 10−5 = 5
- 17−10 = 7
- 26−17 = 9

所以，差值序列为：3，5，7，9

……

018　Course Hero 提供 AI 课程助手与专家辅导

Course Hero是一个在线学习平台，除了提供海量的学习资源和文档外，还利用AI技术帮助学生解决家庭作业难题。无论是选择题、填空题还是开放性问题，Course Hero都能在极短的时间内——仅需30秒——为用户呈现精准答案，相关示例如图2-2所示。

扫码看教学视频

图 2-2　Course Hero 解答问题的相关示例

Course Hero的核心亮点在于其AI课程助手，它依托于庞大的资源库，直接嵌入学习文档，精准策划并呈现最契合需求的学习信息。AI课程助手不仅实现了对复杂问题的即时解答，还通过高亮显示与关键概念深度解析，促进了学习的深度与广度。

Course Hero还能够智能匹配练习题与关联资料，助力学生全面巩固知识点。另外，Course Hero的测验主题库可以通过AI生成测验题目，帮助不同领域和专业的学生完成自我检测，相关示例如图2-3所示。

图 2-3　Course Hero 测验主题库的相关示例

值得一提的是，Course Hero还整合了全球2600多位经过严格筛选的权威专家导师资源，为平台提供了全天候的个性化学习支持，与AI技术相辅相成，共同确保学生获得准确、全面的学习指导。

019　Querium 提供个性化学习与分步辅导

扫码看教学视频

Querium是一个专注于教育领域的AI工具，其核心优势在于为学生提供个性化的学习辅导。Querium通过分析学生的学习习惯和能力水平，提供量身定制的课程内容，确保每个学生都能在自己的节奏下学习。这种个性化的学习方法，不仅能提高学生的学习效率，还能显著提升学习质量。

另外，Querium的分步辅导功能也是其一大亮点。通过将复杂概念分解为易于理解的小步骤，Querium使学生能够逐步掌握知识点，从而降低学习难度，增强学习信心。这种方法特别适合STEM领域的学习，因为STEM学科往往需要学生对概念有深刻而系统的理解。

☆ 专 家 提 醒 ☆

STEM是科学（Science）、技术（Technology）、工程（Engineering）和数学（Mathematics）这4个词的缩写。

Querium还可以通过持续分析学生的答题情况和辅导课程的持续时间，为教师提供宝贵的反馈。这些数据有助于教师识别学生的学习习惯，发现需要改进的地方，从而更有针对性地调整教学策略。

值得一提的是，Querium在提高学生参与度方面成效显著。通过互动式的学习环境和动态的学习内容，Querium成功地吸引了学生的注意力，使他们能够积极参与到学习过程中。这种高度的参与不仅使学习更加有效，也使学习体验更加生动有趣。

Querium提供了一种软件即服务（Software as a Service，SaaS），专门用于3～12年级学生和大学生在数学自学、数学相关教育课程和培训项目中的学习。Querium还提供了超过500个数学主题的在线教学内容访问权限，涵盖从基础代数到微积分的广泛领域。

Querium推出的专利产品StepWise作为一位强大的AI虚拟导师，走进了广大学生的学习生活中。StepWise不仅仅是一款软件，更是能够模拟资深教师指导与激励的智能伙伴。在StepWise的陪伴下，学生每完成一个解题步骤，都能即时获得详尽的评估与反馈，从而明确自己的错误所在并获得关于后续学习步骤的宝贵建议，相关示例如图2-4所示。

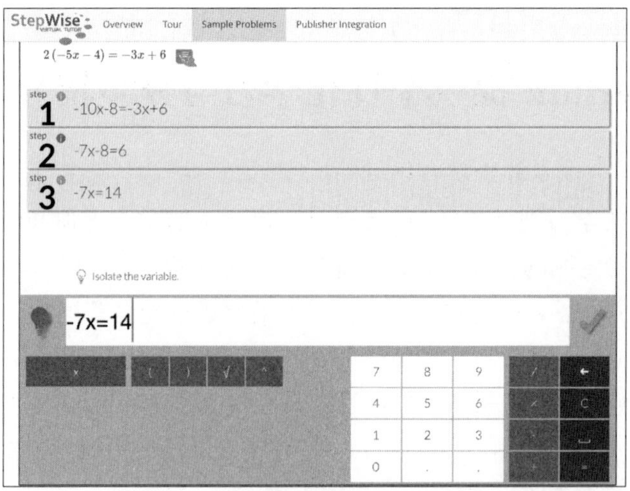

图 2-4　StepWise 解决问题的相关示例

StepWise的核心魅力在于其无与伦比的个性化与定制化功能，它能够针对每位学生的独特需求，量身定制专属的学习路径。随着学生的不断进步，这条路径也会灵活调整，确保学生在掌握当前知识点后能够无缝衔接到下一个挑战，实现学习效率的最大化。

同时，StepWise还为教师及家长提供了丰富的数据洞察，让他们能够深入了解学生在解决问题过程中的能力展现与技能成长，为精准教学与辅导提供有力支持。图2-5所示为一份关于Multiplying Polynomiais（多项式的乘法）作业的学生表现报告。

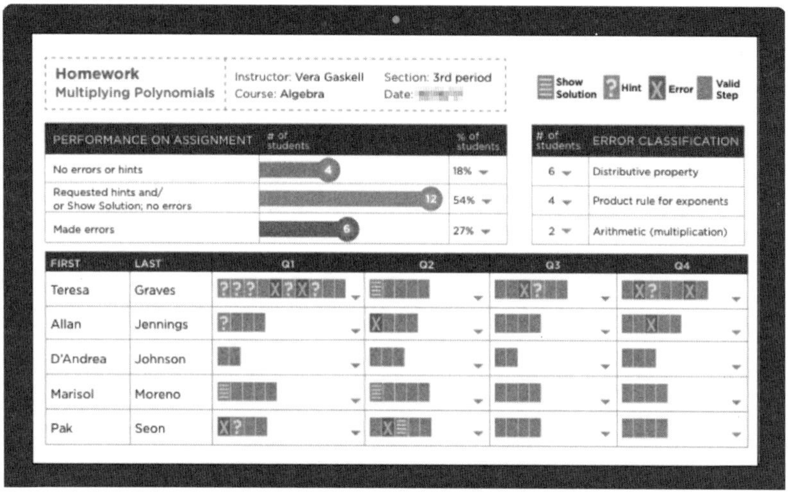

图 2-5　一份关于 Multiplying Polynomials 作业的学生表现报告

020　Fireflies.ai 转录与分析课堂对话

扫码看教学视频

Fireflies.ai是一款引领教育科技潮流的AI应用，专注于通过前沿的AI技术，实现对录制的课堂对话进行高效转录、深度总结与全面分析。Fireflies.ai不仅适用于捕捉精彩纷呈的讲座、深度探讨的课堂讨论，还能无缝融入小组项目合作中，确保每一个学习瞬间都能被精准记录与解析。

Fireflies.ai能够与各类在线学习平台中的视频会议工具无缝对接。无论是直播授课还是远程讨论，都能轻松实现全程录制与实时转录，以确保课程内容的完整性与准确性，让学习无遗漏。

对于教育工作者，Fireflies.ai的AI摘要工具无疑是一大亮点，它能够自动提炼讲座精华，生成条理清晰、要点突出的总结报告，大大减轻教师整理教学资料的工作负担，同时也为学生提供了快速回顾课程内容的便捷途径。

Fireflies.ai的主要功能优势如下。

（1）专注学习：自动转录与总结功能，让学生从烦琐的笔记记录中解脱出来，将更多精力投入到对知识的理解和消化上。

（2）个性化学习体验：通过智能识别关键概念和术语，Fireflies.ai能够为学生量身打造个性化的学习路径，让学习更加高效且有针对性。

（3）促进协作与讨论：Fireflies.ai支持笔记与摘要的共享功能，鼓励学生之间展开积极的交流与讨论，共同提升学习成效。

（4）便捷复习与搜索：学生可随时通过Fireflies.ai平台搜索自己的笔记和成绩单，快速定位所需信息，为复习备考做好准备。

021　Gradescope 自动化评分与数据分析

扫码看教学视频

Gradescope是由加州大学伯克利分校开发的智能在线评估工具，它集成了最新的机器学习等AI技术，以简化作业的批改和评分流程。Gradescope支持多种作业和考试类型，适用于不同的学科，能够帮助教师节省大量批改时间，并提供及时且高质量的反馈意见，相关示例如图2-6所示。

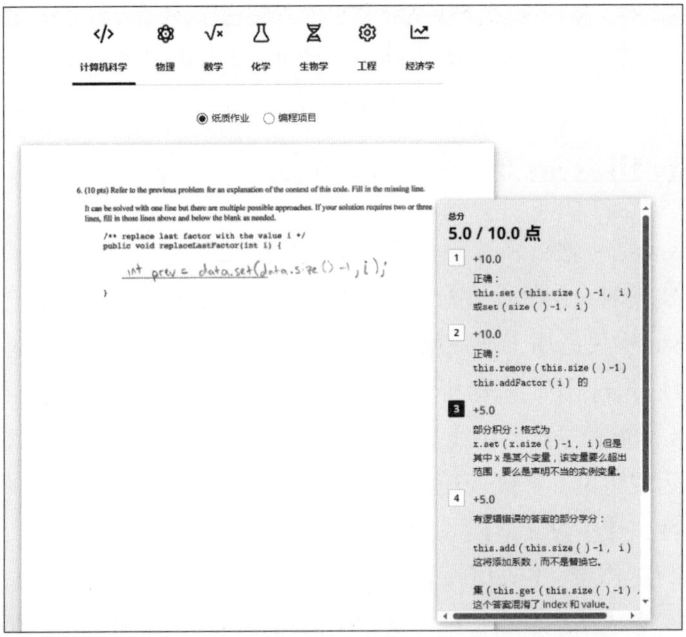

图 2-6　使用 Gradescope 批改作业的相关示例

传统评分方式耗时且容易受到主观性影响，教师常常需要在评分上花费大量时间，而学生得到的反馈往往不够及时和具体。Gradescope通过数字化和云技术，允许教师和学生从任何设备访问提交、评分和分析的所有功能，并允许教师在纸上工作后将其扫描到系统中。Gradescope的核心功能如下。

（1）自动化评分：Gradescope支持气泡表评分，通过AI技术自动识别学生的手写答案，并将相似答案分组，从而加快评分速度。

（2）无偏见评分：提交的文件可以匿名处理，确保评分的公正性。

（3）动态规则：允许教师灵活设置评分标准，并在评分过程中实时调整。

（4）反馈与沟通：教师可以通过Gradescope提供详细反馈，学生可以通过应用或网站查看成绩和反馈。

（5）数据分析：Gradescope提供学生表现的深入分析，帮助教师识别知识差距，并指导教学改进。图2-7所示为一份关于“3.1：Lewis Structure（路易斯结构）”的得分情况分析报告。

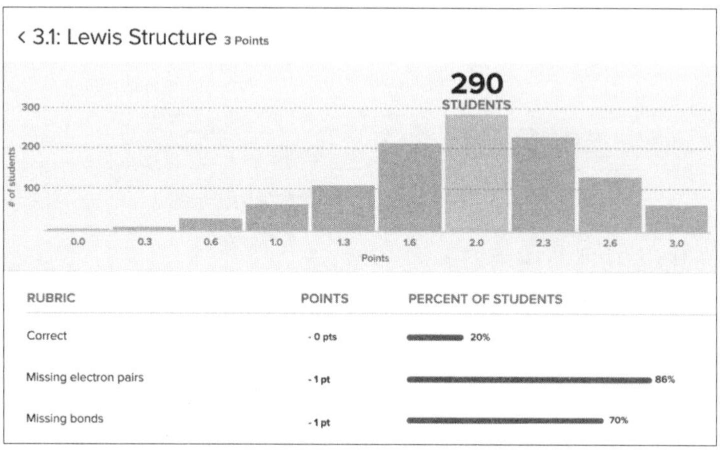

图 2-7　一份关于“3.1：Lewis Structure”的得分情况分析报告

Gradescope作为一个数字化评分工具，通过结合教师专业知识与AI技术，不仅提高了评分效率和质量，而且增强了教学的互动性和学生的参与度。

022　Fetchy 生成个性化教学内容与课程计划

扫码看教学视频

在当今快速发展的教育领域，教师们面临前所未有的挑战：如何在有限的时间内创造高质量、个性化的教学内容，同时保持与学生及家长的紧密沟通？作为一款专为教育工作者量身打造的生成式AI平台，Fetchy应运而生。

Fetchy不仅是一个工具，还是教育创新的加速器。Fetchy深度融合了先进的AI技术，旨在通过自动化和智能化手段，帮助教育工作者简化烦琐的工作流程，释放教学创造力，提升教学质量。从课程计划到学生沟通，从历史课的多元视角探索到科学实验的精准指导，Fetchy无所不能。图2-8所示为使用Fetchy生成的小学教学内容示例。

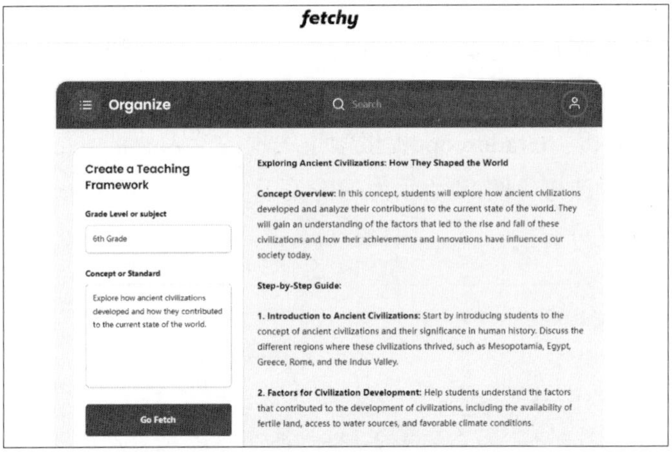

图 2-8　Fetchy 生成的小学教学内容示例

Fetchy的核心功能与应用如下。

（1）智能生成课程计划。Fetchy能够根据教学大纲、学生水平及教师偏好，自动生成个性化的课程计划。这些计划不仅内容丰富、结构清晰，还融入了最新的教育理念和教学方法，确保每一堂课都能激发学生的学习兴趣，提升学习效果。图2-9所示为使用Fetchy生成教学内容的简要流程。

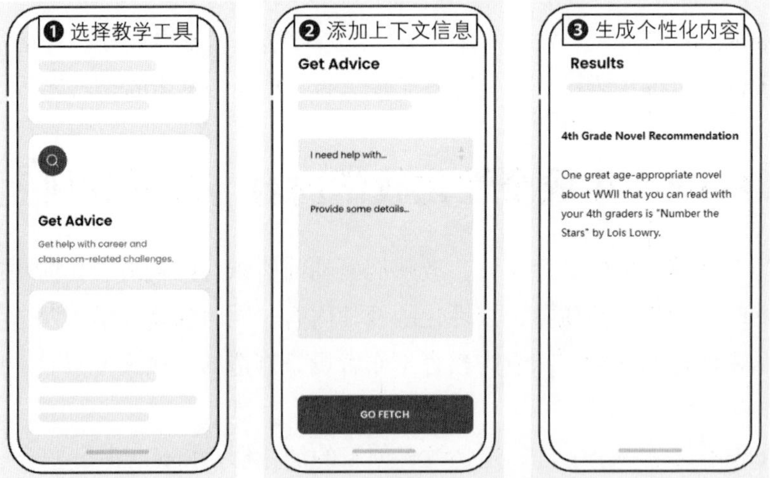

图 2-9　使用 Fetchy 生成教学内容的简要流程

（2）多视角学习体验。对于历史等需要深入理解的学科，Fetchy提供了独特的多视角学习体验。教师可以利用该平台轻松整合来自全球各地的历史资料、专家解读及不同文化背景下的观点，让学生能够从多个角度审视历史事件，培养批判性思维和全球视野。

（3）科学实验与探究的智能化辅助。在科学实验教学中，Fetchy同样发挥着重要作用，它不仅能根据实验需求自动生成详细的实验步骤、安全指南及预期结果，还能通过虚拟现实技术模拟实验过程，让学生在安全的环境中进行实验操作，加深对科学原理的理解。

（4）高效通信与家校互动。Fetchy集成了强大的通信功能，可以帮助教师快速生成时事通信、家长会邀请函和学生表现报告。这些通信函件和报告不仅设计专业、内容精准，还能根据接收者的偏好进行个性化定制，从而有效地提升家校沟通的效率和质量。

自推出以来，Fetchy已经受到了广大教育工作者的热烈欢迎，它不仅显著减轻了教师的工作负担，提高了教学效率，更重要的是，它激发了教师的教学创新热情，促进了教育内容的个性化和多样化发展。学生们在Fetchy的辅助下，学习兴趣更加浓厚，学习效果显著提升。

023　Mathos AI 逐步解答数学问题

扫码看教学视频

Mathos AI是一款功能强大的AI数学解题工具，它能够帮助学生解决从基础算术到高级微积分等各种类型的数学问题。其特色功能之一是能够提供详细的、逐步的解释，让学生不仅知道答案是什么，更明白解题的过程和原理。这种深入浅出的讲解方式，有助于学生更好地理解和掌握数学知识，而不仅仅是机械地记忆答案。

此外，Mathos AI还具备个性化学习的功能，它可以根据学生的学习风格和进度，提供定制化的学习建议和练习题。这种个性化的学习方式，使得每个学生都能在自己的节奏下学习，充分发挥自己的潜力。

在教育领域，Mathos AI的作用不容小觑。首先，它能够提高学生的学习效率。通过快速准确地解答数学问题，Mathos AI可以帮助学生节省大量的时间和精力，从而使他们有更多的时间去深入思考和理解数学概念。其次，Mathos AI能够激发学生的学习兴趣。其生动有趣的解题过程和个性化的学习辅导，能让学生在学习中感受到乐趣，从而更加积极主动地投入到学习中。此外，Mathos AI还能够帮助教师更好地了解学生的学习情况，从而制订更加有效的教学计划和策略。

下面以解答一个一元二次方程为例，介绍Mathos AI的使用方法。

步骤01 登录并进入Mathos AI的首页，单击输入框中的“Image（图片）”按钮，如图2-10所示。

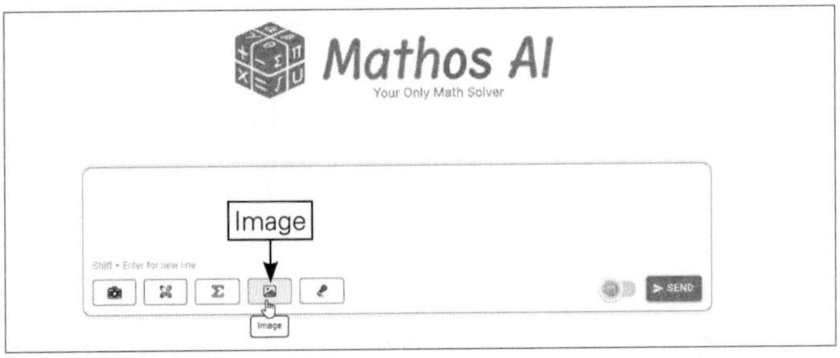

图 2-10　单击“Image”按钮

步骤02 在弹出的面板中，单击“Choose an image（选择一张图片）”按钮，如图2-11所示。

步骤03 执行操作后，弹出“打开”对话框，在对话框中，❶选择一张写有方程式的图片；❷单击“打开”按钮，如图2-12所示，即可将图片上传到输入框中。

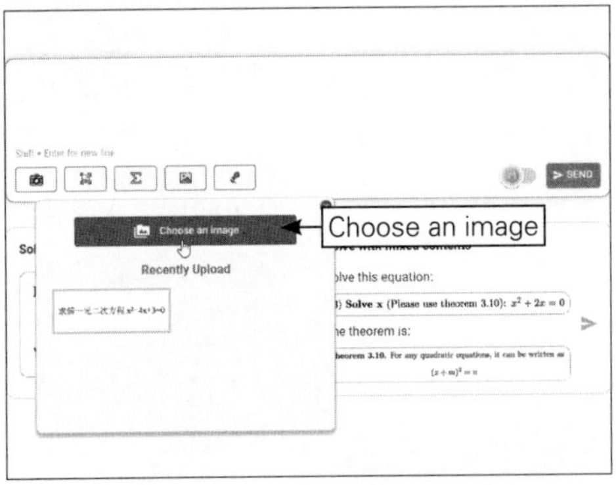

图 2-11　单击“Choose an image”按钮

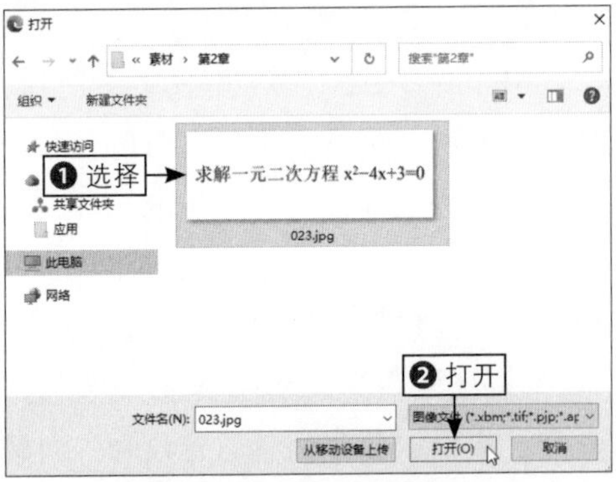

图 2-12　上传方程式图片

☆ 专 家 提 醒 ☆

Mathos AI支持文本、图片和语音等多种输入方法，用户也可以直接在输入框中输入需要解答的问题，让AI进行回复。不过，在输入框中输入完整、格式正确的方程式比较麻烦，因此这里采用上传图片的方式进行输入。

步骤 04 单击输入框右下角的“SEND（发送）”按钮，如图2-13所示。

图 2-13　单击“SEND”按钮

步骤 05 执行操作后，即可将图片发送给Mathos AI，并进入相应页面，它会自动识别图片中需要解答的方程式，并给出详细的解答内容，相关回复内容如下。

Mathos AI

要解一元二次方程$x^2-4x+3=0$，我们可以使用因式分解法或求根公式。这里我们使用因式分解法。

1. 写出方程：

$x^2-4x+3=0$

2. 寻找两个数，使它们的乘积为常数项3，和为−4：

这两个数是−1和−3，因为

$-1\times-3=3$且$-1+(-3)=-4$

3. 因式分解方程：

$(x-1)(x-3)=0$

4. 求解每个因式：

$x-1=0\rightarrow x=1$

$x-3=0\rightarrow x=3$

5. 总结解：

$x=1$或$x=3$

因此，方程$x^2-4x+3=0$的解为$x=1$和$x=3$。

024　Tiny Tap AI 生成个性化教育游戏

扫码看教学视频

Tiny Tap AI是一个专为教育领域设计的智能工具，它允许用户创建和分享个性化的学习应用和游戏，为教师、学生和家长提供了一个互动学习的平台。Tiny Tap AI利用先进的AI技术，能够根据用户输入的主题或提示，快速生成相应的教育游戏和互动内容，从而提高学习的趣味性和效果

Tiny Tap AI的特色之一是其Prompt-to-Game（提示转游戏）功能，这一功能允许用户通过输入简单的文本，快速生成与特定主题相关的教育游戏。例如，教师可以输入一个数学概念，如“分数的加法”，Tiny Tap AI便能在几分钟内生成一个互动游戏，帮助学生通过游戏的方式掌握这一概念。这种个性化的学习体验不仅提高了学生的学习兴趣，还使得学习过程更加高效。此外，Tiny Tap AI还具备Prompt-to-Text/Image（提示转文本/图像）功能，能够生成游戏所需的文案和图像，进一步丰富了教育内容的呈现形式。

对于教师而言，Tiny Tap AI的另一个重要价值在于其能够显著提高教学效率。通过Practice Anywhere（随处练习）工具，教师可以将现有的媒体内容，如教育视频，转化为互动学习材料。这一功能不仅节省了教师备课的时间，还使得教学内容更加多样化和生动。例如，教师可以将一个关于历史事件的视频转化为一个互动游戏，让学生在玩游戏的过程中加深对历史事件的理解。这种创新的教学方式不仅提高了教学效果，还为教师提供了更多的时间和精力去关注学生的个体需求。

Tiny Tap AI在促进教育公平方面也发挥着重要作用。通过其平台，优质教育资源得以更广泛地传播。无论学生身处何地，只要有网络连接，他们都能接触到高质量的教育内容。Tiny Tap AI的社区功能还允许教师和学生分享和交流学习资源，进一步扩大了教育资源的覆盖面。这种资源共享的模式不仅有助于缩小城乡教育差距，还为全球范围内的教育公平做出了贡献。

在学习互动性方面，Tiny Tap AI的表现同样令人瞩目。它生成的互动游戏和活动，不仅能够吸引学生的注意力，还能激发他们的学习兴趣。例如，在一个关于自然科学的课程中，教师可以利用Tiny Tap AI生成一个模拟生态系统的游戏，让学生在游戏中观察不同生物之间的相互作用。这种互动式的学习方式不仅提高了学生的学习动机，还培养了他们的批判性思维和解决问题的能力。

下面以生成一个主题为一元二次方程的游戏为例，介绍具体的操作方法，游戏效果如图2-14所示。

步骤01 登录并进入Tiny Tap AI的Create+（创作+）页面，单击“Create Games with AI（用AI创建游戏）”按钮，如图2-15所示。

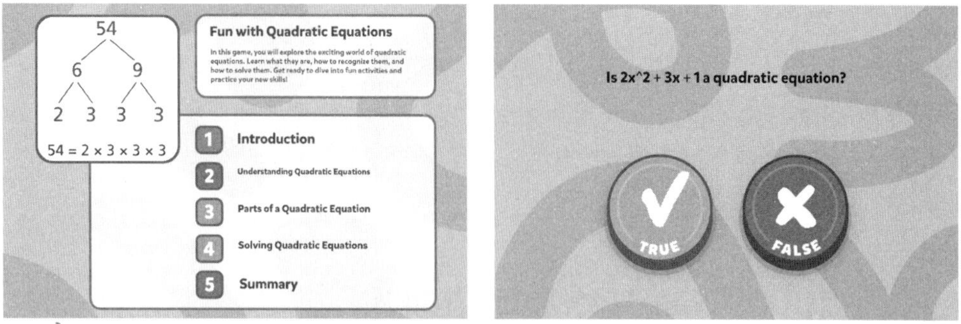

图 2-14　主题为一元二次方程的游戏效果

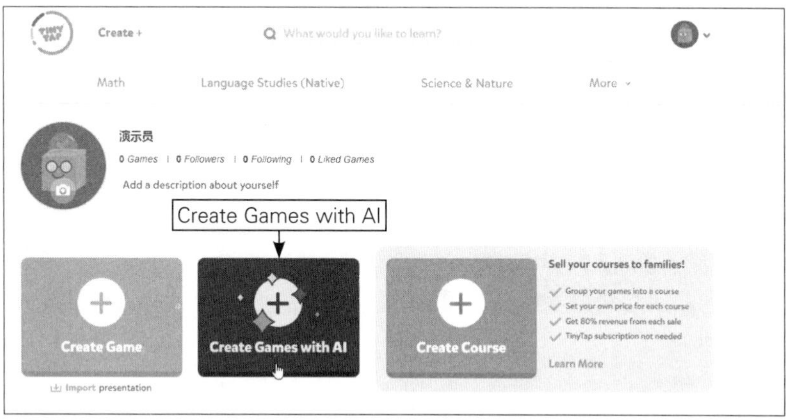

图 2-15　单击“Create Games with AI”按钮

步骤 02 进入相应页面，❶输入“一元二次方程”，告知AI游戏的主题；❷单击“Create Lesson（创建课程）”按钮，如图2-16所示，即可让AI开始生成游戏。生成结束后，单击游戏上的“Tiny Tap”按钮，即可查看游戏内容。

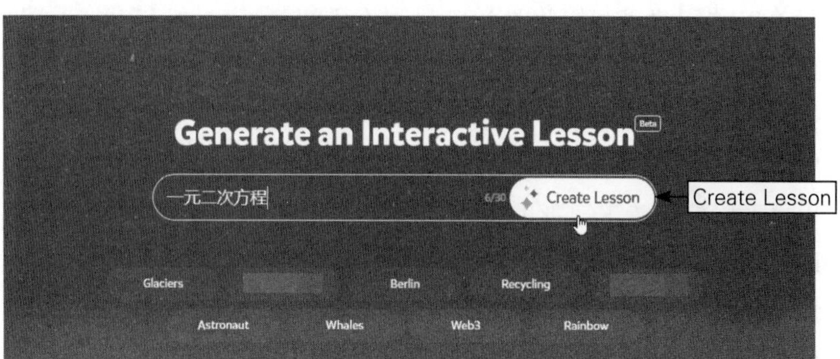

图 2-16　创建课程游戏

☆ 专 家 提 醒 ☆

由于AI生成具有随机性，所以即便输入相同的主题，每次生成的游戏都会不一样。而且，Tiny Tap AI虽然支持中文输入，但生成的游戏都是英文内容。另外，Tiny Tap AI生成的游戏只支持发布到平台上，或者添加到课程中，用户是无法将其下载到本地的。

025　腾讯智影助力教学视频创作

扫码看教学视频

腾讯智影是一款集成了AI技术的云端视频创作工具，它通过简化视频制作流程，为用户提供了一个高效、便捷的视频编辑平台。用户无须下载任何软件，直接通过电脑浏览器即可访问并使用腾讯智影的全部功能，包括数字人播报、动态漫画、AI绘画和视频剪辑等，如图2-17所示。

图 2-17　腾讯智影的全部功能

教师可以利用腾讯智影将教学资料制作成视频，增加课堂的趣味性和互动性，提高学生的学习兴趣。腾讯智影的字幕识别和文本配音功能，可以辅助教师进行远程教学视频的制作，使得教学内容可以跨越语言和听力障碍，服务更广泛的学生群体。

学生也可以使用腾讯智影进行项目展示、完成创意作业等，这样的实践活动有助于培养学生的创造力和表达能力。通过智能化的视频创作，教师可以更高效地传达知识，学生也能获得更加丰富和个性化的学习体验。

例如，腾讯智影平台推出的数字人播报功能，极大地简化了从文本到视频内容的转化过程。用户仅需轻松输入所需文本，并从多样化的人物形象中挑选心仪的一位，即可迅速生成栩栩如生的数字人播报视频。数字人播报功能不仅提供了丰富的角色选择，还允许用户根据具体需求自定义视频背景，让内容展现更加贴合场景氛围。

下面以制作一个主题为现代诗歌鉴赏技巧的数字人视频为例，介绍腾讯智影数字人播报功能的使用方法，效果如图2-18所示。

图 2-18　数字人播报视频效果

步骤 01 在腾讯智影主页的“数字人播报”选项区中，单击“去创作”按钮，如图2-19所示。

步骤 02 进入相应页面，在左侧的“模板”面板中，选择相应的数字人模板，如图2-20所示。

图 2-19　单击“去创作”按钮

图 2-20　选择相应的数字人模板

步骤 03 执行操作后，弹出相应面板，预览模板中的数字人效果，确认使用该模板后，可以单击“应用”按钮，如图2-21所示。

步骤 04 执行操作后，即可应用相应的数字人模板，在页面左侧，❶切换至“PPT模式”面板；❷单击第2张PPT右上角的“删除”按钮🗑，如图2-22所示，即可将其删除。用同样的方法，删除其他不需要的PPT，只留下第1张PPT。

图 2-21　单击“应用”按钮

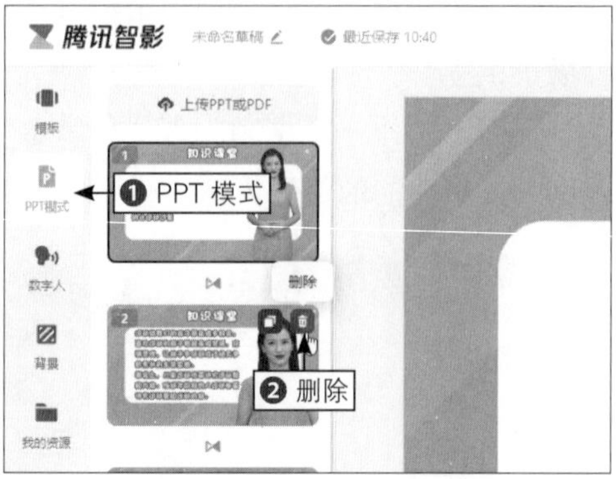

图 2-22　调整 PPT

步骤 05 在页面左侧，❶切换至“数字人”面板；❷在“预置形象”|“免费”选项卡中，选择一个喜欢的数字人形象，如图2-23所示，更换模板中的数字人形象。

步骤 06 ❶选择预览窗口中的数字人；❷在“数字人编辑”选项卡中，选择喜欢的服装，如图2-24所示，即可更换数字人身上的服装。

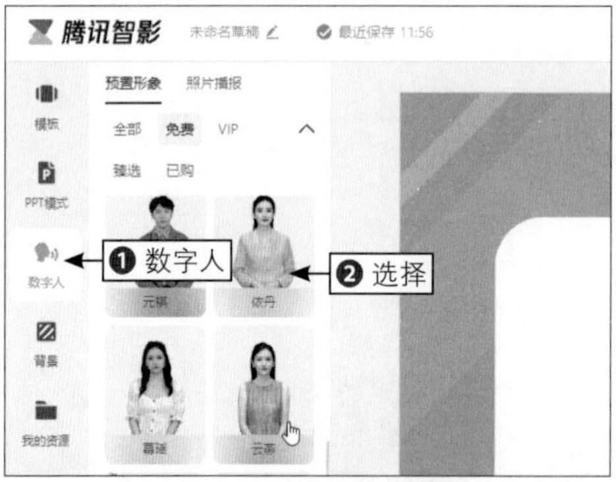

图 2-23　更换数字人形象

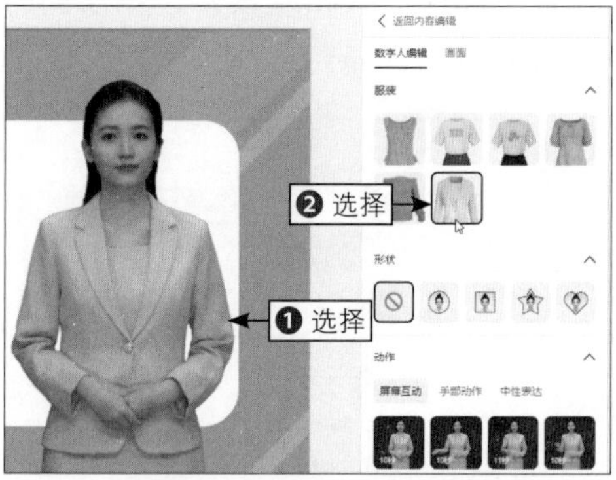

图 2-24　更换数字人的服装

步骤 07 在“数字人编辑”选项卡的上方，单击“返回内容编辑”按钮，进入“播报内容”选项卡，输入准备好的文案，如图2-25所示。

步骤 08 在“播报内容”选项卡的下方，单击数字人的默认音色，如图2-26所示。

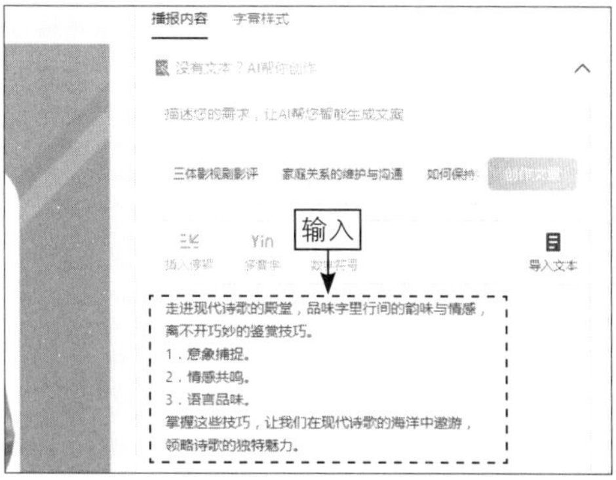

图 2-25　输入文案

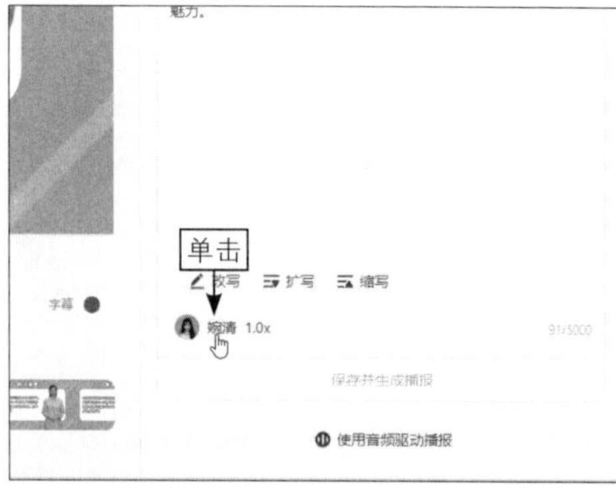

图 2-26　单击默认音色

步骤09 执行操作后，弹出“选择音色”面板，❶切换至“知识科普”选项卡；❷选择一个合适的音色；❸单击“确认”按钮，即可更改数字人的音色，如图2-27所示。返回“播报内容”选项卡，单击底部的“保存并生成播报”按钮，即可使用更改后的数字人音色，生成对应内容的数字人视频。

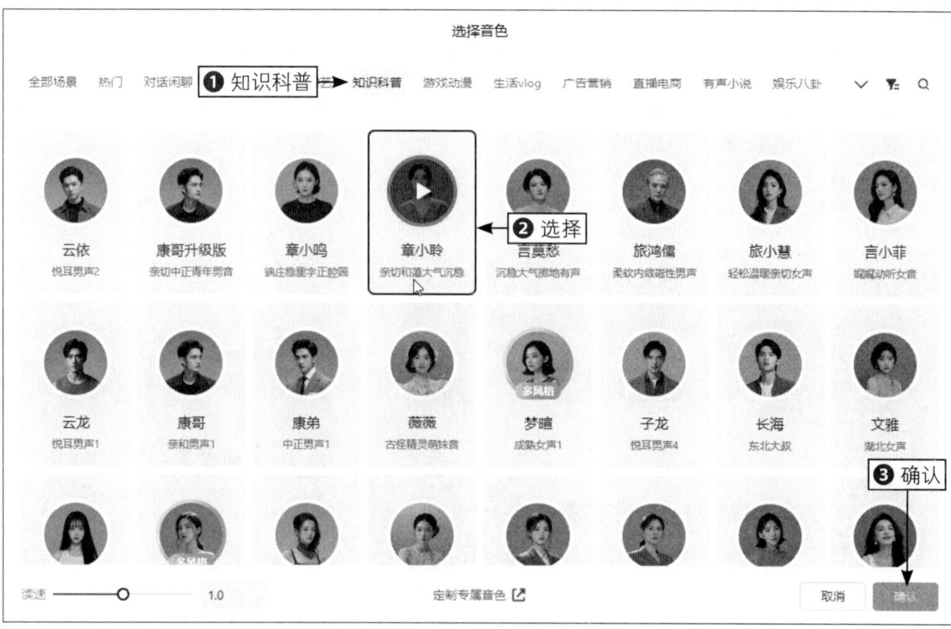

图 2-27　选择合适音色

步骤10 ❶单击预览窗口中的标题；❷在“样式编辑”选项卡中，修改标题内容；❸更改标题的字体，如图2-28所示，完成对标题的调整。

图 2-28　调整标题

步骤 11 ❶单击预览窗口中的文本；❷在“样式编辑”选项卡中，修改文本内容；❸更改文本的字体；❹设置文本的“字号”参数为30，如图2-29所示，缩小文本，即可完成对文本的调整。

图 2-29　调整文本

步骤12 完成所有编辑后，单击页面右上方的“合成视频”按钮，如图2-30所示。

步骤13 弹出“合成设置”面板，单击“确定”按钮，如图2-31所示。

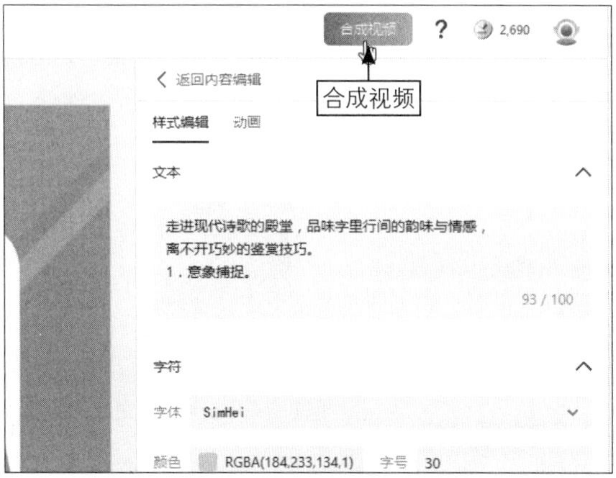

图2-30　单击“合成视频”按钮

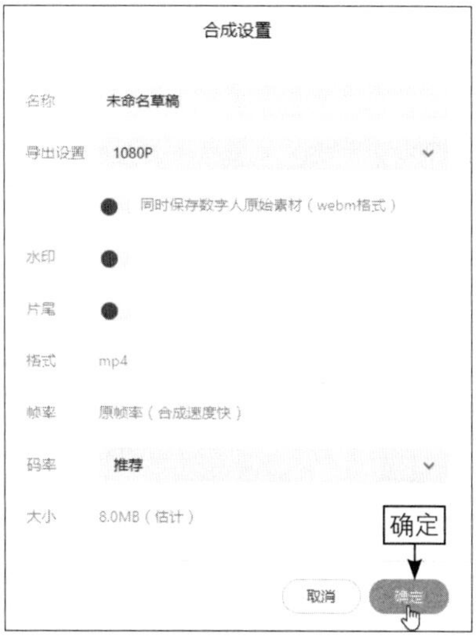

图2-31　单击“确定”按钮（1）

步骤14 弹出“功能消耗提示”面板，单击“确定”按钮，如图2-32所示。

步骤15 执行操作后，即可开始生成数字人视频，并跳转至“我的资源”页面，生成结束后，单击视频缩略图，如图2-33所示。

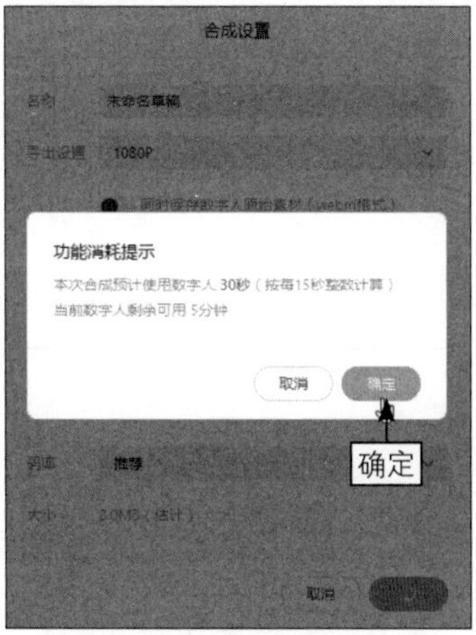

图2-32　单击“确定”按钮（2）

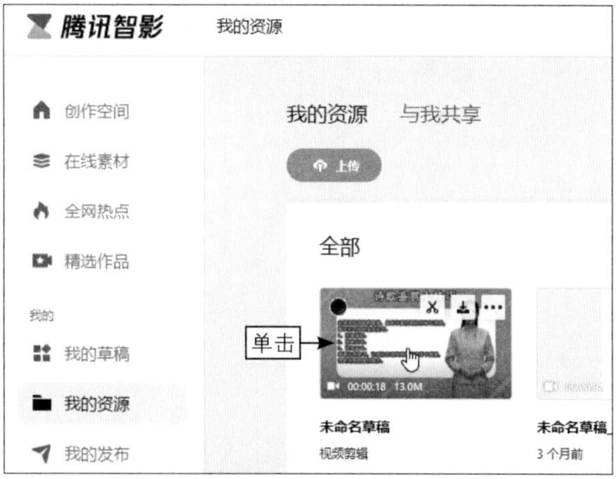

图2-33　单击视频缩略图

☆ 专 家 提 醒 ☆

在腾讯智影中，每个账号每个月会获得5分钟的数字人视频生成体验时长，如果用户用完了这个时长，则需要购买时长，或者等到下个月再进行数字人视频的生成。

步骤 16 执行操作后进入相应页面，即可预览数字人视频的效果，如图2-34所示。

图 2-34　预览数字人视频的效果

第3章

8大智能硬件工具：实现AI互动学习

AI与教育深度交织，催生出革新学习体验的智能工具。本章介绍的8类硬件工具，将AI嵌入日常场景——从实时辅导到个性化反馈，从知识检索到习惯优化，以轻便形态打破传统学习的限制。

026　智能学习机赋能个性化学习模式

扫码看教学视频

智能学习机作为一种融合了AI技术的教育工具，近年来在教育领域发挥了重要作用。它通过个性化的学习模式，高效辅导和资源整合等功能，正在重塑教育模式和学生的学习方式。下面介绍两款智能学习机产品。

1. 希沃学习机W3

在当今数字化的学习环境中，一款既符合儿童使用习惯，又融合了先进科技与教育理念的学习工具，成了许多家庭的优选。希沃学习机W3，就是这样一款专为3～12岁孩子量身打造的智能学习伴侣，如图3-1所示。它不仅整合了前沿的技术，更在保护儿童视力、激发学习兴趣方面下足了功夫，为孩子们的学习之路点亮了一盏明灯。

图 3-1　希沃学习机 W3

希沃学习机W3，作为希沃品牌旗下的明星产品，其核心竞争力之一在于其独特的护眼功能。这款学习机采用了希沃第三代类纸护眼屏技术，通过AG（Anti-Glare，防眩光）纳米蚀刻、AR（Augmented Reality，增强现实）光学镀膜等多重硬核显示技术，模拟了纸张的视觉效果，有效减少了屏幕闪烁和眩光，为孩子提供了一个更加舒适、不晃眼的观看体验。

值得一提的是，希沃学习机W3在护眼功能中融入了AI技术，实现了更加智能化的护眼效果。通过内置的AI护眼系统，学习机能够全面检测孩子的用眼行为和周围环境光线，实时调整屏幕亮度和色温，以适应不同的学习环境。这种智能化的调节方式，不仅减少了有害蓝光对孩子眼睛的影响，更呵护了他们的生物节律，确保了孩子在长时间学习后也能保持眼部舒适。

希沃学习机W3还拥有丰富的AI特色功能，如AI智能助手，它可以根据孩子的年龄与能力等级，每日量身定制并推送绘本学习方案，让孩子在轻松愉快的氛围中掌握知识。同时，学习机还配备了全方位家长管控功能，让家长能够实时了解孩子的学习情况，确保他们在健康、安全的环境中成长。

希沃学习机W3内置了丰富的电子图书资源，涵盖了绘本、科普、文学、历史等多个领域，满足不同年龄段孩子的阅读需求。通过精美的画面、生动的音效以及互动式的阅读模式，为孩子营造一个沉浸式的阅读环境，让他们仿佛置身于故事之中，自然而然地爱上阅读。

另外，希沃学习机W3的独具匠心之处，在于其创新的交互式动画绘本功能，这一特色设计鼓励孩子们亲身参与绘本故事的演绎，通过互动体验实现深度沉浸式阅读，不仅极大地提升了观赏的乐趣，更在无形中强化了儿童的思维逻辑与手眼协调能力，促进他们全面而均衡地成长。

2. 小度智能学习机K30

在科技日新月异的今天，教育领域也迎来了前所未有的变革。百度公司凭借其在AI领域的深厚积累，推出了一款专为学生群体设计的高科技产品——小度智能学习机K30。

这款学习机内置的AI老师非常强大，能够轻松地实现一对一辅导，具体功能如图3-2所示。

个性化学习辅导 → 小度智能学习机的 AI 老师具备实时语音交互功能，能够根据学生的学习情况和问题，提供个性化的学习辅导。同时，它还能根据学生的学习进度和掌握程度，动态调整教学策略，确保每位学生都能得到最适合自己的学习指导

智能作业辅导 → 通过拍照上传题目，AI 老师能够迅速识别并给出详细的解题思路和答案，帮助学生独立完成作业，培养他们的自主学习能力。此外，它还能对作业进行智能批改，指出错误并提供改正建议，让学生在反复练习中不断提高

口语评测与互动 → 学生可以通过与 AI 老师进行对话练习，实时获得发音准确性、流利度等方面的反馈和评价。这种互动式的学习方式不仅能够有效提高学生的口语水平，还能激发他们的学习兴趣，让英语学习变得更加生动有趣

图 3-2　小度智能学习机 AI 老师的功能

小度智能学习机K30提供了丰富的学习资源，涵盖小学到高中的全科同步课程，由资深教师精心录制，内容与教材完全同步，适合预习、复习和巩固提升。此外，学习机还包含丰富的课外拓展知识，可以帮助学生拓宽知识面，培养综合素质和创新能力，并支持在线搜索功能，满足学生的好奇心和求知欲。

同时，学习机通过智能算法分析学生的学习数据，推荐个性化的学习路径，针对薄弱环节和兴趣点推送相关资源和练习题目，帮助学生高效学习，实现全面发展。

小度智能学习机K30凭借其强大的AI功能和丰富的教育资源，为学生提供了一个高效、便捷的学习平台，同时也为老师提供了有力的教学支持。它是现代教育技术与传统教学模式相结合的典范，对于追求高效便捷学习方式的家庭和学校来说，无疑是一个值得考虑的选择。

027　智能机器人重构教育互动场景

扫码看教学视频

在当今科技飞速发展的时代，智能机器人已经逐渐渗透到我们生活的方方面面，为人们的生活带来了极大的便利。而在教育领域，智能机器人正以其独特的功能和优势，推动着教育模式的创新与变革。它们不仅能够提供个性化的学习方案，还能通过互动教学和实时反馈，提升学生的学习兴趣和效率。

目前，教育领域常见的智能机器人类型包括：专为幼儿设计，通过游戏和互动帮助孩子开发认知和语言能力的早教机器人；培养学生的编程思维和动手能力的编程教育机器人；在远程教育中提供学习支持和答疑服务的虚拟助教机器人；等等。下面介绍两款智能机器人产品。

1. 阿尔法蛋儿童GPT机器人

阿尔法蛋儿童GPT机器人是一款融合学习启迪、娱乐休闲与温馨陪伴于一身的AI产品，其精巧雅致的外观设计，不仅为居家环境增添了一抹科技时尚感，更在有限空间内实现了视觉与功能的完美平衡。

阿尔法蛋儿童GPT机器人深知每个孩子成长的独特性，特别设计了针对幼小衔接及早教启蒙的专属功能，能根据孩子的年龄阶段与个性化兴趣，量身定制学习路径，以趣味横生的教学方式引领孩子探索知识的海洋，相关示例如图3-3所示。

面对孩子的每一个好奇提问，阿尔法蛋儿童GPT机器人都能以耐心细致的解答，激发孩子的探索欲，助力他们轻松跨越学习难关，自信迎接新阶段的挑战。

除了强大的学习辅助能力，阿尔法蛋儿童GPT机器人还是一位多才多艺的家庭娱乐大师。从悠扬旋律到趣味笑话，从益智游戏到亲子互动，它总能以丰富多样的形式，为家庭成员带来欢笑与放松。当父母暂时抽不开身时，阿尔法蛋儿童GPT机器人更是孩子最贴心的玩伴，用温暖的陪伴填满每一个成长的瞬间。

图 3-3　阿尔法蛋儿童 GPT 机器人的学习功能示例

阿尔法蛋儿童GPT机器人以其卓越的适应性和便捷性，轻松融入现代家庭的每一个角落。从客厅的亲子时光到卧室的睡前故事，再到书房的独立学习，它都是孩子不可或缺的良师益友。

2. 优必选Alpha 1E

智能教育人形机器人Alpha 1E是优必选与腾讯强强联手推出的一款创新产品，它不仅仅是一个机器人，更是一个集教育、娱乐、陪伴于一体的智能伙伴，如图3-4所示。这款机器人深度挖掘了优必选在机器人领域的软硬件优势，同时融入了腾讯在AI技术方面的深厚积累，内置腾讯叮当AI助手，为用户带来了前所未有的智能体验。

在AI特色功能方面，Alpha 1E展现出了强大的实力。首先，它支持模块化编程，这一功能使得孩子们可以在玩耍中学习编程和编码知识，培养他们的逻辑思维和创新能力。通过简单的拖拽和组合，孩子们就能轻松创造出属于自己的小程序，让机器人按照他们的指令行动，这种寓教于乐的方式极大地激发了孩子们的学习兴趣。

此外，Alpha 1E还具备先进的语音交互能力。它能够准确识别用户的语音指令，并做出相应的回应。无论是回答问题、讲故事还是播放音乐，Alpha 1E都能轻松应对，成为孩子们成长道路上的贴心伙伴。同时，它还内置了定制化的成长陪伴功能，能够根据孩子的年龄、兴趣和学习进度，提供个性化的学习和娱乐内容，帮助孩子在快乐中成长。

图 3-4　智能教育人形机器人 Alpha 1E

Alpha 1E智能教育人形机器人在教育领域的作用不容忽视。它不仅能够作为学校科技教育的辅助工具，帮助孩子们更好地理解科学原理和技术知识，还能在家庭教育中发挥重要作用。家长可以通过Alpha 1E了解孩子的学习情况，制订更加科学、合理的学习计划，同时也能借助机器人的陪伴功能，增进亲子关系，培养孩子的社交能力和情感表达能力。

Alpha 1E智能教育人形机器人以其独特的AI特色功能和卓越的教育效果，成了未来教育领域的一颗璀璨明珠。它不仅能够为孩子们提供一个更加丰富多彩、充满乐趣的学习环境，还能帮助他们养成良好的学习习惯和创新能力，为未来的成长奠定坚实的基础。

028　AI 词典翻译笔打破语言学习壁垒

扫码看教学视频

AI词典翻译笔是一种结合OCR（Optical Character Recognition，光学字符识别）、语音交互与AI技术的便携式学习工具。它用内置摄像头扫描文字或用麦克风收录语音，利用AI算法实现多语言实时翻译与词典查询功能。这类设备通常配备高清触摸屏和云端数据库，可识别印刷体、手写体等多种文本形态，支持上百种语言互译，成为现代人跨越语言障碍的智能助手。

AI词典翻译笔的突出特点在于其即时性与精准度。借助神经网络翻译技术，设备能在0.3秒内完成整句翻译，准确率可达98%以上。特有的智能联想功能可使其根据上下文优化翻译结果，还能标注语法重点与发音难点。部分高端型号设备具备自适应学习系统，能根据用户查询记录智能推荐学习内容，形成个性化的语言提升方案。

在教育领域，AI词典翻译笔正在重塑语言学习方式。学生可以即时查阅生词、解析复杂句式，将传统查词典时间缩短80%以上。而教师借助其批改作业时，能快速核对翻译准确性，统计高频错误点。在双语课堂中，实时翻译功能帮助师生突破语言壁垒，促进跨文化教学交流。特殊教育场景里，其语音播报功能为视障学习者开辟了新的学习通道。下面介绍两款AI词典翻译笔产品。

1. 有道词典笔X7 Pro

作为网易有道推出的旗舰级教育硬件产品，有道词典笔X7 Pro凭借其深度融合的AI技术与教育资源，成为智能学习工具领域的标杆之一。这款词典笔不仅延续了前代产品的核心功能，更通过硬件升级与软件创新，实现了从“查词工具”到“全能学习助手”的蜕变，该产品的功能特点如下。

（1）AI全科辅导。有道词典笔X7 Pro搭载国内首个AI家教“小P老师”，覆盖语文、数学、英语等9大学科，提供分步骤精讲与互动答疑，如图3-5所示。学生通过扫描或拍照题目，即可获得涵盖考点分析、解题思路等内容的深度解析。

图3-5　AI家教“小P老师”

（2）虚拟口语私教。有道词典笔X7 Pro内置全球首款虚拟人口语教练“HiEcho”，支持雅思标准评分与多种真实场景对话练习。通过分级对话、智能纠音和地道表达润色，学生可以自主练习发音与表达逻辑。

（3）智能作文批改。针对英语写作痛点，学生可以通过扫描或拍照识别手写作文，让AI模型逐句分析语法错误、推荐高分词汇，并提供结构优化建议，如图3-6所示。

（4）离线翻译与长文解析。即便处于无网络环境，有道词典笔X7 Pro仍能通过离线AI模型实现长段落精准翻译，如图3-7所示。另外，有道词典笔X7 Pro支持100多种语言互译，其“一目十行”扫描技术可以一次识别10行文本，结合上下文进行语义分析，翻译准确率较传统工具有显著提升。

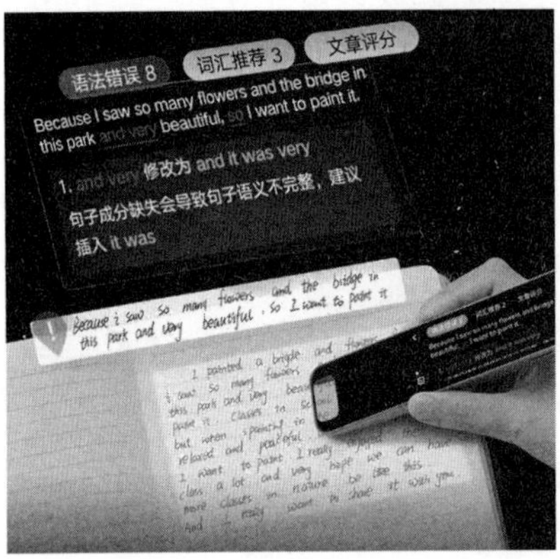

图 3-6　智能作文批改

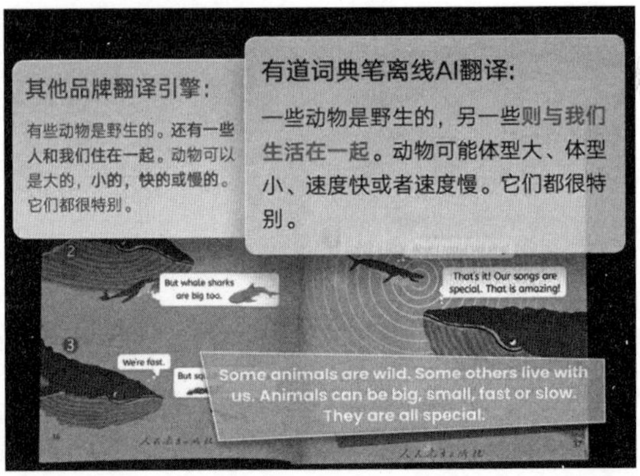

图 3-7　离线 AI 翻译

（5）家长管控与学习追踪。有道词典笔X7 Pro配套的家长端App支持远程查看学习时长、高频错题和资源使用情况，并限制非学习类功能。例如，家长可以设定每日口语练习时长，系统自动生成学习报告，帮助家庭科学规划学习节奏，确保设备真正服务于教育目标。

（6）课内同步与考试资源。有道词典笔X7 Pro内置新课标教材及中高考同源真题库，支持教材原文听读、自主听写及模拟考试。

有道词典笔X7 Pro通过AI技术与教育场景的深度融合，为师生构建了高效、精准且个性化的学习生态。这款工具不仅是知识探索的加速器，更是教育公平的桥梁，让优质教育资源突破时空限制，赋能每个学习者的成长之路。

2. 科大讯飞AI翻译笔P20 Plus

科大讯飞AI翻译笔P20 Plus是专为10岁以上学生设计的深度学习工具，融合了AI技术与教育场景需求，实现高效查词、语法解析、作文批改等核心功能。其设计贴合高年级学生课业压力大、知识复杂度高的特点，成为提升英语综合能力的智能助手，功能特点如下。

（1）深度学词。科大讯飞AI翻译笔P20 Plus的AI词库管理能力突破了传统查词局限。在学生扫描单词后，不仅提供教材释义，还通过词根词缀、派生词、同义词扩展知识点，并关联中高考真题例句，帮助学生建立立体记忆网络，如图3-8所示。

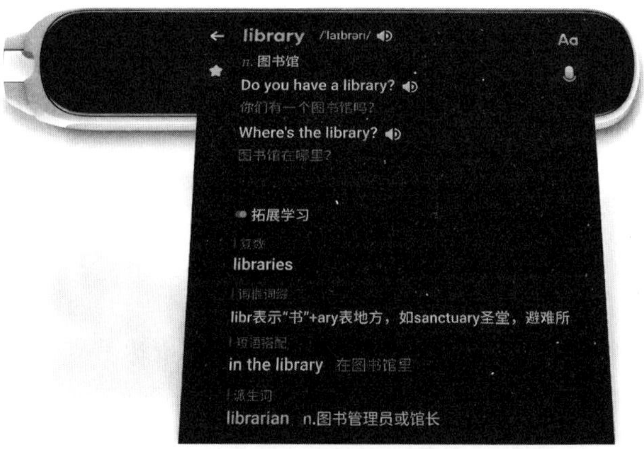

图 3-8　深度学词功能

（2）智能语法解析。AI驱动的语法分析引擎可深度拆解复杂句式。在学生扫描句子后，设备能在0.3秒内输出翻译结果，同时标记时态、语态、主谓结构等语法要素，并推荐关联考点，如图3-9所示。

（3）AI作文批改。依托科大讯飞自然语言处理技术，科大讯飞AI翻译笔P20 Plus可智能诊断作文中的拼写错误、语法偏差及用词不当。扫描作文后，系统生成多维评价报告，如“时态一致性错误3处”“亮点句式：倒装结构”，并提供优化建议，如图3-10所示。该功能模拟教师批改逻辑，帮助学生针对性提升写作能力，减少对人工反馈的依赖。

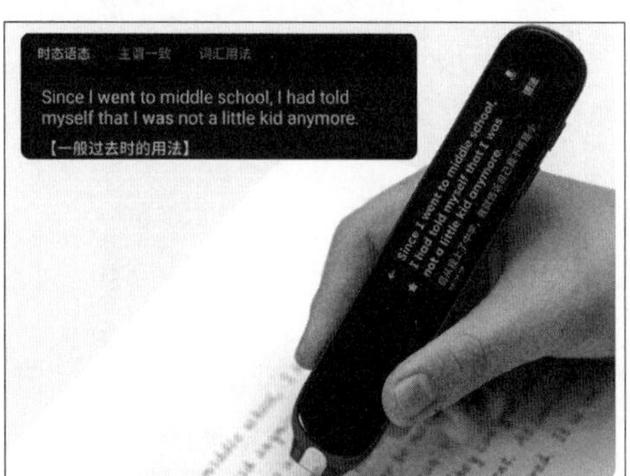

图 3-9　智能语法解析

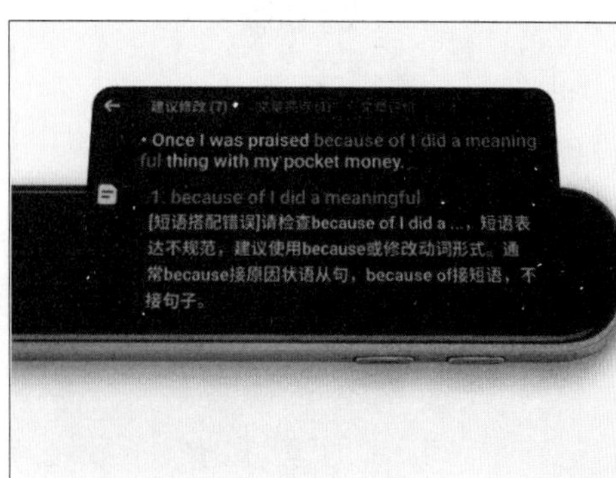

图 3-10　AI 作文批改

（4）自适应听说训练。科大讯飞AI翻译笔P20 Plus内置中高考同源口语评测系统，AI通过声纹分析和语音识别技术，对发音准确度、流畅度进行实时评分。学生跟读时，设备会以音节为单位对比标准发音，并以波形图直观展示差异。

（5）课本同步学习。AI深度整合教材资源，支持扫描课本页码直接调取对应内容。例如，扫描人教版八年级Unit 3课文，设备同步播放教材配音专家的朗读音频，并解析重点句型。结合“学课本”功能，学生可自主完成预习、复习闭环，教师也能通过学情数据跟踪学习进度，实现精准教学。

（6）跨学科辅助学习。科大讯飞AI翻译笔P20 Plus搭载中文古诗文解析模块。扫描文言文句子后，AI自动拆分字词注释、白话翻译及作者背景，并配以声情并茂的诵读音频。

通过以上功能，科大讯飞AI翻译笔P20 Plus不仅重塑了语言学习方式，更以AI技术推动教育公平——无论是城市学生还是偏远地区学习者，都能通过智能反馈与个性化资源，获得高效、深度的学习支持。

029　点读笔激发儿童语言启蒙兴趣

扫码看教学视频

点读笔是一种专为儿童设计的智能学习设备，通过OCR技术读取特制书籍上的隐形点读码或图案，触发预录的音频内容，如单词发音、故事讲解或互动问答，如图3-11所示。

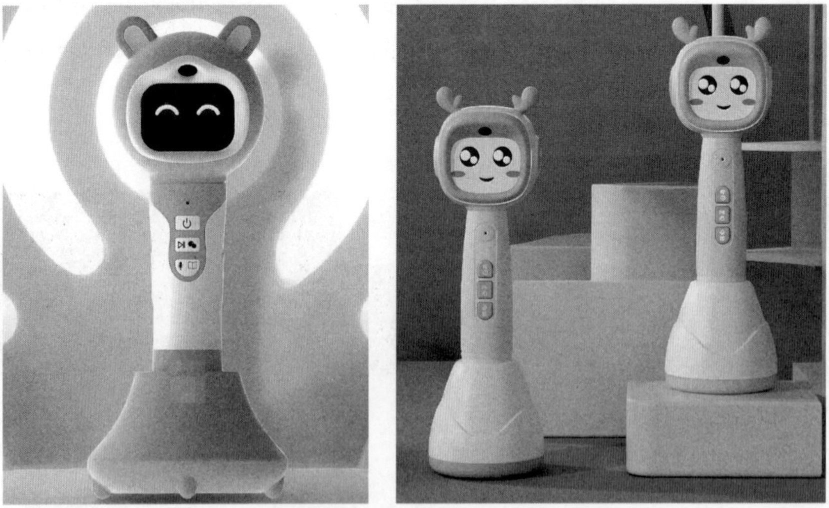

图 3-11　点读笔

点读笔的外观多采用卡通造型与鲜艳配色，搭配实体按钮或触控设计，旨在吸引低龄儿童的注意力并提升他们的学习兴趣。点读笔通常需配合专用点读图书使用，功能以听读互动为主，适用于学龄前及小学低年级学生的语言启蒙阶段。

在早教领域，点读笔通过真人发音和情景化音频帮助儿童建立语言感知，例如英语单词朗读、古诗词诵读或绘本故事讲解。其互动性设计（如点击触发音效）能激发孩子自主探索，辅助培养听力和口语能力。此外，点读笔的跟读、录音等功能可增强语言模仿能力，尤其适合注意力容易分散的低龄儿童使用。

☆ 专 家 提 醒 ☆

点读笔与AI词典翻译笔的核心区别在于功能定位与技术路径。点读笔依赖预编码的配套书籍，功能集中于音频播放，缺乏实时翻译或深度解析能力，其学习范围受限于出版社资源。

而AI词典翻译笔基于OCR技术和神经网络技术，可扫描任意文本实现多语言互译、语法分析及自适应学习，适用人群覆盖全年龄段，尤其适合高年级学生的语言深化学习。

此外，AI词典翻译笔无需专用书籍，灵活性强，且支持语法标注和作文批改等复杂功能，而点读笔更侧重于通过预设互动内容培养低龄儿童的学习兴趣。两者分别代表了“预设互动”与“智能扩展”的教育工具发展方向。

030　智能学习灯实现护眼学习双功能

扫码看教学视频

智能学习灯是一种结合AI与光学技术的教育硬件产品，旨在为学习场景提供护眼照明与智能辅助双重功能。它通常以台灯或书桌集成设备为载体，搭载AI算法、传感器和交互屏幕，不仅能模拟自然光保护视力，还能通过指尖查词、作业批改、专注力监测等功能辅助学习流程。

智能学习灯的核心特点包括护眼与智能融合（如全光谱LED灯珠和RG 0级低蓝光技术）、场景自适应调光（根据环境自动调节亮度和色温）、多功能AI交互（支持语音控制、指尖查词和智能听写）以及健康管理（坐姿监测、用眼时间提醒）。

☆ 专 家 提 醒 ☆

LED的英文全称为Light-Emitting Diode，中文译为发光二极管，是一种常用的发光器件。

RG 0的英文全称为Risk Group 0，中文译为“无危险级”或“豁免级”，是国际电工委员会（IEC，International Electrotechnical Commission）在光生物安全标准（IEC 62471）中定义的蓝光危害等级之一。

在教育领域中，智能学习灯通过技术赋能显著提升了学生的学习效率与自主性。它帮助孩子独立完成查词、听写和错题整理，减少家长辅导压力；同时，通过数据化分析学习行为（如专注时长、错误类型），辅助教师和家长制订针对性学习计划。下面介绍两款智能学习灯产品。

1. 大力智能学习灯T6

大力智能学习灯T6是一款集护眼照明与AI学习辅助于一体的智能教育硬件，专为青少年学习场景设计，如图3-12所示。这款产品采用双翼灯头专利设计，灵感源自医学无影灯，通过前向投光技术减少手部阴影，让光照的覆盖范围更广。

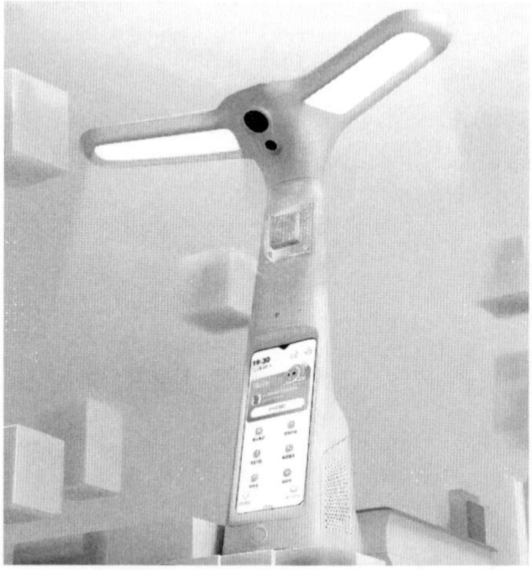

图 3-12　大力智能学习灯 T6

作为“台灯+学习机”二合一产品，大力智能学习灯T6不仅能提供健康光源，还通过一系列实用功能帮助孩子提升学习效率与自主性，同时缓解家长辅导压力，该产品的功能特点如下。

（1）指尖查词与语音交互。大力智能学习灯T6搭载高精度双摄像头，支持“指尖点读”功能，可以实时识别中英文生词，提供释义、发音及笔顺示范，反应迅速且准确。此外，语音指令“大力大力”可以唤醒AI助手，解答疑问或播放知识内容，实现零干扰的自主学习。

（2）自主学习系统与线上自习室。基于“自我决定理论”，大力智能学习灯T6将学习拆解为制订计划、执行任务和评估效果等阶段，引导孩子自主规划学习任务并通过“闯关模式”获得能量奖励，激发积极性。其“免费线上自习室”功能由真人教师在线陪学，营造沉浸式学习氛围，帮助孩子提升专注力。

（3）智能护眼与场景适配。通过“律动光护眼算法”，大力智能学习灯T6每60分钟自动调节亮度37次，模拟自然光动态变化，缓解视疲劳；同时支持读写、绘画、放松等多场景灯光模式，白天模拟上午10点阳光提升专注力，夜晚降低色温保护褪黑素分泌。

（4）远程互动与学情反馈。家长可以通过App远程查看学情报告、布置任务，并与孩子视频通话辅导作业。双摄设计（顶摄查看桌面、前摄视频沟通）实现“陪伴式学习”，并且开启摄像头需要经过孩子同意，充分尊重了孩子的隐私。

对学生而言，大力智能学习灯T6不仅是护眼工具，更是培养时间管理、自主学习能力的“导师”；对家长而言，它通过数据化反馈和远程互动，减轻辅导负担并促进亲子良性沟通；对教师而言，学情报告和错题分析可以辅助个性化教学，提升课堂效率。这款产品以科技重构学习场景，推动教育从“被动输入”转向“主动探索”，成为家庭教育与学校教育协同发展的创新桥梁。

2. 有道智能护眼灯

作为一台集护眼台灯、AI辅导、学习管理和健康监测于一体的教育工具，有道智能护眼灯的核心价值在于通过全光谱光源、RG 0级低蓝光技术和显色指数98的高品质光线，为孩子提供接近自然光的健康照明环境，同时借助内置的摄像头、传感器和AI算法，成为陪伴学习的“智慧导师”。

在教育场景中，有道智能护眼灯通过智能功能帮助孩子养成良好学习习惯，提升效率，同时减轻家长辅导负担，成为家庭教育数字化转型的重要助力，该产品功能特点如下。

（1）AI指尖查词与句子精读。有道智能护眼灯搭载800万像素摄像头与AI识别技术，支持“指一指”查词功能，0.5秒内即可识别课本上的中英文单词或句子，如图3-13所示。另外，该产品内置《新华字典》《柯林斯词典》等权威版权词典，支持英美双音标发音评测，帮助孩子自主学习生词和长句。

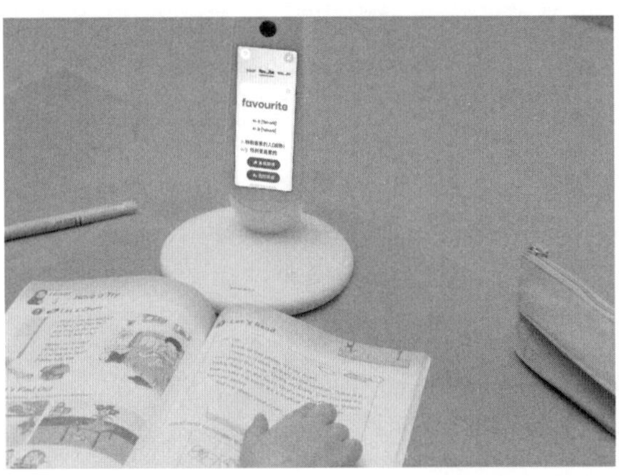

图 3-13　“指一指”查词功能

（2）AI作业检查与错题管理。通过AI算法，有道智能护眼灯可自动批改数学口算、英语作文等作业，标记错误并生成错题本。例如，数学题检查覆盖四则运算、单位换算等题型，英语作文则能分析语法、拼写及结构问题，如图3-14所示。此外，该设备支持错题一键整理并连接打印机输出，方便进行针对性复习，助力学生突破薄弱环节，减轻家长辅导压力。

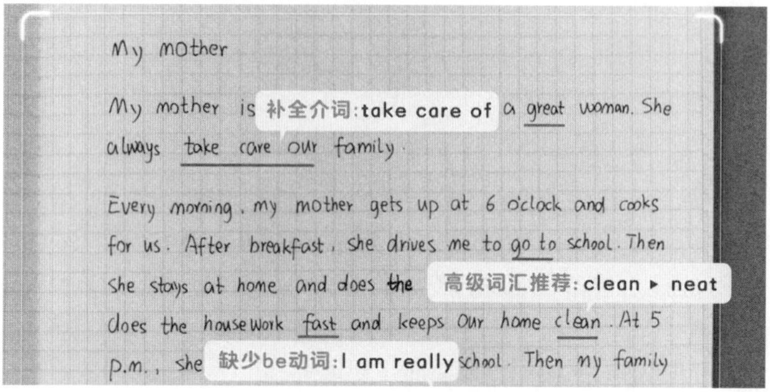

图 3-14　AI 作业检查

（3）专注力管理与日程规划。有道智能护眼灯内置“计时专注”功能，可设置学习时段并屏蔽干扰，结合森林、火堆等白噪声营造沉浸环境。专注结束后，设备会生成专注力报告，量化学习状态，培养时间管理能力。家长还可通过App制订孩子的学习计划（如预习、复习安排），有道智能护眼灯会按时提醒任务，帮助孩子建立规律的学习节奏。

（4）坐姿监测与健康护眼提醒。有道智能护眼灯通过200万像素广角摄像头实时监测坐姿，当孩子低头、歪头或距离过近时，会用语音提示及时纠正，预防近视和脊柱问题。同时，设备每20分钟自动触发护眼提醒，引导孩子进行眼保健操或远眺，搭配“聪明的光”技术，还可以根据环境自动调节色温和亮度，全方位保护孩子的视力健康。

（5）远程互动与家长监控。有道智能护眼灯支持视频通话功能，家长可通过App与孩子远程沟通或辅导作业，摄像头还能实时查看学习状态。此外，家长可远程禁用非学习功能（如娱乐应用），确保孩子专注力不被分散。

对于学生，有道智能护眼灯既是护眼工具，也是24小时在线的“AI家教”，通过高效查词、作业批改和错题巩固提升学习效率；对于教师和家长，其学情数据与远程管理功能减轻了教学负担，同时培养了孩子的自主学习能力。这款产品将健康护眼与智能教育深度融合，重新定义了学习场景中的“光”与“智能”，成为数字化时代家庭教育的创新标杆。

031　错题打印机优化学习反馈机制

扫码看教学视频

错题打印机是一种专为学生和教育工作者设计的智能学习工具，它通过结合先进的打印技术和智能识别系统，帮助学生快速整理和打印错题。这种设备不仅能够节省学生手动抄写错题的时间，还能通过高效的错题管理功能，提升学习效率。

AI技术的融入进一步提升了错题打印机的智能化水平。这类设备通常搭载OCR和NLP（Natural Language Processing，自然语言处理）技术，能够自动识别题目内容、提取关键知识点，并生成错题解析和拓展练习。部分高端机型具备“生成式题库”功能，通过分析学生的错题特征，动态生成符合其薄弱环节的变式题目，形成“千人千面”的精准训练方案。

同时，AI算法还能根据艾宾浩斯遗忘曲线制订复习计划，提醒学生定时巩固易错知识点，从而提升长期记忆效果。这些智能功能不仅提高了错题整理的效率，还为学生提供了更加个性化和精准的学习支持。

以汉印MT810错题打印机为例，其AI功能在智能教育中的应用尤为突出，如图3-15所示。该设备通过配套的“汉印错题”App，实现了拍照识别错题、一键打印和智能分类等功能。

学生拍摄错题后，App不仅能自动剪裁题目区域、去除手写痕迹，还能链接到内置题库提供答案解析，甚至推荐同类题型强化练习。

此外，汉印MT810还配备了丰富的学习资源，涵盖从小学到高中的各类学科试卷，为学生提供了全面的学习支持。这些功能不仅帮助学生高效管理错题，还为教师提供了便捷的教学工具，使教学更加精准和高效。

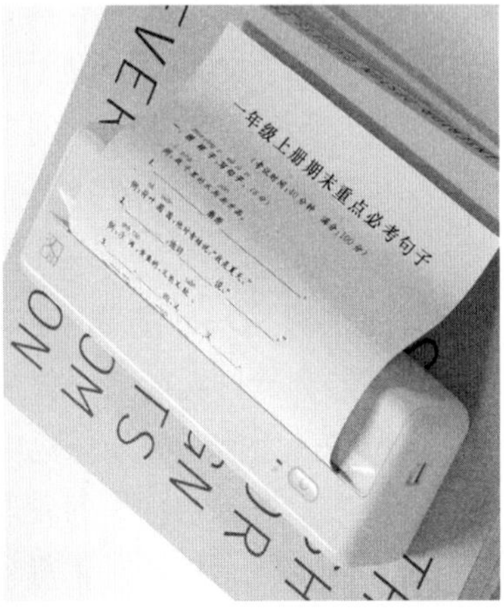

图 3-15　汉印 MT810 错题打印机

错题打印机作为一种智能教育工具，为学生和教师带来了诸多益处。对学生而言，它极大地节省了整理错题的时间，使他们能够将更多精力投入到知识的学习和巩固中。同时，通过智能分析和个性化练习，学生可以更好地掌握薄弱知识点，提升学习效果。

对于教师来说，错题打印机能够帮助他们快速了解学生的学习情况，从而更有针对性地进行教学指导。总之，错题打印机不仅提高了学习效率，还促进了教育的智能化和个性化发展。

032 可穿戴设备赋能教学互动与场景革新

可穿戴设备，也被称为穿戴式计算机或穿戴式电子产品，是一种可以直接穿戴在用户身上，整合了互联网技术、大数据处理、AR等先进技术，实现用户信息交互、生活娱乐、人体监测等多种功能的智能设备。

扫码看教学视频

可穿戴设备通常以轻便、小巧的形式出现，如智能手表、智能手环和智能眼镜等，不仅具备传统电子设备的功能，还能通过内置的传感器和软件，实时收集并分析用户的生理和行为数据，为用户提供个性化的服务和反馈。

在教育领域，可穿戴设备的应用正引领着一场教学方式的变革。它们可以实时监测学生的学习状态，如通过智能手环监测心率和睡眠质量，帮助教师更好地了解学生的身体状况和学习效率。

此外，可穿戴设备还能促进师生之间的实时互动，如通过手表接收课堂通知、参与答题，提高了课堂的参与度和趣味性。这些应用不仅提升了教学效果，也为学生带来了更加个性化、互动化的学习体验。下面介绍两种可穿戴设备。

1. 智能手表

智能手表是一种结合了传统手表外观与智能科技的可穿戴设备，通过集成多种传感器和软件功能，不仅能显示时间、记录运动数据，还能连接手机实现通话、定位和健康监测等多样化应用。

近年来，随着AI技术的发展，智能手表逐渐从日常生活的工具演变为教育领域的新兴助手，尤其针对儿童和青少年群体，通过互动学习、任务管理和实时反馈等功能，成为促进高效学习的“智能伴侣”。

在AI功能的加持下，智能手表的教育应用更加个性化和智能化。例如，部分手表内置的AI语音助手能通过自然语言交互解答学习问题，提供即时辅导；基于机器学习算法的个性化学习系统可分析孩子的学习进度和薄弱环节，自动推荐适合的学习内容或练习题目。

此外，AI还能实现行为分析，如通过监测孩子的注意力持续时长，动态调整学习任务的难度和时长，避免疲劳学习。更有一些产品结合AR技术，将抽象的知识转化为立体图像或互动场景，例如通过扫描课本图片触发动态演示，使学习过程更具趣味性和直观性。

例如，360儿童手表11X AI版提供了8大AI功能，将语言学习、艺术创作、文化理解与跨文化交流深度融合，以智能化互动方式激发儿童学习兴趣，培养多维度能力，助力实现寓教于乐的全场景素质教育，如图3-16所示。

对于学生而言，这类智能手表不仅是学习工具，更是培养自主性和时间管理能力的助手。它通过趣味化的任务提醒、成就奖励机制激发学生的学习动力，同时减少他们对手机等干扰设备的依赖。

对老师和家长来说，手表的实时数据反馈功能提供了更精准的教育支持——教师可以根据班级整体学习数据调整教学策略，家长则能远程监督学习进度并参与互动，例如通过App发送语音鼓励或共同完成AR学习任务。这种科技与教育的结合，不仅提升了学习效率，也构建了家庭与学校联动的教育生态。

图3-16　360儿童手表11X AI版的8大AI功能

2. VR/AR设备

VR（Virtual Reality，虚拟现实）和AR设备是近年来快速发展的智能技术工具。VR设备通过头戴式显示器等硬件，将用户完全带入一个由计算机生成的虚拟环境中，实现沉浸式体验；而AR设备则通过叠加虚拟信息到现实场景中，增强用户对真实世界的感知和理解。

在教育领域，VR/AR设备的作用尤为显著。它们通过构建三维动态场景，将抽象的知识具象化。例如，在科学课上，学生可以“进入”人体内部观察器官运作，或在虚拟实验室中安全地进行化学实验；历史课上，学生能“穿越”到古代战场亲历历史事件。

此外，VR/AR设备还能为高危行业或复杂操作提供仿真训练，例如医疗手术模拟或工业机械操作，既降低试错成本，又保障学习安全。这种互动性和沉浸感显著提高了学生的参与度与学习效率，使传统“填鸭式”教学转向主动探索型学习。

以“校园系列八合一”VR安全教育课程为例，这是中科正澎携手HTC VIVE共同推出的一项创新教育项目。该课程利用了HTC VIVE Cosmos头戴式设备，为学生们提供了一个身临其境的校园安全教育体验，如图3-17所示。

在课程中，学生们通过佩戴VR设备，可以模拟演练校园霸凌、交通安全、地震逃生和溺水救援等多种突发事件场景，学习正确的应对方法和自救知识。这种沉浸式的学习体验不仅让学生们更加直观地了解了校园安全的重要性，还极大地提高了他们的安全意识和自我保护能力。

HTC VIVE Cosmos设备的完善追踪系统、高清晰度图像显示以及实用的翻盖式设计，都为这一教育项目的成功实施提供了有力保障。VR/AR设备在教育中的应用，不仅为学生们带来了前所未有的学习体验，也为老师们提供了更加灵活和高效的教学工具。

图 3-17　HTC VIVE Cosmos 头戴式设备

通过VR/AR技术，老师们可以轻松地创建各种虚拟场景和实验，让学生在安全、可控的环境中进行实践操作。同时，这些设备还能够实时记录学生的学习数据和反馈，帮助老师们更好地了解学生的学习情况，从而进行针对性指导和调整。

033　AI手写笔推动数字化学习进程

扫码看教学视频

AI手写笔是一种融合智能传感技术与AI算法的数字书写工具，通过压力感应、运动追踪和笔迹识别功能，能将传统纸面书写内容实时转化为数字信息。它不仅保留了纸笔书写的自然触感，还能通过蓝牙将数据同步至智能设备，在物理书写与数字世界间架起桥梁。

在教育场景中，AI手写笔正在重塑学习方式的边界。学生使用特制笔记本书写时，笔迹会同步生成电子文档，配合AI批改系统可即时检测出拼写错误、数学公式偏差等问题。教师通过云端平台能同时查阅全班作业笔迹，系统自动标注共性错误，显著提升教学反馈效率。下面介绍两款AI手写笔产品。

1. 阿尔法蛋AI练字笔W20

阿尔法蛋AI练字笔W20是一款专为儿童设计的智能书写工具，融合纸屏同步技术、AI实时评分与专业书法课程，旨在通过科技手段解决传统练字中存在的效率低、反馈滞后等问题。产品的核心功能包括同步教材生字练习、实时姿势矫正和多维评分系统等，其功能特点如下。

（1）产品与教育场景的结合。该产品通过内置2500节部编版教材生字视频课程，实现“学校教什么，课后练什么”的无缝衔接。学生使用配套字帖书写时，笔迹通过点阵技术实时同步至电子屏幕，结合真人教师示范视频（图3-18），帮助巩固课堂知识并强化书写细节，如笔画顺序、字形结构等，有效提升课后自主学习的效率。

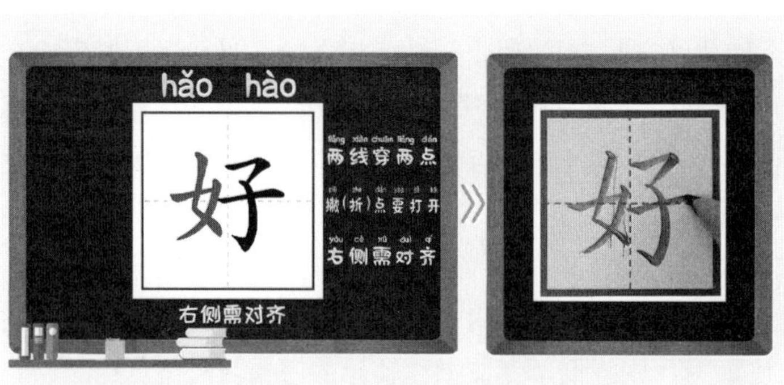

图3-18　真人教师示范视频

（2）学练测评的闭环系统。阿尔法蛋AI练字笔W20采用中高考阅卷同源的OCR技术，从笔画方向、间架结构等17个维度进行AI评分，并支持书写动画回放功能，如图3-19所示。

（3）分阶课程与科学规划。基于艾宾浩斯记忆曲线，阿尔法蛋AI练字笔W20构建了分阶段课程体系，从控笔、笔画、偏旁、字形到结构逐步进阶，如图3-20所示。例如，入门阶段通过顺口溜和动画演示纠正坐姿与握笔姿势，进阶阶段则通过高频字练习强化间架结构规则。每日任务推送结合激励机制，如积分奖励和进度可视化报告，帮助孩子克服惰性，形成长期练字的好习惯。

图 3-19　阿尔法蛋 AI 练字笔 W20 进行 AI 评分

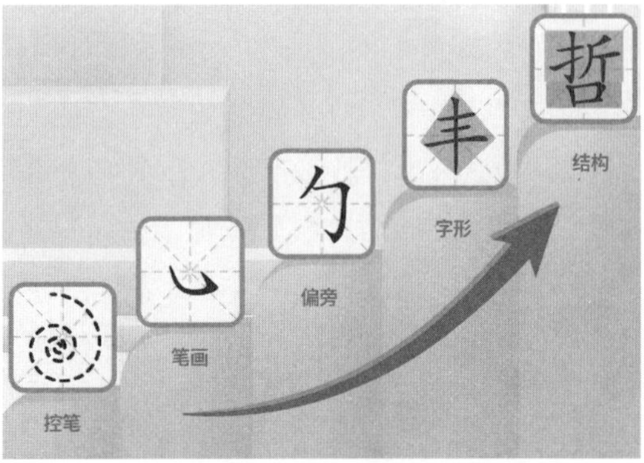

图 3-20　分阶段课程体系

（4）人性化设计与安全保障。产品的笔身采用优姿握柄设计，凹槽适配儿童手型，搭配勾腕检测和语音提醒功能，实时矫正不良书写姿势。在硬件层面，产品配备抗菌涂层、磁吸充电和防水防咬设计，兼顾安全性与耐用性。并且，在离线模式下，产品无须连接设备即可使用，可以避免电子屏幕干扰，保障学习专注力。

（5）个性化学习与家校协同。AI通过分析长期书写数据生成个性化诊断报告，精准定位薄弱环节（如笔画不稳或结构松散），并推荐针对性练习内容。家长可通过App实时查看练习进度与成果，教师则能利用回放功能追溯学生练习过程，在远程教学中通过共享笔迹实现更直观的互动辅导。

阿尔法蛋AI练字笔W20不仅为学生提供了规范书写的科学路径，还通过兴趣引导与成就感积累激发内驱力。对教师而言，其数据化反馈机制优化了教学管理效率；对家庭而言，则降低了专业书法辅导的门槛与经济负担。

2. 宏途Z致学智能手写笔

宏途Z致学智能手写笔是一款融合AI算法、物联网与大数据技术的智能书写工具，通过点阵识别与压力传感技术，能够将传统纸面书写内容实时转化为数字笔迹，并同步至云端平台。其核心功能包括实时错误纠正、笔迹回放和多维度学情分析等，覆盖从课堂互动到课后作业的全流程场景，目前已在全国20个省份的数千所学校中投入使用。

在实际教育场景中，该产品已深度融入教学实践。例如，在长沙市明德华兴中学的数学与英语课堂中，学生使用配套点阵纸书写时，系统可即时标注公式偏差或拼写错误，教师通过云端查看全班作业并定位共性薄弱点，显著缩短教学反馈周期。

对学生而言，宏途Z致学智能手写笔不仅提供实时反馈从而提升他们的书写规范性与学习效率，还能基于长期数据生成个性化练习方案，强化薄弱环节；对教师而言，其自动化批改与学情分析功能大幅减轻了教学负担，同时为精准教学提供了数据支撑。该产品以技术赋能教育公平，让更多地区的学生获得高质量的教学资源与智能化辅导，推动教育模式从“经验主导”向“数据驱动”转型。

【教育体系篇】

第4章

7个基础教育AI应用技巧：激发学习潜能

基础教育阶段是培养学习能力的重要时期，传统教学模式常受限于资源与效率。AI通过智能化工具为教学注入新活力，帮助教师突破常规限制。本章以7个实践案例，展现AI在课程设计、互动教学等环节的适配性，为激发学生潜能提供更多可能性。

034　用 AI 生成教学 PPT

扫码看教学视频

在基础教育阶段，教学PPT是教师用于课堂展示的电子课件，通常包含文字、图片、图表等元素。它以直观、生动的形式呈现知识点，帮助学生理解抽象概念，激发学习兴趣；同时帮助教师梳理教学逻辑，提升课堂效率，是教学的重要补充工具。

用AI生成教学PPT可以快速整合教学资源，自动优化内容结构，节省教师的备课时间。智能算法能够匹配学科特点，生成逻辑清晰、视觉规范的课件，同时支持个性化调整，降低技术门槛，让教师更专注于教学设计创新。

下面以使用Kimi生成教学PPT为例，介绍具体的操作方法，教学PPT效果如图4-1所示。

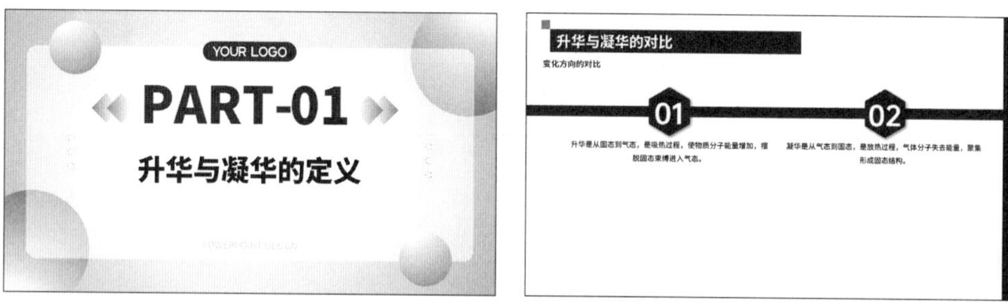

图 4-1　教学 PPT 效果

步骤 01 登录并进入Kimi首页，单击页面左侧导航栏中的“Kimi+”按钮，如图4-2所示，即可进入Kimi+页面。

步骤 02 在“官方推荐”选项卡中，选择“PPT助手”选项，如图4-3所示。

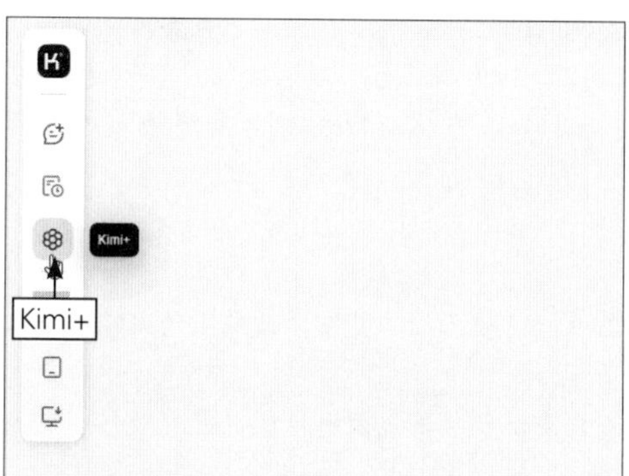

图 4-2　单击“Kimi+”按钮

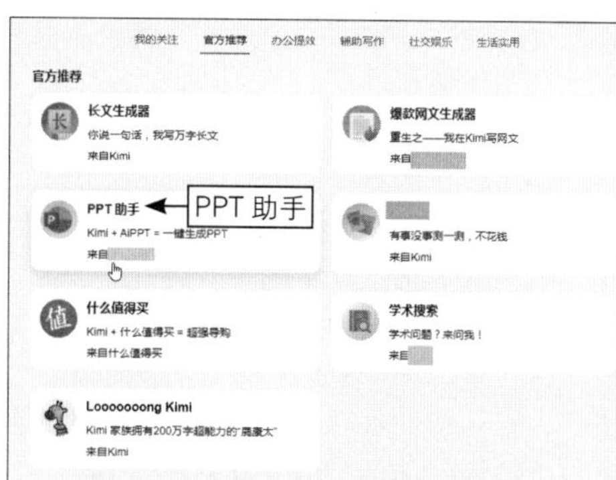

图 4-3　选择“PPT 助手”选项

步骤 03 进入“和PPT助手的会话”页面，❶在页面底部的输入框中输入提示词；❷单击▷按钮，如图4-4所示。

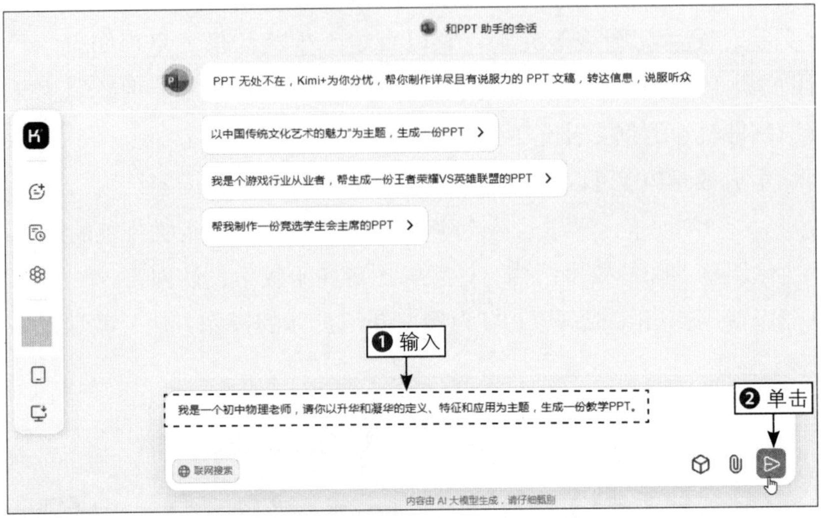

图 4-4　输入并发送提示词

步骤 04 执行操作后即可发送提示词，获得PPT助手生成的教学PPT内容，相关回复内容如下。

PPT助手

升华与凝华：奇妙的物态变化之旅
1. 升华与凝华的定义
1.1 升华的定义
1.1.1 升华的直观描述
- 升华是指物质在固态不经过液态直接变成气态的过程，如干冰在常温下会直接变成二氧化碳气体。
- 这一过程需要吸收热量，是物质分子获得能量后直接从固态脱离束缚进入气态的体现。
1.2 凝华的定义
1.2.1 凝华的直观描述
- 凝华是指物质在气态不经过液态直接变成固态的过程，如冬天窗户玻璃上的冰花就是水蒸气遇冷凝华而成。
- 这一过程会放出热量，是气态分子失去能量后直接聚集形成固态结构的过程。
1.3 二者与熔化凝固的区别
……

步骤05 如果AI生成的教学PPT内容无误，则单击回复底部的“一键生成PPT”按钮，如图4-5所示。

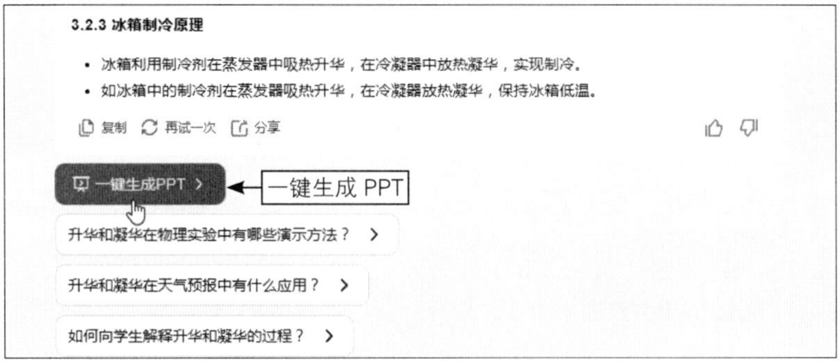

图 4-5　单击“一键生成 PPT”按钮

步骤06 进入相应页面，在“热门推荐”选项卡中，❶设置“设计风格”为“简约”，筛选出简约风格的PPT模板；❷选择一个喜欢的PPT模板；❸单击“生成PPT”按钮，如图4-6所示。

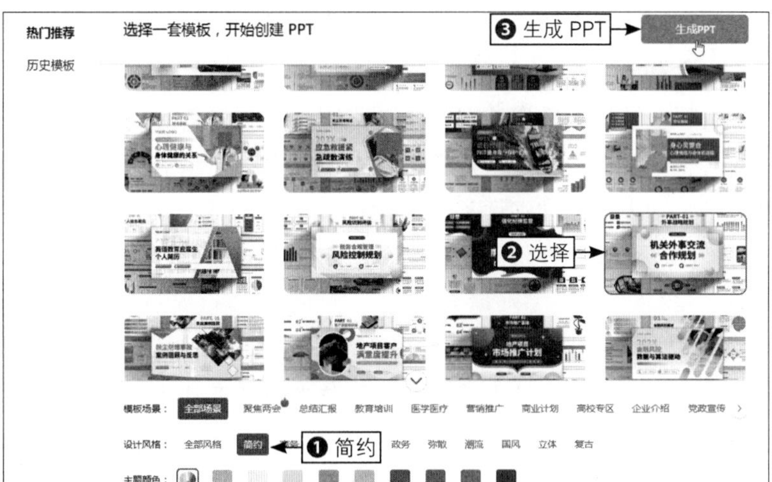

图 4-6　设计风格并生成 PPT

步骤07 执行操作后，即可开始生成教学PPT，生成结束后，可以在页面中查看PPT效果，如果觉得不错，可以在“PPT预览”面板的底部，单击“下载”按钮，如图4-7所示。

步骤08 弹出“下载”对话框，单击“下载”按钮，如图4-8所示，即可将生成的教学PPT下载到本地文件夹中。

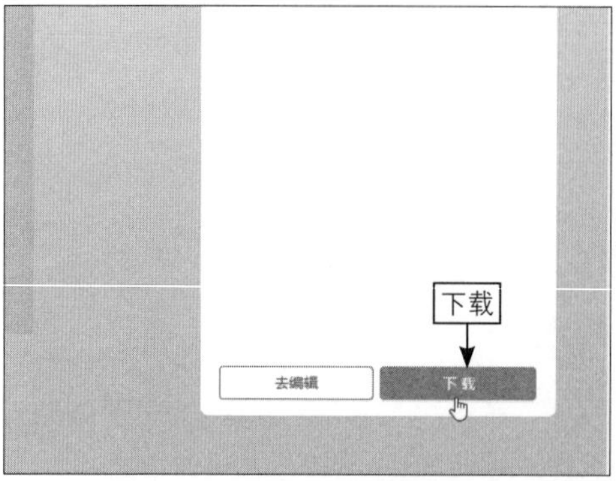

图 4-7 单击“下载”按钮（1）

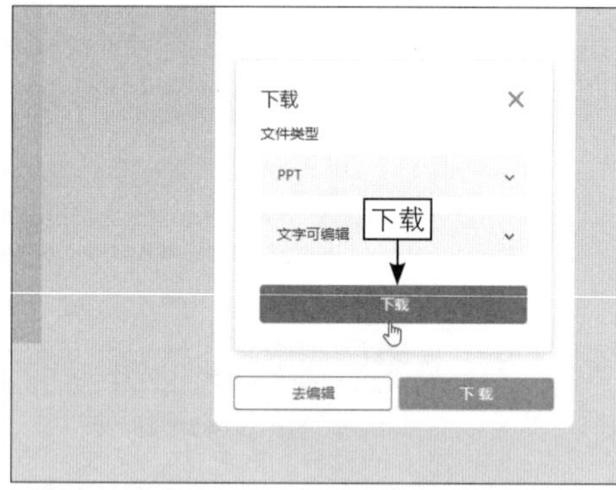

图 4-8 单击“下载”按钮（2）

035 用 AI 搜集并整理教学资源

扫码看教学视频

在基础教育阶段，教学资源主要包括教材、课件、习题库、实验案例、多媒体素材（如图片、视频）、课外读物以及网络学习平台等。这些资源是课堂教学的重要支撑，既能帮助教师系统化传授知识，又能通过多样化的形式激发学生的学习兴趣，提升课堂互动效果。

然而，教师在搜集教学资源时常常面临困难：一是资源分散，优质内容需要从教材、网络、教育平台等多渠道筛选，耗时耗力；二是信息过载，面对海量素材时难以快速甄别内容的准确性和适用性；三是版权限制，部分资源因涉及版权问题无法直接使用；四是技术门槛，部分数字化资源需要一定的操作能力才能整合到教学中。

借助AI搜集并整理教学资源，能够有效解决上述问题。首先，AI可以通过智能检索快速聚合多个平台的高质量资源，节省教师手动搜索的时间；其次，AI能基于教学目标和学生特点，自动筛选出内容匹配度高、难度适宜的素材，避免信息过载的困扰；此外，AI可以识别并过滤掉存在版权风险的资源，推荐免费或合规素材，降低侵权隐患；最后，AI还能将碎片化资源自动分类，整合为结构化课件或习题库，甚至生成可视化图表或教学视频，降低技术操作难度。

通过AI辅助，教师不仅能提升资源整理效率，还能将更多精力投入教学设计，实现更精准、灵活的教学支持。下面以Kimi为例，介绍具体的操作方法。

步骤 01 登录并进入Kimi首页，在页面的输入框中，❶输入提示词；❷单击输入框右下角的▷按钮，如图4-9所示。

图 4-9　输入并发送提示词

步骤 02 执行操作后，即可发送提示词，让Kimi搜集并整理出相关的习题，相关回复内容如下。

Kimi

初中历史"秦统一"主题相关习题整理
一、选择题
例1：（2024·四川乐山·2）公元前221年，秦始皇在全国推行度量衡标准，制作颁行标准器，并且设立机构每年检查校正生产和商业活动中使用的度量衡。这有利于：
A. 为统一六国奠定基础
B. 不同地域人民语言交流
C. 方便各地的交通往来
D. 加强国家对经济的管理
答案：D
例2：（2024年中考题分解）李白写诗赞扬秦王嬴政："秦王扫六合，虎视何雄哉！挥剑决浮云，诸侯尽西来。"李白的诗主要赞美了秦王嬴政的哪个历史功绩？
A. 完成统一
B. 创立中央集权制度
C. 推行郡县制
D. 修筑长城
答案：A
……

036 用AI设计教案内容

扫码看教学视频

教案是教师为课堂教学制订的详细计划，包含教学目标、教学内容、教学方法、活动设计及评价方式等核心要素。它如同课堂的“路线图”，帮助教师系统梳理教学思路，明确重点难点，确保教学过程逻辑清晰、层次分明。

在基础教育阶段，教师设计教案时常面临多重挑战。首先，一线教师需兼顾备课、上课、批改作业、班级管理等多项任务，难以投入充足时间钻研教案设计。其次，班级学生能力参差不齐，教师需要在同一教案中平衡不同层次学生的需求，但缺乏个性化设计的有效方法。

而AI可以根据教师输入的关键词或教学目标，自动生成结构完整、内容合理的教案初稿，大幅减少教师的机械性劳动，缓解时间压力。另外，AI能够通过分析学情数据，为不同能力学生推荐适配的教学活动或习题，帮助教师轻松实现“一课多案”，解决个性化教学难题。

通过AI辅助，教师得以从烦琐事务中抽身，将更多精力投入教学创新与学生互动中，真正实现“以教促学”的目标。用AI设计教案内容的相关案例如下。

提示词

我是一名初中语文老师，下次上课的内容是七年级上册的《古代诗歌四首》，分别为《观沧海》《次北固山下》《闻王昌龄左迁龙标遥有此寄》和《天净沙·秋思》，请你为我设计合适的教案内容。

Kimi

《古代诗歌四首》教案

一、教学目标

（一）知识与技能目标

学生能够通过查阅资料和课堂互动，了解诗词的作者及其背景知识，并准确、有感情地朗读和背诵这四首诗歌，深入理解诗歌的字词句意，能够初步分析诗词中的意象，体悟作者蕴含其中的情感。

（二）过程与方法目标

学生借助诵读、小组合作探究以及情境创设，深入体会古代诗歌的韵律之美，提升对古典诗词的鉴赏能力，同时增强与同伴合作交流的能力。

（三）情感态度与价值观目标

激发学生对古典诗词的热爱，使学生在诗歌学习中感受诗人的胸怀抱负、真挚情感，培养崇尚真善美的价值观，汲取诗歌中积极向上的精神力量。

……

037　用 AI 生成历史时间轴

扫码看教学视频

历史时间轴是通过可视化方式梳理历史事件发展脉络的工具，能帮助学生直观理解事件关联、建立时序概念。在基础教育中，它既能激发学习兴趣，又能培养逻辑思维，是辅助记忆与系统归纳的重要教学手段。

教师在制作历史时间轴时常面临资料筛选耗时长、事件重要性难以权衡的问题。跨度过大的历史阶段容易导致信息过载，而兼顾准确性、简洁性与视觉吸引力更需反复调整，耗费大量精力。

使用AI生成历史时间轴能自动整合权威史料，快速完成信息筛选与优先级排序。通过算法智能压缩时间跨度、平衡内容密度，并生成清晰排版模板，使教师能聚焦于教学设计，显著提升备课效率与资源质量。

下面以使用Kimi和Xmind生成历史时间轴为例，介绍具体的操作方法，效果如图4-10所示。

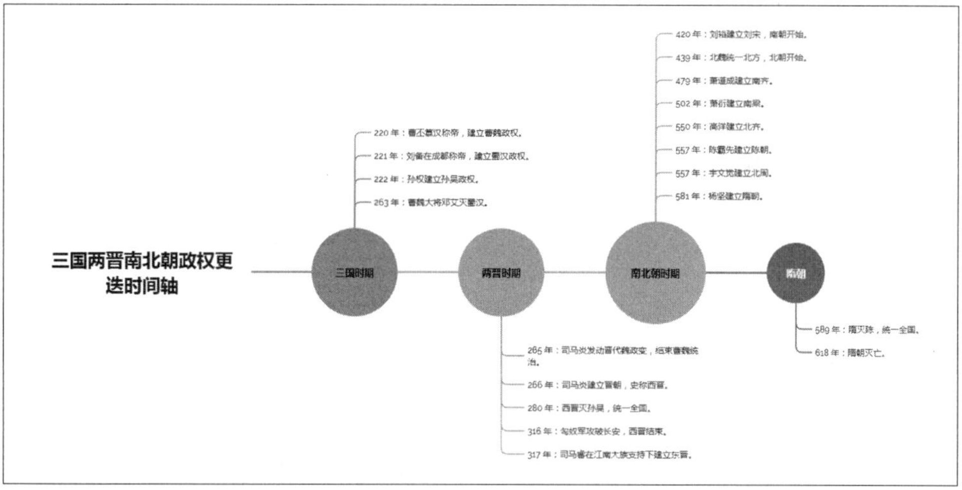

图 4-10　历史时间轴效果

步骤 01 在Kimi中输入并发送提示词，让AI整理出需要的历史时间轴内容，相关提示词和回复内容如下。

提示词

> 我是一名高中历史老师，为了帮助学生更好地掌握三国两晋南北朝的政权更迭，我需要制作一个时间轴，来更清晰、直观地呈现政权变动。现在请你以时间和事件为主要内容，整理出三国两晋南北朝时期的政权更迭信息。

Kimi

以下是三国两晋南北朝时期的政权更迭时间轴。

三国时期

公元220年，曹丕篡汉称帝，建都洛阳，国号“魏”，史称曹魏。

公元221年，刘备在成都称帝，国号“汉”，史称蜀汉。

公元222年，孙权建立孙吴政权，后定都建业。

公元223年，刘备病逝，诸葛亮辅佐刘禅。

公元234年，诸葛亮病逝于五丈原。

公元263年，曹魏大将邓艾灭蜀汉。

两晋时期

……

步骤02 在同一个会话窗口中，❶继续输入并发送提示词，让AI生成对应格式的内容；❷单击回复内容右上角的“复制”按钮，如图4-11所示，将AI生成的内容复制一份。

步骤03 在电脑桌面的空白位置单击鼠标右键，在弹出的快捷菜单中，选择“新建”|“文本文档”选项，如图4-12所示，新建一个格式为.txt的文本文档。

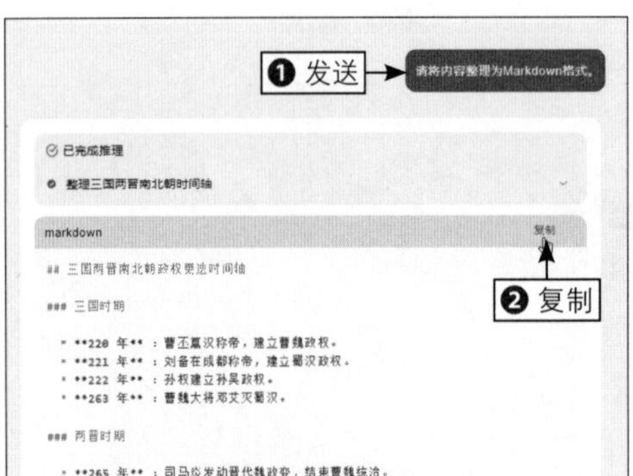

图 4-11　复制对应格式的内容

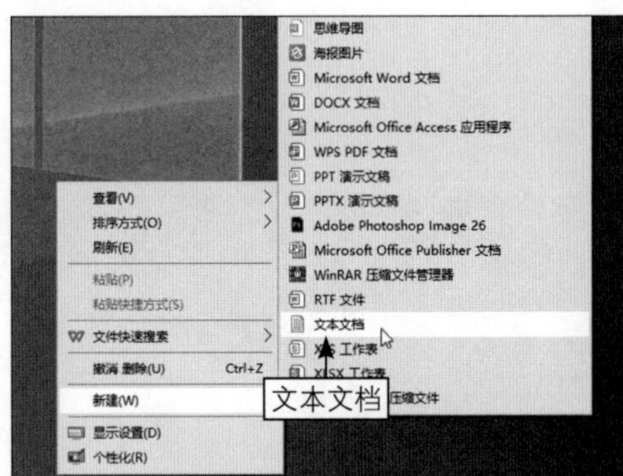

图 4-12　新建“文本文档”

☆ 专家提醒 ☆

Markdown是一种轻量级标记语言，它允许人们使用易读易写的纯文本格式编写文档，然后转换成有效的HTML（Hyper Text Markup Language，超文本标记语言）或者其他文档格式。它的设计目标是实现易读易写，让文档的编写更加简单和高效。

.txt是一种常见的纯文本文件格式，通常被称为文本文件或纯文本文档。它主要由文本字符组成，不包含复杂的格式信息，如字体、段落样式和图片等。

步骤04 打开文本文档，按【Ctrl+V】组合键，粘贴复制的内容，并适当进行调整，如删除多余的符号和空格，如图4-13所示。

步骤05 在文本文档中，单击“文件”|“另存为”命令，如图4-14所示。

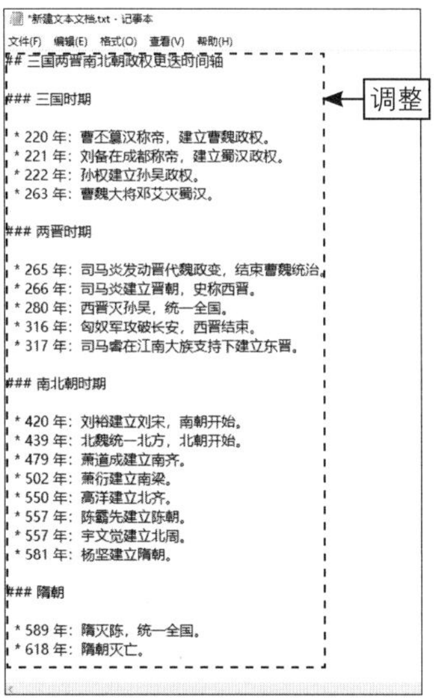

图 4-13　适当调整内容

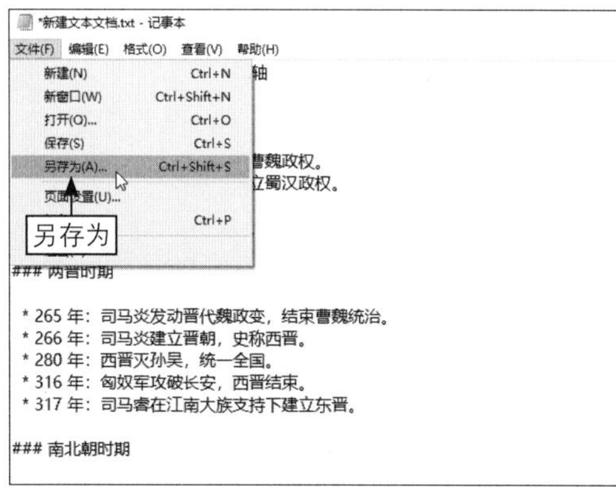

图 4-14　单击“另存为”命令

步骤06 弹出“另存为”对话框，❶设置文件的保存位置；❷单击“保存类型”右侧的下拉按钮∨；❸在弹出的列表框中，选择“所有文件”选项，如图4-15所示，取消对文件保存类型的限制。

步骤07 ❶设置“文件名”为037.md；❷单击“保存”按钮，如图4-16所示，即可将内容以.md的格式保存，以便导入Xmind。

图 4-15　设置文件保存位置与格式

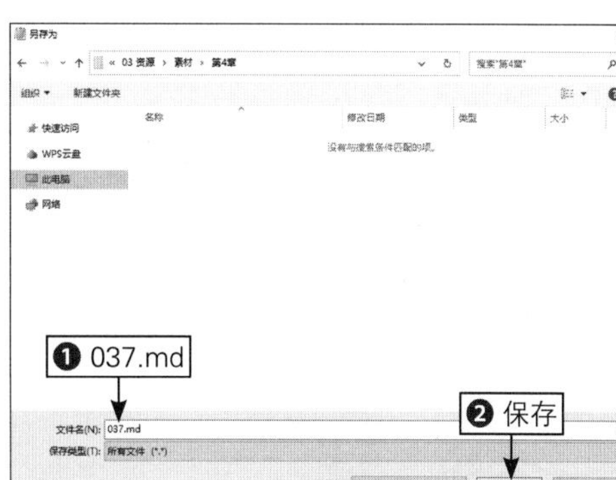

图 4-16　保存文件

步骤 08 登录并进入Xmind网页版，在“最近”页面的右上角，单击“新建导图”按钮，如图4-17所示。

步骤 09 弹出“新建导图”面板，单击“空文件”缩略图，如图4-18所示，即可新建一个空白的思维导图文件，并进入相应页面。

图 4-17　单击“新建导图”按钮

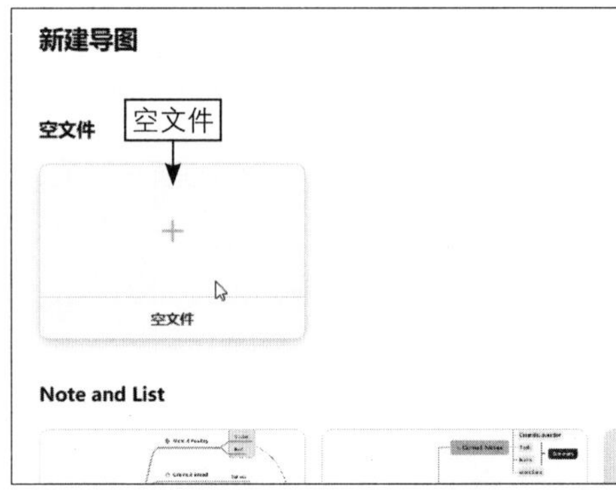

图 4-18　单击“空文件”缩略图

步骤 10 ❶单击页面左上角的☰按钮；❷在弹出的列表框中，选择“导入文件”选项，如图4-19所示。

步骤 11 弹出“导入文件”面板，单击按钮，如图4-20所示。

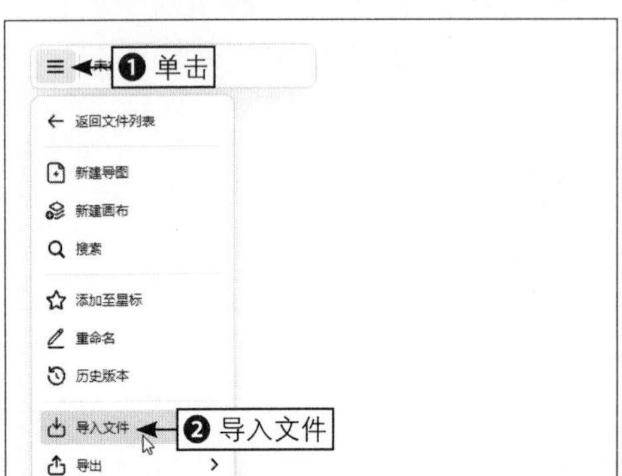

图 4-19　选择“导入文件”选项

图 4-20　单击相应按钮

步骤 12 弹出“打开”对话框，❶选择.md格式的文件；❷单击“打开”按钮，如图4-21所示，即可将其导入，并返回“导入文件”面板。

步骤 13 ❶设置“导入位置”为“在当前思维导图中导入新画布”；❷单击“导入”按钮，如图4-22所示，即可在当前思维导图中创建一个新画布，并根据文件内容生成对应的思维导图。

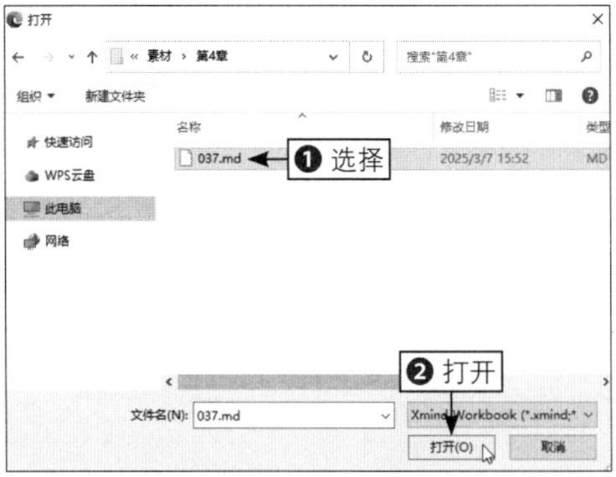

图 4-21　导入文件

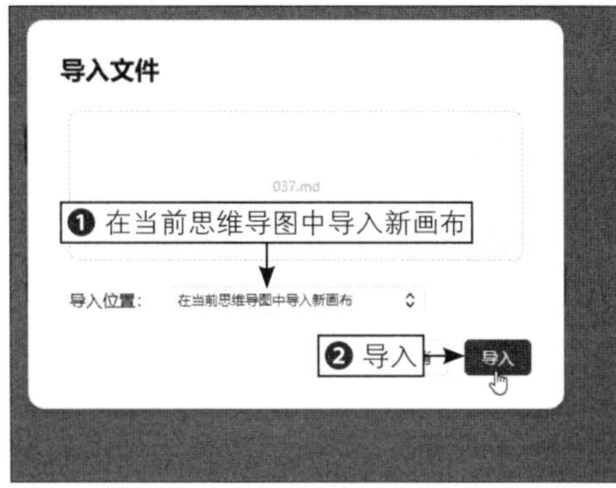

图 4-22　生成思维导图

步骤 14 由于生成的思维导图是默认样式，我们需要手动调整为时间轴样式。❶单击页面右上角的按钮；❷在弹出的面板中，切换至选项卡；❸选择一个时间轴样式，如图4-23所示，即可更改思维导图的样式，获得历史时间轴。

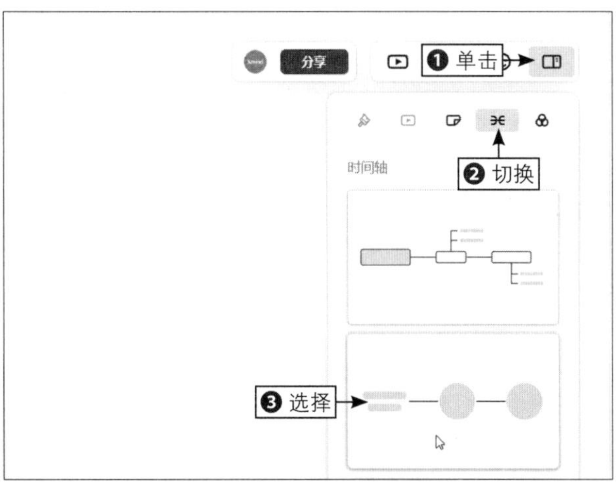

图 4-23　更改思维导图的样式

038　用 AI 批改作业

批改作业是教师通过检查学生课后练习，了解学习效果并给予反馈的过程。它能帮助学生及时发现知识漏洞，巩固课堂内容，同时为教师调整教学方法提供依据。有效的批改既能促进师生互动，也是保障教学质量的重要环节。

扫码看教学视频

用AI批改作业能快速处理大批量作业，显著提升效率。AI算法能够精准识别客观题答案，减少人为误差，同时为简单题型提供即时反馈。这种方式既能缓解教师的工作压力，也为个性化辅导腾出更多时间，使教育资源分配更合理高效。下面以使用Kimi批改作文为例，介绍具体的操作方法。

步骤01 在Kimi首页的输入框中，单击按钮，如图4-24所示。

步骤02 弹出“打开”对话框，❶选择要批改的作文；❷单击“打开”按钮，如图4-25所示，即可将选择的3篇作文上传，并返回Kimi首页。

图 4-24　单击相应按钮

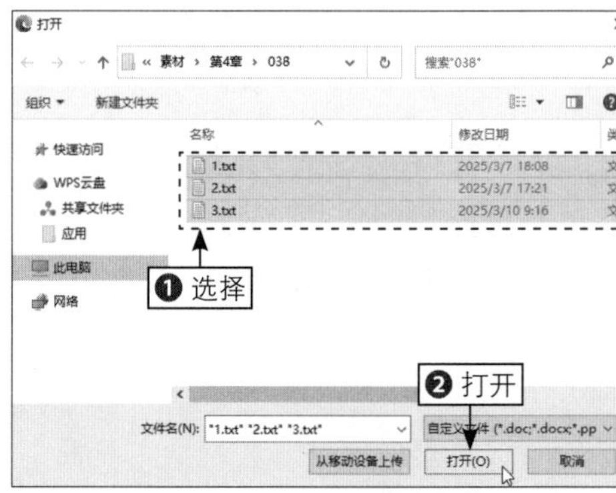

图 4-25　上传 3 篇作文

步骤03 在Kimi首页的输入框中，❶输入提示词；❷单击按钮，如图4-26所示。

图 4-26　输入并发送提示词

步骤04 执行操作后即可发送提示词，让AI完成作文的批改，相关回复内容如下。

Kimi

以下是针对这3篇作文的批改。
《老槐树的故事》
优点
结构完整：按照春夏秋冬的顺序，清晰地描述了与老槐树相关的不同活动和场景，条理清晰，使读者能够跟随作者的笔触感受老槐树四季的变化以及它在校园生活中的重要地位。
描写细腻：对老槐树的外形描写细致入微，如“树干粗壮，需要两个人才能合抱过来，树皮上布满了岁月的痕迹”，让读者能直观地感受到老槐树的沧桑与古老；同时，对不同季节槐树的状态以及同学们在树下的活动描写也很生动，如春天捡槐花夹书签、夏天在树荫下乘凉等，充满了童趣，画面感强。
情感真挚：字里行间都流露出作者对老槐树的深厚感情，从把老槐树当作“守护神”“老朋友”，到从它身上汲取面对考试的力量，情感自然流露，具有感染力。
……

039　用 AI 生成美术教学材料

扫码看教学视频

美术教学材料是指教师在课堂中使用的各类辅助工具，如绘画范本、技法指南和填色线稿等，主要用于帮助学生掌握美术基础技能。利用AI能快速产出丰富多样的美术教学材料内容，有效提升教师的备课效率。

例如，图4-27展示了用AI生成的不同主题、难度的填色线稿，既能满足个性化学习需求，又能根据学生反馈实时调整图案复杂度。这种技术降低了创作门槛，让教师有更多精力聚焦教学设计，也让艺术启蒙变得更加灵活生动。下面以使用即梦AI生成填色线稿为例，介绍具体的操作方法。

图 4-27　填色线稿效果

步骤01 登录并进入即梦AI首页，在“AI作图”选项区中，单击“图片生成”按钮，如图4-28所示。

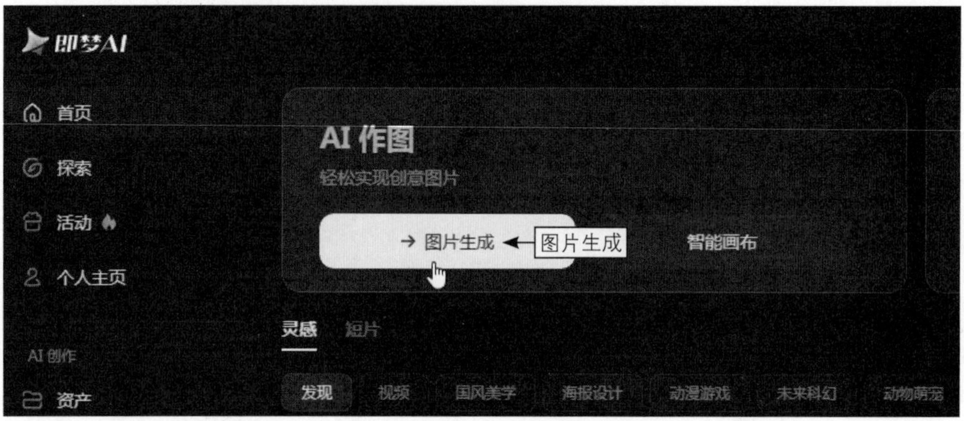

图 4-28　单击“图片生成”按钮

步骤02 执行操作后，进入“图片生成”页面，单击输入框中的“DeepSeek-R1”按钮，如图 4-29 所示。

步骤03 弹出DeepSeek-R1的输入框，❶输入提示词；❷单击“发送”按钮 ，如图4-30所示。

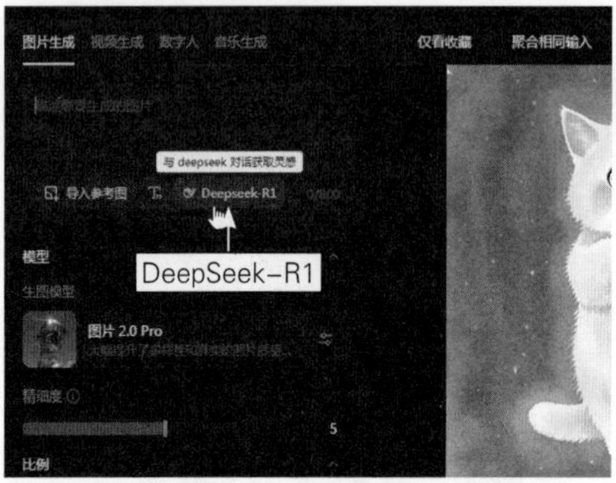

图 4-29　单击 DeepSeek-R1 按钮

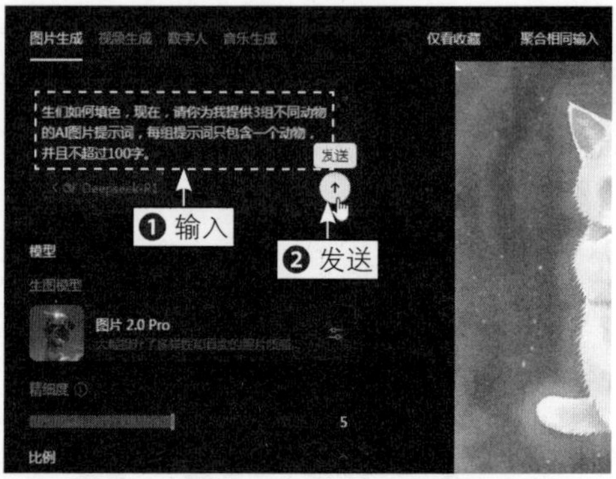

图 4-30　输入并发送提示词

☆ 专 家 提 醒 ☆

即梦AI现在接入了DeepSeek-R1模型，大家可以一站式完成提示词和图片的生成。

步骤04 执行操作后，即可发送提示词，并进入DeepSeek-R1的对话面板，获得AI生成的3段AI图片提示词，相关提示词和回复内容如下。

提示词

我是一名小学美术老师，我需要借助AI工具生成几张主题为可爱动物的线稿，以便在课堂上教学生们如何填色，现在，请你为我提供3组不同动物的AI图片提示词，每组提示词只包含一个动物，并且不超过100字。

DeepSeek-R1

推荐提示词：
黑白线稿，粗轮廓线条，无阴影，简笔画风格，开心的小狗叼着骨头，耳朵自然下垂，眼睛用空心圆表现，草地背景用简单波浪线勾勒。
推荐提示词：
清晰黑色轮廓线，零细节填充，呆萌考拉环抱树干，树干用螺旋纹表现，树叶用锯齿状圆圈，四肢呈现柔软弯曲状。
推荐提示词：
儿童填色专用线稿，厚重勾边技法，小刺猬背苹果造型，尖刺用排列三角形表现，苹果添加叶片纹理，地面用断续短线表达草地。

步骤 05 在对话面板中，单击第2段提示词下方的“立即生成”按钮，如图4-31所示，即可使用第2段提示词和默认参数，生成4张图片。

步骤 06 在生成的图片中，单击第4张图片上的“超清”按钮HD，如图4-32所示。

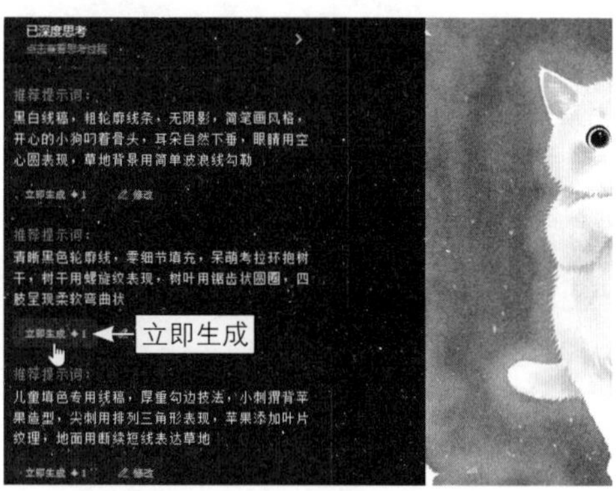

图4-31　单击“立即生成”按钮

图4-32　单击“超清”按钮（1）

☆ 专 家 提 醒 ☆

由于AI具有随机性，所以每次生成的提示词会有所差异，大家掌握好方法后，单击喜欢的提示词下方的“立即生成”按钮即可。

步骤 07 执行操作后，即可获得第4张图片的超清图效果，单击超清图右上角的“下载”按钮，如图4-33所示，即可将其下载到本地文件夹中。

步骤 08 在生成的4张图片下方，单击按钮，如图4-34所示。

图 4-33　单击“下载”按钮（1）

图 4-34　单击相应按钮

步骤 09 执行操作后，即可使用相同的提示词和参数，再生成4张图片，单击第3张图片上的“超清”按钮，如图4-35所示，获得对应的超清图效果。

步骤 10 单击超清图右上角的“下载”按钮，如图4-36所示，即可将其保存到本地文件夹中。

图 4-35　单击“超清”按钮（2）

图 4-36　单击“下载”按钮（2）

040　用 AI 制作在线互动游戏

扫码看教学视频

在基础教育阶段，在线互动游戏是通过网络平台开展的趣味学习活动，常见形式包括拼写游戏、闯关挑战和虚拟实验等。它通过即时反馈和动态交互激发学生兴趣，帮助巩固知识点，同时培养逻辑思维和协作能力。

借助AI技术制作在线互动游戏，能够快速生成个性化内容，自动适配不同难易度，降低开发成本。AI还能实时分析学生表现，优化题目设计，让学习路径更精准高效，减轻教师重复性工作负担。

下面以使用通义制作单词拼写游戏为例，介绍具体的操作方法，游戏页面如图4-37所示。

图 4-37　单词拼写游戏页面

步骤 01 登录并进入通义的“对话”页面，在输入框的上方，单击“代码模式”按钮，如图4-38所示，即可启用该模式。

步骤 02 在输入框中，❶输入提示词；❷单击按钮，如图4-39所示。

图 4-38　单击“代码模式”按钮

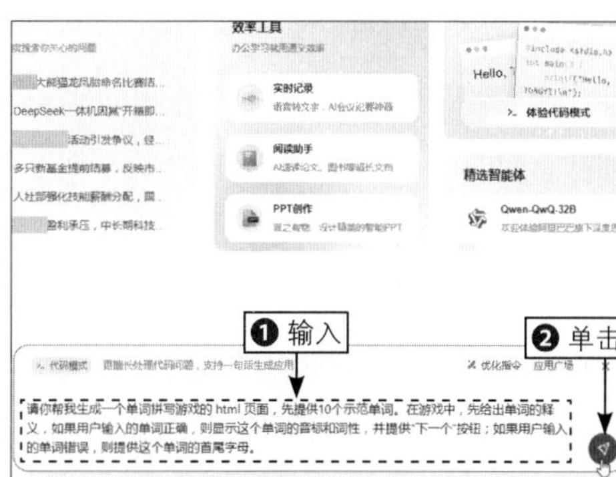

图 4-39　输入并发送提示词

☆ 专 家 提 醒 ☆

通义的代码模式在制作网页游戏方面具有显著优势，其核心在于通过NLP和AI技术大幅降低开发门槛。用户只需输入简单的提示词，系统即可自动生成对应的

HTML、Java等代码，并实时预览效果，实现“所见即所得”的交互体验，极大提升了开发效率。

步骤 03 执行操作后，即可让通义开始生成对应的代码，并自动进入代码分屏页面，如图4-40所示，代码生成结束后，会自动进入“预览”选项卡。

图 4-40　进入代码分屏页面

步骤 04 大家可以在“预览”选项卡中，通过试玩游戏来检查代码的正确性，例如，根据单词的释义，❶输入正确的单词；❷单击“提交”按钮，如图4-41所示。

步骤 05 执行操作后，游戏面板会提示“正确！”并显示对应单词的发音和词性，如图4-42所示。单击“下一个”按钮。

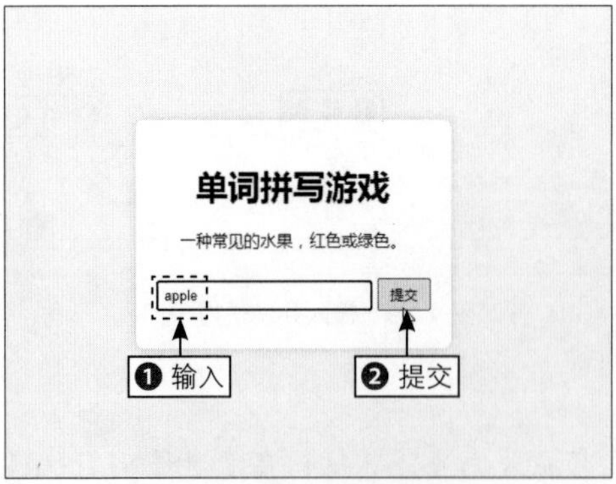

图 4-41　输入并提交正确单词

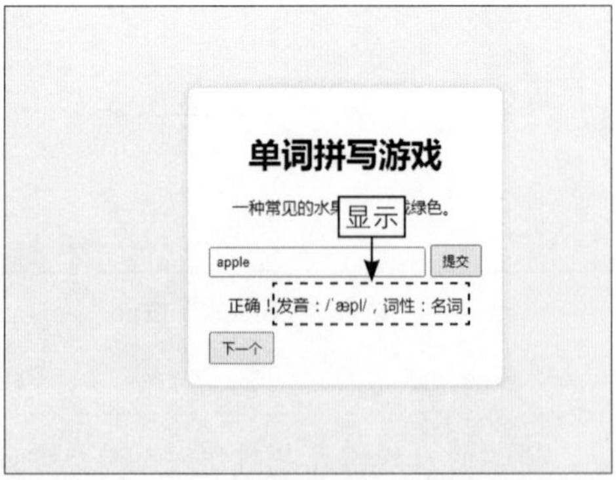

图 4-42　显示对应单词的发音和词性

步骤 06 执行操作后即可继续游戏，❶如果输入错误的单词；❷单击“提交”按钮，如图4-43所示。

步骤 07 执行操作后，游戏面板会提示“错误！”并提供单词的首尾字母，如图4-44所示，来帮助大家拼写出正确的单词。

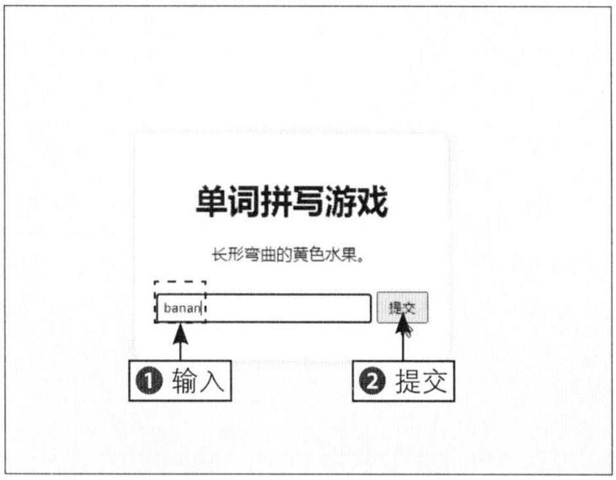

图 4-43 拼写错误的情况

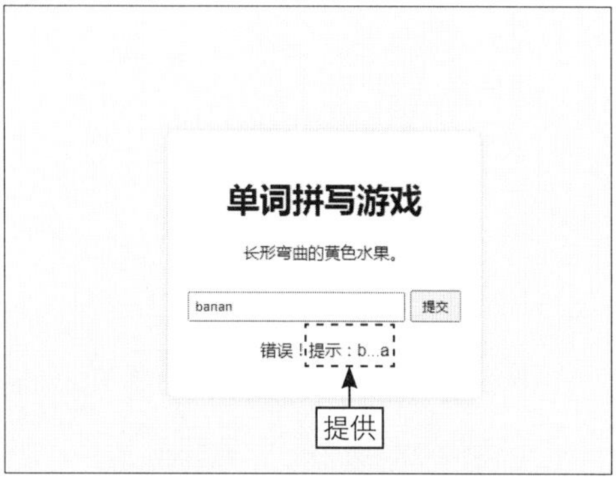

图 4-44 提供单词的首尾字母

步骤 08 如果代码测试无误，则可以单击“预览”选项卡下方的⤓按钮，如图4-45所示，将游戏下载到本地文件夹中，完成互动游戏的制作。

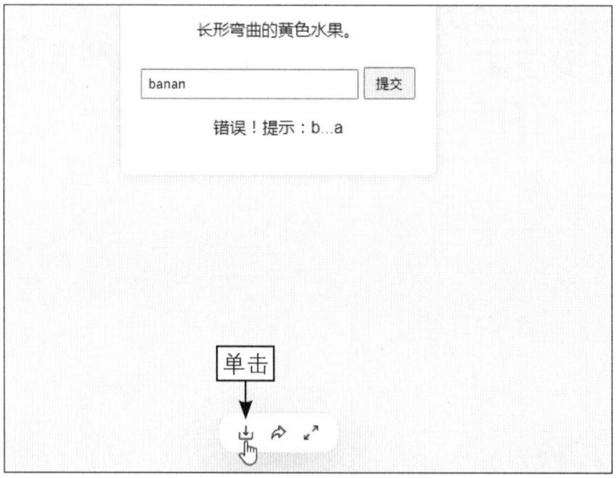

图 4-45 单击相应按钮

☆ 专家提醒 ☆

需要注意的是，通义生成的游戏代码只是提供了一个框架，如果大家想实际应用到教学中，还需要在代码中填充更多的单词信息。

第 5 章

5 个高等教育 AI 应用技巧：助力高效教学

随着AI技术的不断发展，其在高等教育领域的应用也日益广泛。本章聚焦AI在课程设计、评估优化与跨学科融合中的实践技巧，为教师提供可落地的工具与思路，平衡效率与创新，助力教学质效双升。

041　用 AI 生成课程大纲

扫码看教学视频

课程大纲是系统规划教学活动的指导性文件，它确立教学目标、组织教学内容并规范教学过程。其核心作用在于为师生提供清晰的课程实施框架，确保教学活动的科学性和连贯性。课程大纲不仅包含了知识、能力、素养这3个维度的具体培养要求，还通过模块化结构组织知识点，为教学活动提供了明确的指导和方向。

在传统课程设计中，教师需要耗费大量时间梳理知识点与行业动态。随着学科知识的不断更新和拓展，以及教学理念的日益多元化，设计一份既符合学科要求又贴近学生实际需求的课程大纲变得愈发困难。教师不仅需要深入研究教材内容，还需要广泛查阅相关资料，了解学科前沿动态，以确保课程大纲的时效性和前沿性。这一过程不仅耗时费力，而且往往难以保证大纲的全面性和准确性。

针对上述难题，AI技术的引入为课程大纲的设计带来了革命性的变化。AI通过智能分析学科核心内容与前沿趋势，能够快速生成结构化的课程大纲。这些大纲不仅涵盖了学科的基础知识框架，还融入了最新的研究成果和教学理念。

用AI生成课程大纲，可以大大节省教师梳理知识点和行业动态的时间，让他们将更多精力投入到内容的优化和教学方法的创新上，从而提升教学质量和效果。不过，为了充分发挥AI的作用，教师需要掌握一些关键技巧，如图5-1所示。

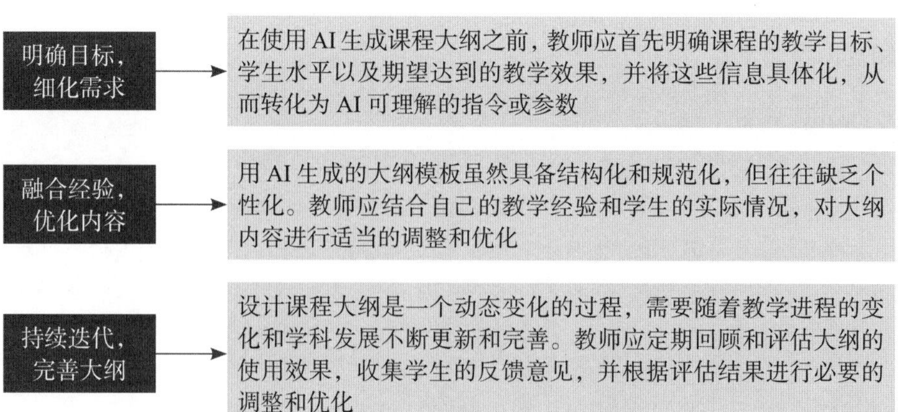

图 5-1　用 AI 生成课程大纲的技巧

下面以使用DeepSeek生成《人工智能基础》课程大纲为例，介绍操作方法。

步骤01 登录并进入DeepSeek的对话页面，在输入框中，❶单击“联网搜索”按钮，开启该功能；❷输入提示词；❸单击⬆按钮，如图5-2所示。

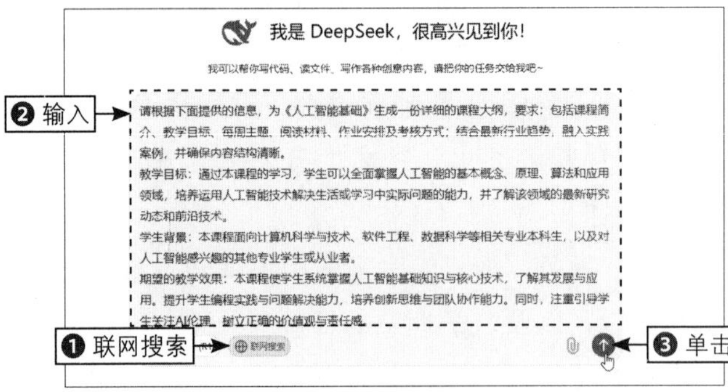

图 5-2　单击相应按钮

☆ 专 家 提 醒 ☆

在使用DeepSeek时，如果大家要让DeepSeek解答逻辑推理问题，就可以单击输入框下方的“深度思考（R1）”按钮，将其点亮后再发送提示词，就能获得该模型的回答；如果大家需要DeepSeek搜索相关的网页资源，可以单击“联网搜索”按钮，启用该功能，让AI根据需求搜索网页资源。

这两个按钮既可以同时被点亮，也可以只点亮一个或者一个都不点亮。不过，开启“深度思考（R1）”模型和“联网搜索”功能后，DeepSeek的反应速度会变慢，生成回复的时间也就会变长，大家根据自己的需求进行选择。

步骤02 执行操作后，即可发送提示词，获得DeepSeek生成的课程大纲，相关回复内容如下。

DeepSeek

《人工智能基础》课程大纲

课程简介

本课程是面向计算机科学与技术、软件工程、数据科学等相关专业本科生的一门专业基础课，同时也适合对人工智能感兴趣的其他专业学生或从业者选修。课程内容涵盖人工智能的基本概念、核心算法、技术应用及伦理问题，结合最新行业趋势与实践案例，帮助学生全面掌握人工智能的理论与实践技能，培养解决实际问题的能力，并了解该领域的最新研究动态和前沿技术。

教学目标

① 知识目标：掌握人工智能的基本概念、原理、算法及其应用领域，了解国际与国内人工智能研究的最新动态。

② 能力目标：培养运用人工智能技术解决实际问题的能力，提升编程实践与团队协作

能力。
③ 素养目标：引导学生关注人工智能伦理与社会影响，树立正确的价值观与责任感。
每周主题与内容安排
第1周：人工智能概述
- 主题：人工智能的定义、发展历史与主要应用领域
- 内容：人工智能的起源、发展历程、主要学派及其应用场景
……

042　用 AI 规划课程内容

扫码看教学视频

科学规划课程内容是保障教学质量的重要基础。在高等教育领域，不同学科的知识体系庞杂且更新迅速，教师需要根据学生认知规律、学科发展动态和人才培养目标，系统设计教学模块与进度安排。优质的课程规划既能避免知识点碎片化，又能形成循序渐进的学习路径，从而有效提升学生知识吸收效率，促进综合能力培养。

借助AI技术规划课程内容，显著提升了教学设计的科学性与时效性。AI可以快速分析海量教学资源库、学术论文数据库和行业需求数据，精准识别学科核心知识点与发展趋势。通过机器学习算法，AI能根据学生认知水平自动匹配学习内容，生成包含知识图谱、案例库、实践项目的完整框架。

教师向AI提出课程规划需求时，掌握3个关键技巧可以获得更优质的方案，具体如图5-3所示。

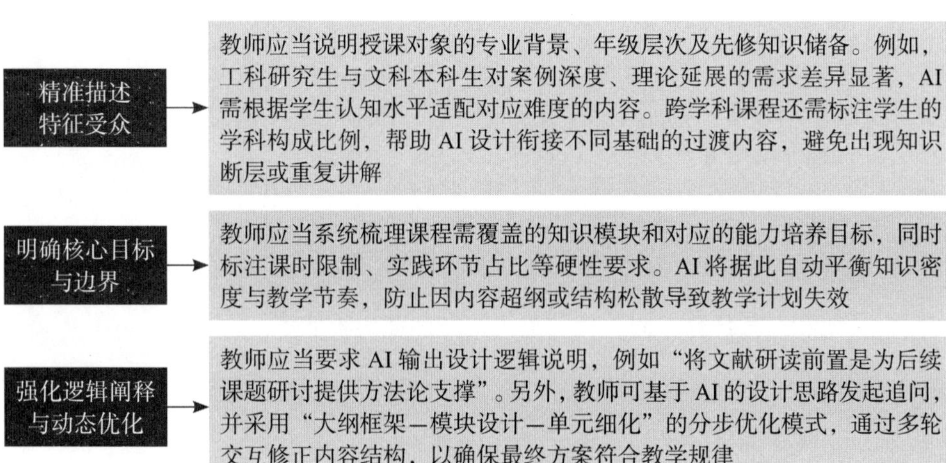

图 5-3　3 个获得更优质方案的关键技巧

下面以使用DeepSeek规划《影视鉴赏》课程内容为例，介绍具体的操作方法。

步骤01 在DeepSeek的对话页面中，输入并发送提示词，即可获得AI设计的课程教学框架，相关提示词和回复内容如下。

提示词

我需要为汉语言文学专业的大三学生开设《影视鉴赏》选修课，课内40学时（每周两学时，共20周）。学生已学习《文学批评方法》课程，具备文本分析能力，但缺乏影视技术知识。课程需达成三个目标：1. 掌握镜头语言等基础分析方法；2. 分析文学改编影视的叙事转换；3. 撰写专业影评。请生成包含8个知识单元的教学框架，并标注各单元的学时分配。

DeepSeek

以下是为汉语言文学专业大三学生设计的《影视鉴赏》课程教学框架，共分8个知识单元，总学时40小时，覆盖课程目标并适配学生知识背景。

教学框架

第一单元：影视艺术导论与课程目标（4学时）

- 影视艺术特性（综合性、时空性、技术性）
- 影视与文学的互动关系（改编、互文性）
- 课程目标解析与影评写作标准

第二单元：镜头语言基础（6学时）

- 景别（远景/中景/特写）与构图原则
- 镜头运动（推拉摇移跟）与视角分析
- 光线、色彩与象征性表达
- 实践：经典片段拉片分析

第三单元：视听语言综合（4学时）

- 声音元素（对白、配乐、无声处理）
- 剪辑逻辑（蒙太奇、转场、节奏控制）

……

步骤02 在同一个对话页面中，继续输入并发送提示词，即可获得AI对学时分配的说明和课程优化方向，相关提示词和回复内容如下。

提示词

请解释各知识单元的学时设计逻辑，并提供两个优化方向。

DeepSeek

以下是各知识单元学时分配的逻辑说明，以及两个课程优化的具体方向。
一、学时设计逻辑说明
1. 第一单元：影视艺术导论与课程目标（4学时）
- 逻辑：作为课程起点，需建立学生对影视艺术的基本认知框架，明确其与文学的差异性与关联性（如“改编”的核心命题）。
- 重难点：需平衡理论讲解（如“综合性”“技术性”）与案例分析（如经典改编作品），避免学生因陌生领域产生畏难情绪。
2. 第二单元：镜头语言基础（6学时）
- 逻辑：镜头语言是影视分析的“语法基础”，需通过大量片段拆解（如“拉片分析”）将抽象术语（如“景别”“推拉摇移”）具象化。
- 重难点：学生需从文学文本的“文字思维”转向影视的“空间思维”，故分配6学时，确保实践充分。
3. 第三单元：视听语言综合（4学时）
……

步骤03 在同一个对话页面中，继续输入并发送提示词，让AI设计3种期末考核方式，并说明原因，相关提示词和回复内容如下。

提示词

请为《影视鉴赏》设计3种合适的期末考核方式，并说明原因。

DeepSeek

以下是针对《影视鉴赏》课程设计的3种期末考核方式，结合课程目标与学生特点说明具体原因。
方案一：学术影评写作（个人）
形式
- 学生自选一部中国文学改编电影，撰写一篇3000字专业影评，需包含：
① 镜头语言分析（至少3个典型场景的景别、光线、剪辑解析）；
② 改编策略评述（对比原著，分析叙事转换的得失）；
③ 理论工具应用（如符号学、女性主义等）。
原因
① 对标核心目标：直接检验学生“掌握分析方法”“撰写专业影评”的能力，将课程核心技能（镜头语言、改编分析、理论应用）整合输出。
② 适配学科背景：汉语言文学学生擅长文本分析，通过对比文学与影视媒介差异，强化跨学科思维。
……

043　用 AI 生成期中 / 期末测试题

扫码看教学视频

在高等教育体系中，期中与期末测试题是检验学生学习成效、评估教学质量的关键工具。它们不仅是对学生知识掌握程度的全面考量，也是教师调整教学策略、优化课程内容的重要依据。传统出题方式往往耗时耗力，且难以保证题目的多样性和针对性，而AI技术的引入，则为这一难题提供了创新的解决方案。

利用AI生成期中/期末测试题，具有显著的优势。首先，AI能够迅速分析课程内容、知识点分布及学生能力水平，自动生成符合教学要求的题目，极大地提高了出题效率。其次，AI生成的题目类型丰富，涵盖选择题、填空题、简答题和案例分析等多种形式，有助于全面评估学生的知识掌握和应用能力。

此外，AI还能根据教学反馈和教学数据，不断优化题目难度和内容分布，确保测试的公平性和有效性，为教学质量的提升提供有力支持。下面以使用DeepSeek生成一份期末测试题为例，介绍具体的操作方法。

步骤 01 在DeepSeek的对话页面中，单击输入框右下角的“上传附件”按钮，如图5-4所示。

步骤 02 弹出“打开”对话框，❶选择要上传的文件；❷单击“打开”按钮，如图5-5所示，即可将其上传。

图 5-4　单击“上传附件”按钮

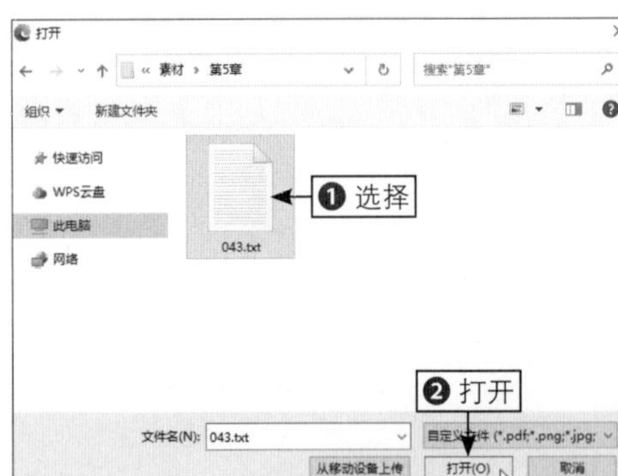

图 5-5　上传文件

☆ 专 家 提 醒 ☆

在DeepSeek中，如果大家启用了“联网搜索”功能，会发现“上传附件”按钮呈灰色，无法被单击。因此，只有先关闭“联网搜索”功能，才能进行上传附件的操作。

步骤 03 返回对话页面，❶输入提示词；❷单击按钮，如图5-6所示。

图 5-6 输入并发送提示词

步骤 04 执行操作后，即可发送提示词和附件，获得AI生成的期末测试题，相关回复内容如下。

DeepSeek

《经典文学赏析》期末测试题
考试形式：闭卷　　考试时间：120分钟　　总分值：100分
一、选择题（每题2分，共10题，20分）
1.《楚辞》的主要文学特征是：
A. 浪漫主义与神话色彩　　B. 现实主义与讽刺手法
C. 古典主义与理性表达　　D. 自然主义与写实风格
2.《战争与和平》的作者是：
A. 卡夫卡　　B. 托尔斯泰　　C. 贝克特　　D. 莎士比亚
3. “新批评”流派的核心方法是：
A. 文本细读　　B. 文化研究　　C. 结构分析　　D. 心理分析
4. 下列诗人中，属于“唐诗”代表人物的是：
A. 苏轼　　B. 李清照　　C. 李白　　D. 屈原
5.《变形记》的主题是：
……

步骤 05 生成期末测试题后，大家还可以继续输入并发送提示词，让AI提供题目的答案，相关提示词和回复内容如下。

提示词

请给出选择题和填空题的答案，以及简答题和论述题的给分点。

DeepSeek

选择题答案
1. A
2. B
3. A
4. C
……

不过，在享受AI出题带来的便利时，我们也需关注其潜在的注意事项，具体如图5-7所示。

确保题目质量 → 尽管 AI 能够快速生成大量题目，但教师仍需对题目进行仔细审核，确保题目表述清晰、答案准确，避免误导学生或产生歧义

注重题目的创新性 → AI 生成的题目可能存在一定的模式化倾向，教师应结合教学实际，适当添加具有创新性和启发性的题目，以激发学生的思维活力

结合人工进行调整 → AI 虽然能辅助出题，但无法完全替代教师的专业判断。教师应根据教学经验和班级特点，对 AI 生成的题目进行适当调整，以更好地满足教学需求

图 5-7　利用 AI 出题的注意事项

044　用 AI 生成辩论内容

扫码看教学视频

在高等教育领域，辩论课被视为培养批判性思维与综合能力的重要途径。系统化的辩论训练不仅要求学生要快速理解复杂议题，还需在有限时间内构建逻辑严密的观点框架。这种实践过程能够强化学生的信息整合能力、语言表达技巧以及应变思维，同时帮助其学会多角度审视问题，理解对立立场的合理性。辩论课的价值不仅体现在学术场景中，其培养的理性思辨习惯对职业发展与社会参与同样具有深远影响。

一篇完整的辩论内容通常包含多个核心组成部分，如辩题、立场、论点、论据、反驳与质询、总结陈述、逻辑结构以及参考资料等，各部分协同形成完整的

论证体系，具体如图5-8所示。

辩题 → 辩题是辩论的核心议题，需具备明确性与争议性。例如“人工智能是否应接受伦理审查”，其表述需保持中立，避免预设结论，确保正反双方均有论证空间

立场 → 立场分为正方与反方。正方支持辩题主张（如“人工智能必须接受伦理审查”），反方则反对辩题或提出对立观点（如“人工智能无须接受额外的伦理审查”）。双方需基于同一辩题展开对立论证

论点 → 论点是支撑立场的核心观点，需逻辑清晰且相互独立。例如，正方可能提出“伦理审查可规避技术滥用风险”，反方则主张“过度审查将阻碍技术创新”。每个论点需形成完整的论证链条

论据 → 论据是论证的实证依据，包括统计数据（如“全球73%的AI事故源于伦理缺失”）、典型案例（如某国AI监管失败事件）、学术理论（如技术中立性假说）及类比推理（如将AI伦理类比药物临床试验规范）

反驳与质询 → 反驳用于指出对方逻辑漏洞或论据缺陷，例如质疑数据的时效性；质询则通过提问迫使对方暴露矛盾，如“若无须伦理审查，如何解释自动驾驶事故权责归属难题”

总结陈述 → 总结需提炼己方核心观点，强化论证优势，并系统性归纳对方逻辑缺陷。例如，反方总结可强调“现有法律已覆盖AI风险，增设审查将重复监管”

逻辑结构 → 逻辑结构贯穿辩论全程，包括因果论证（如“数据偏见导致算法歧视”）、对比分析（如比较不同国家监管效果）及价值排序（如“隐私权优先于技术便利”）

参考资料 → 参考资料包括前期准备的文献、政策文件、行业报告等，用于实时回应质疑或补充论证，例如引用《欧盟人工智能法案》条款佐证伦理审查的必要性

图5-8　辩论内容的核心组成部分

从教师视角来看，AI为辩论课的内容设计提供了切实有效的辅助作用。例如，AI能够快速生成大量辩题，覆盖科技、伦理和经济等多元领域，帮助教师筛选出符合教学目标的议题。

此外，AI有助于提升辩题的时效性与专业性。面对气候变化、区块链治理等前沿领域，教师可能受限于知识更新速度不足而遇到困难，而AI可实时抓取最新研究成果、政策动态或社会事件，生成具有现实意义的辩题。

下面以使用DeepSeek生成文化教育类辩题和立场为例，介绍具体的操作方法。

步骤01 在DeepSeek的对话页面中，单击输入框左下角的“联网搜索”按钮，如图5-9所示，开启该功能。

步骤02 ❶输入提示词；❷单击⬆按钮，如图5-10所示。

图 5-9　单击“联网搜索”按钮

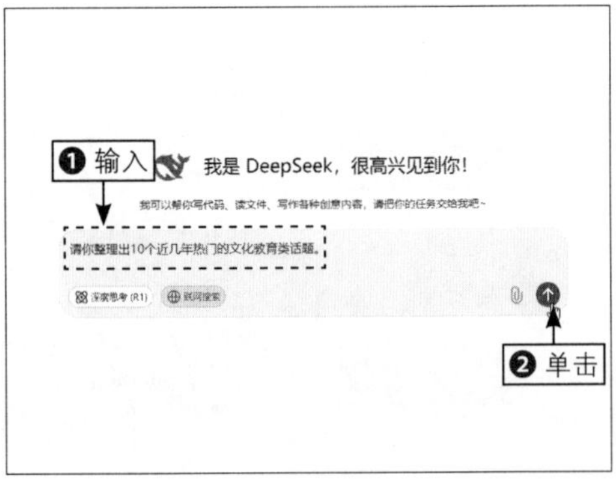

图 5-10　输入并发送提示词

☆ 专 家 提 醒 ☆

在DeepSeek中，如果大家需要让AI搜索和整理近几年的热门内容，最好启用“联网搜索”功能，以便AI能够通过网页搜索，来获取符合条件的内容。

步骤03 执行操作后，即可发送提示词，获得AI整理的文化教育类话题，相关回复内容如下。

DeepSeek

以下是近几年热门的文化教育类话题整理，结合了搜索结果中的相关内容。

1. AI与教育的深度融合

生成式AI（如ChatGPT）的快速发展对教育领域产生了深远影响，引发了关于如何应对AI挑战的讨论。教育从传统的知识传授转向注重创造力和学习能力的培养，成为热点话题。
2. 优秀传统文化教育的推广
近年来，国家层面多次强调将中华优秀传统文化融入学校教育，建议将其作为必修课程，通过纪录片、影视作品等形式增强青少年的文化认同感。
3. 乡村教育振兴
随着城镇化进程加快，乡村教育面临“空心化”问题。如何加强乡村教师队伍建设、改善教育质量，成为教育公平的重要议题。
4. AI素养教育的普及
随着AI技术的快速发展，建议将AI素养教育纳入九年义务教育，培养中小学生的认知和应用能力。
5. 心理健康教育的重视
……

步骤04 在同一个对话页面中，继续输入并发送提示词，即可获得AI生成的辩题和相关立场，相关提示词和回复内容如下。

提示词

请你根据以上话题，为大学辩论课生成5个辩题，并附上对应的正、反立场，要求：原创，具有教育意义。

DeepSeek

以下是为大学辩论课设计的5个原创教育类辩题，涵盖文化、教育与技术伦理等多维度，每个辩题均附正反立场。
1. AI教师是否应全面取代传统教师角色？
正方：AI教师能提供个性化教学方案，突破时空限制，实现教育普惠。
反方：教师的人文关怀与情感互动不可替代，过度依赖AI将弱化教育本质。
2. 传统文化教育是否应优先于国际视野培养？
正方：文化认同是民族根基，青少年需先建立本土文化自信。
反方：全球化时代需兼容并蓄，过度强调传统可能限制创新思维。
3. 生成式AI（如ChatGPT）是否应禁止进入学术领域？
正方：学术研究需人类原创性，AI滥用将导致学术诚信危机。
反方：AI是高效研究工具，合理使用可加速学术进步。
4. 中小学生是否应强制参与农耕实践课程？
正方：劳动教育培养吃苦耐劳精神，重塑对土地与粮食的敬畏。
反方：形式化劳动易流于表面，可能耽误学科知识学习时间。
……

尽管AI提高了辩论内容的创作效率，但其应用仍需遵循必要的原则以确保教学实效。下面是教师使用AI时需特别注意的事项，如图5-11所示。

人工审核不可被替代 → AI 生成的辩题、论点可能存在逻辑漏洞或事实偏差，需教师结合专业知识进行二次校验。例如，AI 可能误将过时的统计数据作为论据，或忽视特定文化背景下的伦理敏感性，此时需人工修正以确保内容的准确性与适用性

警惕数据滞后性与偏见 → AI 模型的训练数据存在时间窗口限制，可能无法涵盖最新政策或学术进展。此外，AI 可能复现训练数据中的隐性偏见（如性别、地域刻板印象），需教师主动识别并剔除

避免逻辑同质化陷阱 → AI 倾向于生成结构相似、论证路径单一的论点，易导致正反方观点机械对立，缺乏深度思辨，教师需补充多元视角，避免辩论流于表面

明确 AI 的辅助边界 → 辩论的核心价值在于锻炼学生的自主思考与临场应变能力。若过度依赖 AI 生成的内容，可能导致学生机械复现论点而丧失个性化表达。教师应限制 AI 的使用，保留学生自主构建论证的空间

图 5-11　使用 AI 生成辩论内容时的注意事项

045　用 AI 生成跨学科案例

扫码看教学视频

跨学科案例是指将两个或多个学科的知识融合在一个实际问题中的教学资源。例如，“如何用经济学原理优化医疗资源分配”“如何结合材料科学与环境政策推动碳中和”这类案例，既涉及专业理论，又需要综合运用不同领域的知识。它打破传统学科界限，把课堂变成解决现实复杂问题的“演练场”，让学生不再孤立地学习单一学科，而是在真实情境中理解知识之间的联系。

在高等教育中，跨学科案例正成为培养未来人才的重要工具，其核心价值体现在培养综合能力、对接真实需求和激发创新思维这3个方面，如图5-12所示。

培养综合能力 → 当学生面对“光伏电池回收的经济模型构建”这类案例时，既要计算材料成本（工科），又要分析市场规律（商科），还要评估环保政策（社科），这种训练能培养学生解决复杂问题的逻辑思维

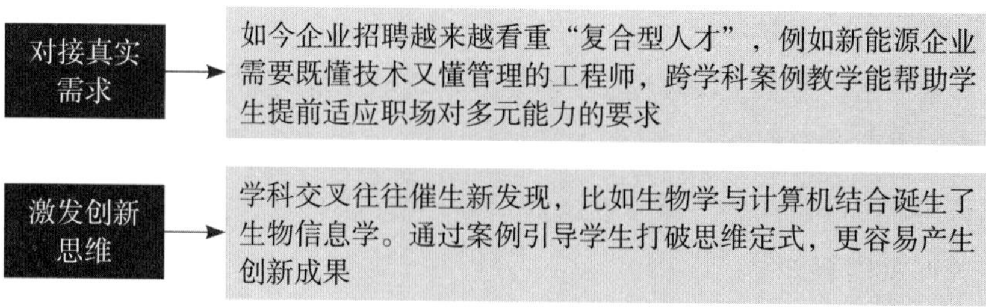

图 5-12　跨学科案例的核心价值

与传统人工设计案例相比，用AI生成跨学科案例展现出独特优势。过去设计一个优质案例需要教师查阅大量文献、协调多学科专家，耗时数周。如今在AI对话框中输入提示词，几分钟就能生成“AI支教机器人在偏远地区的应用伦理研究”等选题，并自动推荐教育学、计算机、社会学相关文献。

而且，AI能突破人类经验局限，组合出出人意料的学科搭配。例如，AI将“考古学”和“大数据”结合，生成“三星堆文物碎片的三维建模与智能修复”案例，这类新颖选题能极大拓宽师生视野。

另外，AI能够实时抓取最新科研成果、政策变化和社会热点。例如，“生成式AI版权争议”刚成为热点，AI就能立刻整合法学、信息技术、艺术设计等学科，生成“AIGC内容知识产权归属研究”案例，确保教学紧跟时代发展。

下面以使用DeepSeek生成“非遗文化+数字技术+设计学”的跨学科案例为例，介绍具体的操作方法。

步骤01 在DeepSeek的对话页面中，❶开启“联网搜索”功能；❷输入提示词；❸单击按钮，如图5-13所示。

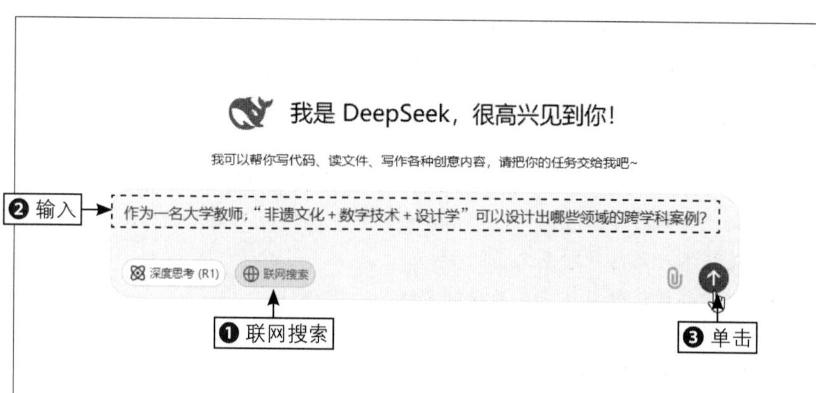

图 5-13　输入并发送提示词

☆ 专 家 提 醒 ☆

在本案例中，开启“联网搜索”功能可以让AI搜集到更多相关的跨学科案例，使其生成的回复内容更全面。

步骤02 执行操作后，即可发送提示词，获得AI提供的不同领域的跨学科案例，相关回复内容如下。

DeepSeek

非遗文化、数字技术与设计学的跨学科融合为文化保护与创新提供了广阔空间，以下为可探索的实践领域及案例方向，结合学术深度与实际应用。

一、数字化保护与复原

1. 非遗数字档案库

- 技术：3D扫描、高精度建模、AI图像修复。
- 设计：交互式数据库界面设计、可视化图谱（如传承谱系动态呈现）。
- 案例：龙泉青瓷的3D纹样数据库，支持纹样检索与工艺步骤动态演示。

2. 濒危技艺数字化复原

- 技术：动作捕捉记录匠人手法，AI算法模拟工艺逻辑。
- 设计：虚拟工匠教学系统（如苗族银饰锻造动作拆解为交互式教程）。

二、沉浸式体验与传播

……

步骤03 在同一个对话页面中，继续输入并发送提示词，即可获得AI设计的跨学科案例，相关提示词和回复内容如下。

提示词

在服装设计专业的教学中，可以设计哪些“非遗文化+数字技术+设计学”的跨学科案例？要求：案例要有原创性，贴合教学和现实需求，列出案例包含的技术和意义。

DeepSeek

在服装设计专业的教学中，通过非遗文化、数字技术与设计学的融合，可构建兼具文化传承与创新能力的跨学科案例。以下结合最新研究和实践趋势，提出6个原创性教学案例设计，涵盖技术应用与教学意义。

一、AI驱动的非遗纹样智能生成与设计系统

技术应用：

- 基于机器学习的纹样生成；
- 参数化设计工具（Grasshopper、CLO 3D）；
- 数据库建设（中国民族美学纹样数据库，收录8900+传统纹样）。

案例设计：
学生通过输入地域文化关键词（如“敦煌九色鹿”“苗族蝴蝶纹”），AI自动生成符合现代审美的纹样变体，并结合服装版型参数化设计工具进行虚拟试衣。例如，将苏绣的“打子针”针法转化为3D立体纹理，应用于运动服饰设计。
教学意义：
- 解决传统纹样创新转化难题，培养学生对非遗元素的解构与重组能力；
- 通过AI辅助缩短设计周期，提升市场适配性。
……

第6章

4 个职业教育 AI 应用技巧：技能提升加速器

在职业教育的转型浪潮中，AI正成为重塑人才培养的隐形推手。本章聚焦AI与职业场景的深度融合，通过智能分析职业素养、模拟实战场景和构建个性化成长路径等核心技巧，为教师和企业搭建技能加速通道。

046　用 AI 分析职业素养案例

扫码看教学视频

职业素养案例分析是职业教育中培养学生职业道德判断能力的重要实践。通过剖析真实场景中的行为选择与后果，学生能够将抽象的道德规范转化为具体行动准则，提升是非辨别能力和职业责任感。此类教学方式既弥补了纯理论教学的不足，又为学生在未来职场中的伦理决策奠定了基础，是衔接课堂与职场的关键桥梁。

借助AI分析职业素养案例，能够突破传统教学模式的局限性，显著提升教学效率。具体而言，其优势如图6-1所示。

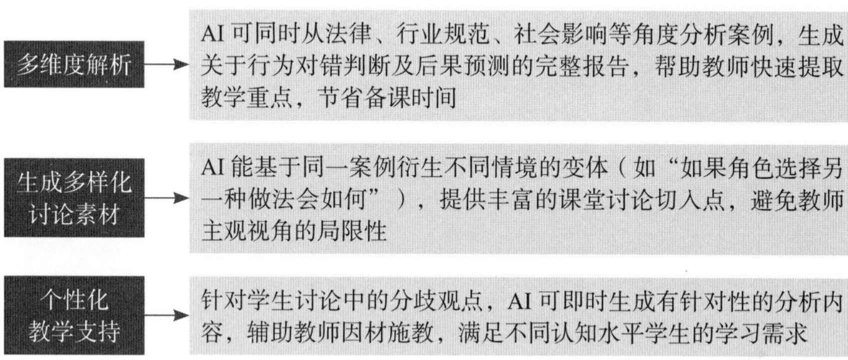

图 6-1　用 AI 分析职业素养案例的优势

下面以使用智谱清言分析职业素养案例为例，介绍具体的操作方法。

步骤 01 登录并进入智谱清言的对话页面，❶输入提示词；❷单击按钮，如图6-2所示。

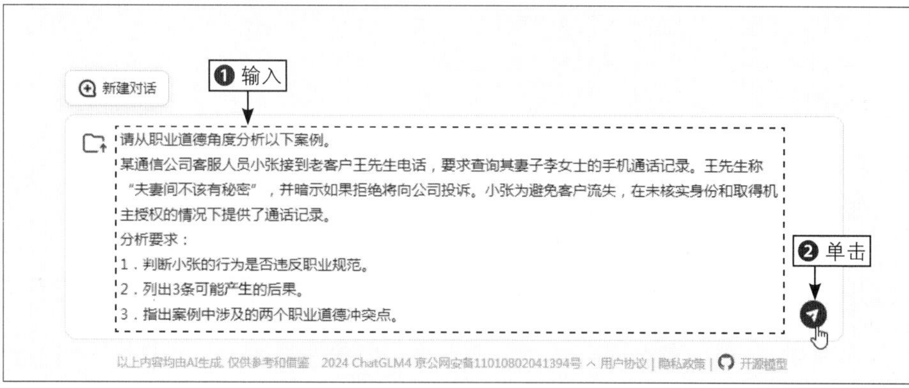

图 6-2　输入并发送提示词

步骤02 执行操作后，即可发送提示词，获得AI的分析，相关回复内容如下。

智谱清言

案例分析：通信客服人员泄露通话记录的职业道德问题

1. 判断小张的行为是否违反职业规范

小张的行为明显违反了职业规范。根据《电信和互联网用户个人信息保护规定》《消费者权益保护法》等相关法规，用户的通话记录属于个人隐私信息，未经机主本人授权，任何人（包括其配偶）都无权查询。作为客服人员，小张应当严格遵守客户信息保密原则，确保未经合法授权的信息不得泄露。因此，小张的行为构成了违反职业道德和行业规范的失职行为。

2. 可能产生的后果

法律责任：公司可能因违反个人信息保护法规而面临行政处罚或诉讼，小张个人也可能因此被追究责任，甚至面临解聘。

公司信誉受损：客户信息泄露会导致社会舆论关注，影响公司品牌形象，降低公众信任度，甚至引发客户流失。

个人职业生涯受影响：小张的行为可能被记录在案，影响其在行业内的职业发展，甚至可能被列入黑名单，难以再就业于同类岗位。

……

步骤03 教师还可以继续输入和发送提示词，让AI根据案例分析结果设计课堂讨论问题，相关提示词和回复内容如下。

提示词

根据前述案例分析结果，请设计3组递进式课堂讨论问题。

1. 基础认知层：针对案例事实判断。
2. 思辨延伸层：探讨行为背后的价值选择。
3. 实践应用层：提出系统性解决方案。

每组包含两个具体问题，要求问题具有开放性和引导性，能够促进学生多角度地思考职业道德困境。

智谱清言

递进式课堂讨论问题设计

1. 基础认知层：针对案例事实判断

小张的行为具体违反了哪些职业规范和法律规定？如果你是他的同事，你会如何劝说他避免这种错误？

如果王先生不是直接索要通话记录，而是以“手机丢失、需要紧急找回”为由请求查询，你认为小张该如何应对？在什么情况下可以查询客户信息？

——目的：引导学生准确识别职业规范，思考信息保护的边界。
2. 思辨延伸层：探讨行为背后的价值选择
在客户服务与个人隐私保护之间，哪一方的价值更优先？是否有可能在二者之间找到平衡？
面对客户施加的压力（如投诉、流失等），企业应如何既维护客户关系，又不损害职业道德？
——目的：促进学生权衡职业责任的不同维度，培养伦理判断能力。
3. 实践应用层：提出系统性解决方案
……

☆ 专 家 提 醒 ☆

需要注意的是，AI在分析职业素养案例时，可能会生成错误内容，如引用的法律法规错误等，教师要注意甄别。

虽然AI为职业素养教学提供了便利，但在实际应用中教师还需要注意一些问题，如图6-3所示。

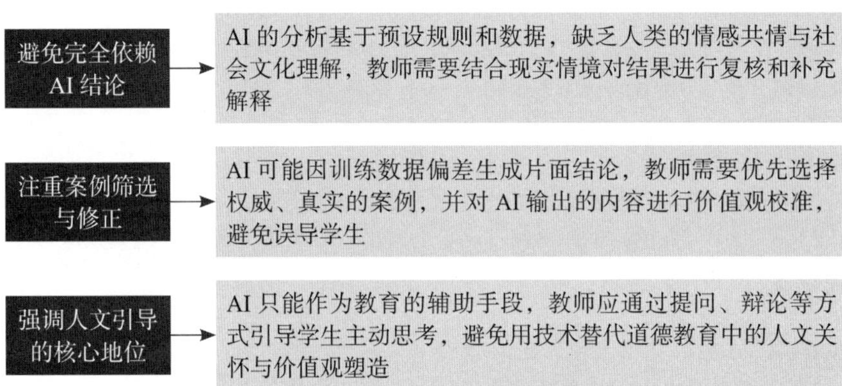

图6-3　用AI分析职业素养案例的注意事项

047　用AI生成面试问题

扫码看教学视频

在职业教育中，面试问题通常包含专业问题、行为问题和情景问题这3大类。专业问题聚焦岗位核心技能，如机械操作流程或编程逻辑；行为问题考察职业素养，如团队协作、抗压能力；情景问题则通过模拟真实工作矛盾（如客户投诉处理），检验应变能力。

利用AI生成面试问题，为职业教育中的面试训练带来了3种突破性改变，如图6-4所示。

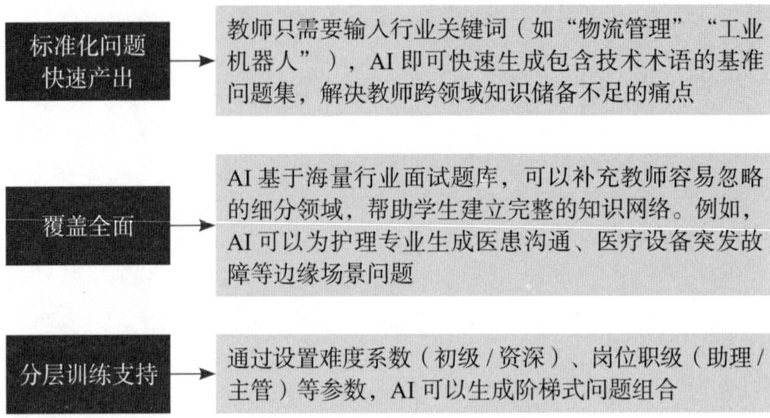

图6-4　利用AI生成面试问题带来的改变

用AI生成面试问题的相关案例如下。

提示词

请你为【工业机器人运维工程师】岗位生成12～15个结构化面试问题，需要满足以下要求。
1. 问题分类：专业能力类（占比40%）+行为测试类（占比30%）+情景模拟类（占比30%）。
2. 难度分级：初级问题（50%）+高级问题（50%）。
3. 创新性要求：（1）至少3个问题需关联数字孪生、工业元宇宙等新技术应用场景；（2）避免出现“你的优缺点是什么”等泛化问题；（3）每个问题后标注建议追问的方向。

智谱清言

工业机器人运维工程师结构化面试问题
一、专业能力类（40%）
1.（初级）工业机器人常见的故障类型有哪些？请简要分析一种典型故障的原因及排除方法。
- 追问方向：是否有实际处理过类似故障的经验？遇到复杂情况如何进行诊断？
2.（初级）请解释六轴工业机器人运动学的基本原理，并简要说明如何进行零点校准。
- 追问方向：不同品牌机器人在零点校准上的差异？
3.（高级）在一个智能制造产线上，如何优化机器人路径规划以提高生产效率并减少能耗？
- 追问方向：是否有使用过离线编程软件（如RoboDK、Delmia）进行优化？
4.（高级）如何结合数字孪生技术进行工业机器人预测性维护？请举例说明。
- 追问方向：实际使用过哪些传感器或数据分析方法来实现预测性维护？
……

尽管用AI生成面试问题的优势明显，但其局限性仍需要教师理性看待，具体如图6-5所示。

模板化倾向 → AI生成的问题往往基于现有数据模型，容易重复固定句式，如高频出现“请举例说明……”等标准化开场，缺乏真实面试中灵活追问的临场感，可能会影响面试效果

深度洞察缺失 → AI难以捕捉企业用人需求的隐性维度，生成的内容常停留于表面描述，缺乏具体情境代入。例如，幼儿教师岗位除了会问常规保育问题外，还会对情绪感染力、肢体语言等软实力进行考察

数据依赖风险 → 当目标岗位属于新兴领域时，AI可能输出过时或错误的问题。此时，教师需要交叉验证行业报告，以确保面试问题的时效性

图6-5　利用AI生成面试问题的局限性

048　用AI制订培训计划

扫码看教学视频

在职业教育领域，培训组织主体呈现多元化特征。职业院校和技工学校通过校企合作开展专项技能培训，助力学生对接岗位需求；企业人力资源部门围绕技术迭代或业务转型需求，定期组织员工强化技能训练；政府部门则通过公共实训基地和职业能力提升项目，面向行业从业人员或失业群体提供普惠性职业技能培训。不同主体虽目标差异显著，但均需通过系统性培训来实现人才能力跃迁。

人才培训计划是确保培训成效的“路线图”，其核心在于将抽象目标拆解为可落地的课程安排、进度节点与考核标准。传统模式下，培训方需要耗费大量时间调研需求、设计课程框架和协调师资场地，尤其在面对跨岗位或多批次培训时，计划的制订效率与精准度往往难以兼顾。但AI可以使这一过程实现质的优化。

利用AI制订培训计划的优势，集中体现在通过“对话式设计”快速生成专业培训方案。培训方只需要输入关键信息，AI即可基于预设算法输出针对性建议，具体优点如图6-6所示。

精准提炼需求 → 根据培训方输入的提示词，AI会自动解析岗位技能图谱，对比学员能力缺口，生成包含理论课时、实操项目、安全规范等模块的课程大纲。相较于传统人工调研，这种方式显著提升了效率，并且避免了主观判断偏差

高效生成计划 → 例如，当需要为“跨境电商运营新人”设计培训计划时，输入“培训周期2周，重点覆盖选品逻辑与广告投放”等要求，AI可以在3分钟内输出完整计划，培训方在此基础上进行微调即可，节省了撰写的初稿时间

灵活调整培训计划 → 针对已经生成的培训计划，培训方可以通过追加具体提示词来进行调整。这种即时修改机制将原本需要两天的人工调整过程缩短至两小时，使计划能随时响应突发需求或反馈建议，保持培训计划的实用性与时效性

图6-6　利用AI制订培训计划的优点

下面以使用智谱清言制订和调整培训计划为例，介绍具体的操作方法。

步骤01 在智谱清言的对话页面中，输入并发送提示词，即可获得AI制订的培训计划，相关提示词和回复内容如下。

提示词

> 请你根据以下信息，制订一份培训计划。
> 培训对象为跨境电商运营新人，无行业经验；目标是12天内掌握选品逻辑与广告投放；每日培训时长为6小时；需要包含理论课、实操课与考核。

智谱清言

> 跨境电商运营新人培训计划（12天）
> 培训目标：12天内掌握跨境电商选品逻辑与广告投放的基础知识和实操技能
> 培训对象：无行业经验的跨境电商运营新人
> 培训时长：每日6小时，总计12天（72小时）
> 培训方式：理论课+实操课+考核
> 第一周：选品逻辑与市场分析
> ……

步骤02 在同一个对话页面中，继续输入并发送提示词，即可获得调整后的培训计划，相关提示词和回复内容如下。

提示词

请根据以下要求，调整培训计划。
要求：将培训周期压缩至10天；增加数据分析工具教学；减少理论课比例，强化选品实战。

智谱清言

跨境电商运营新人培训计划（10天强化版）
培训目标：10天内掌握跨境电商选品逻辑、数据分析与广告投放实操技能
培训对象：无行业经验的跨境电商运营新人
培训时长：每日6小时，总计10天（60小时）
培训方式：理论+实操+考核，强化选品实战，增加数据分析工具教学
第一阶段（1～5天）：选品逻辑与数据分析
……

培训方运用AI制订计划时需重点关注数据质量、人机协同与伦理规范这3大维度。首先，培训方要确保输入的岗位需求、学员能力档案等基础数据真实完整，避免因数据偏差导致方案失准。其次，培训方要建立人机协作机制，将AI生成的计划与行业专家经验交叉验证，例如高危工种培训方案必须经资深技师审核安全规程。同时，培训方需严格遵守数据安全法规，对学员个人信息进行脱敏处理，在提升精准度的同时筑牢隐私保护防线。

049 用 AI 生成员工职业发展建议

扫码看教学视频

员工职业发展建议是在职业教育中基于个体特征制订的成长规划方案。企业通过分析员工现有能力与岗位需求的匹配度，帮助其明确提升方向。这种建议既能辅助员工突破职业瓶颈，也能为企业储备适配人才。

AI的应用让职业发展建议的制订更智能、更高效。企业在操作时，只需要向AI提供员工基础信息并设计合理的提示词，即可获得定制化方案。具体实施包含3个关键步骤，如图6-7所示。

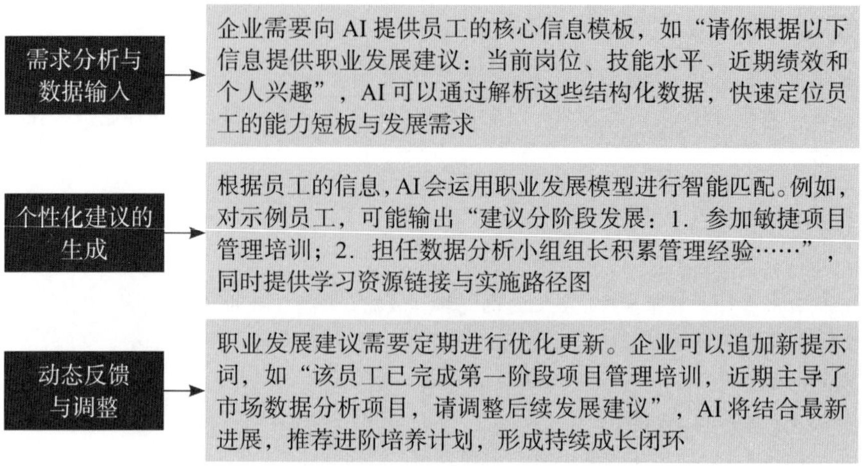

图 6-7　用 AI 生成员工职业发展建议的关键步骤

用AI生成员工职业发展建议的相关案例如下。

提示词

请你根据以下信息，为市场部数据分析师李明提供3年职业发展建议。
1. 技能水平：精通Python/SQL（完成3个数据建模项目），未系统学习过管理知识。
2. 绩效表现：数据报告准确率98%，但跨部门需求沟通耗时超出均值30%。
3. 个人兴趣：希望两年内晋升数据分析团队主管。
请列出具体能力提升路径，包含推荐课程、实践项目和阶段目标。

智谱清言

李明的3年职业发展建议
李明希望在两年内晋升为数据分析团队主管，目前在数据建模和技术能力上较为扎实，但在跨部门沟通和管理方面尚未系统学习。以下是针对李明的能力提升路径，涵盖核心技能、推荐课程、实践项目和阶段目标。
第1年：夯实管理基础 & 提升沟通能力
目标：优化跨部门沟通，提高管理知识储备
1. 能力提升方向
管理基础：学习团队管理、项目管理等基本概念。
沟通协作：提高跨部门沟通效率，优化需求对接流程。
业务理解：深入了解公司业务和核心KPI（Key Performance Indicator，关键绩效指标），提升数据分析的商业价值。
2. 推荐课程
管理类
……

第 7 章

5 个其他教育 AI 应用技巧：拓宽学习视野

教育的形式随场景延伸而愈发多样。本章聚焦户外、社区、家庭及特殊教育领域，探索AI如何在不同教育场景中提供适配支持。从自然到社区，从家规到教材，技术正悄然拓宽学习的边界，让教育突破围墙，融入更广阔的生活图景。

050　用 AI 生成户外活动预案

扫码看教学视频

在户外教育活动中，制订活动预案是指提前对活动流程、潜在风险及应急措施进行全面规划的过程。它是保障师生安全、确保活动目标实现的核心环节。

户外环境复杂多变，极端天气、地形隐患、学生体质差异等因素都可能增加意外发生的风险，而科学的预案能帮助教师预判风险、制订应对策略，最大限度降低事故发生的概率，同时提升活动的教育价值。预案的缺失或疏漏可能导致资源调配混乱、救援滞后，甚至威胁到参与者的生命安全，因此其重要性不言而喻。

相较于传统的由人工经验主导的预案制订，AI通过数据整合与智能分析，为户外活动安全管理提供了更高效的解决方案。而且，利用AI制订预案无需复杂技术，普通教师通过简单的提示词交互即可完成，具体步骤如图7-1所示。

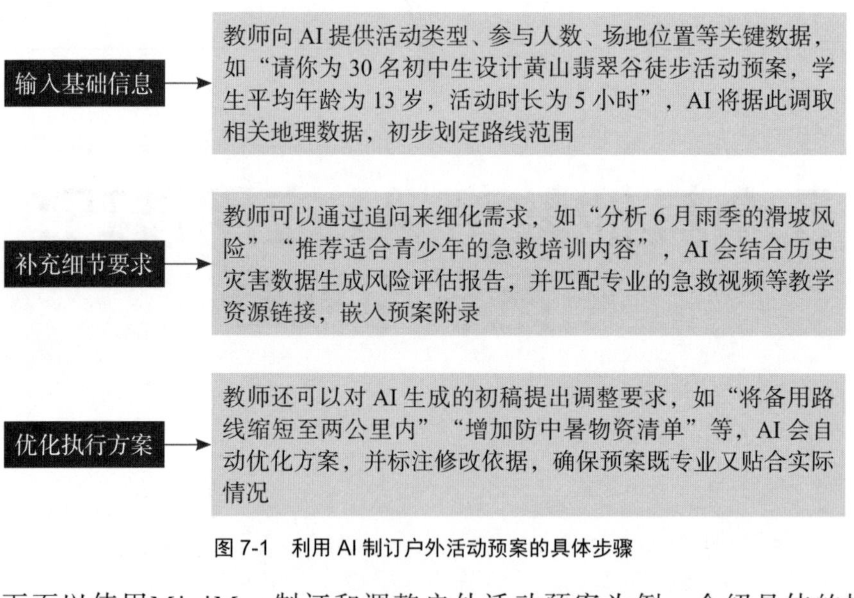

图 7-1　利用 AI 制订户外活动预案的具体步骤

下面以使用MiniMax制订和调整户外活动预案为例，介绍具体的操作方法。

步骤 01 登录并进入MiniMax的“问答”页面，❶输入提示词；❷单击↑按钮，如图7-2所示。

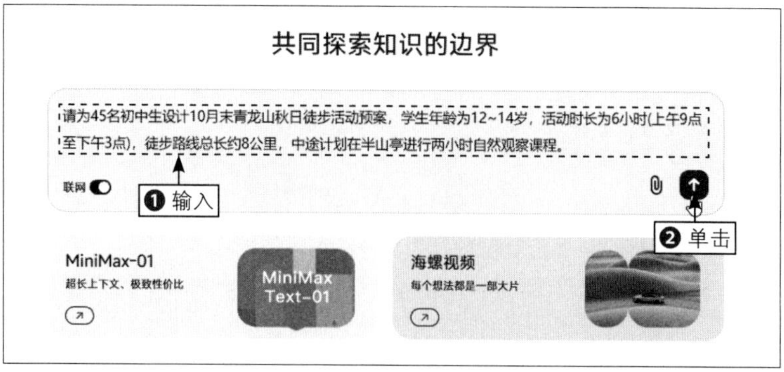

图 7-2　输入并发送提示词

步骤 02 执行操作后，即可发送提示词，获得AI初步生成的户外活动预案，相关回复内容如下。

MiniMax

青龙山秋日徒步活动预案
一、活动基本信息
- 活动时间：2025年10月31日（周五），上午9:00至下午3:00
- 活动地点：青龙山
- 参与人数：45名初中生（12～14岁）
- 徒步路线长度：约8公里
- 活动时长：6小时
- 集合地点：学校操场
……

步骤 03 在同一个“问答”页面中，教师可以继续输入并发送提示词，让AI根据细节要求，生成对应的补充内容，相关回复内容如下。

提示词

请补充分析10月末青龙山区域蛇类活动风险及防范措施，增加3名哮喘学生的休息点设置方案，并制订当天风力超过4级时的自然观察课程备选计划。

MiniMax

补充分析和建议
一、10月末青龙山区域蛇类活动风险及防范措施
1. 蛇类活动风险分析
- 季节因素：10月末，青龙山地区气温逐渐下降，蛇类活动频率减少，但仍有部分蛇类可

能在白天阳光充足时出来晒太阳或觅食。
- 环境因素：青龙山植被茂密，灌木丛和岩石较多，这些地方是蛇类喜欢栖息的环境。
- 蛇类种类：青龙山常见的蛇类包括无毒蛇（如黑眉锦蛇、乌梢蛇）和少量毒蛇（如短尾蝮蛇）。虽然毒蛇数量较少，但仍需警惕。
2. 防范措施
行前教育：
- 在行前安全教育中，加入关于蛇类的基本知识和防范措施；
- 告知学生遇到蛇时不要惊慌，保持距离，不要试图捕捉或接触蛇。
路线选择：
- 选择开阔、植被较少的路线，避免穿越茂密的灌木丛和岩石区域。
……

步骤04 另外，教师还可以继续输入和发送提示词，让AI根据要求提供补充方案和相应措施，相关提示词和回复内容如下。

提示词

请排除含花生类过敏原的午餐方案，同时补充手机信号盲区的三级应急通信保障措施。

MiniMax

补充午餐方案及应急通信保障措施
一、排除含花生类过敏原的午餐方案
为了确保所有学生的安全，尤其是对花生过敏的学生，我们将在午餐中排除所有含花生的食材，并确保没有交叉污染的风险。以下是详细的午餐方案。
1. 午餐菜单
主食：
- 三明治（全麦面包、火腿、奶酪、生菜、番茄）
- 鸡肉卷（鸡肉、生菜、番茄、蛋黄酱）
- 蔬菜沙拉（生菜、黄瓜、胡萝卜、玉米粒）
配菜：
- 水果拼盘（苹果、香蕉、葡萄、橙子）
- 酸奶（不含坚果）
……

☆ 专家提醒 ☆

本案例主要是演示提问方法，在实际操作中，教师可以提供更详细的活动信息，从而让AI生成更具针对性、更有效的户外活动预案。

051　用 AI 辅助社区教育

扫码看教学视频

社区教育是在社区中，开发、利用各种教育资源，以社区全体成员为对象，开展旨在提高成员的素质和生活质量，促进成员的全面发展和社区可持续发展的教育活动。它能提升居民知识水平，丰富居民精神生活，促进社区和谐发展，在终身教育体系中占据重要地位，为不同年龄段、不同背景的人群提供了学习与成长的平台。

随着科技的发展，AI可以成为社区教育的得力助手，具体方法如图7-3所示。

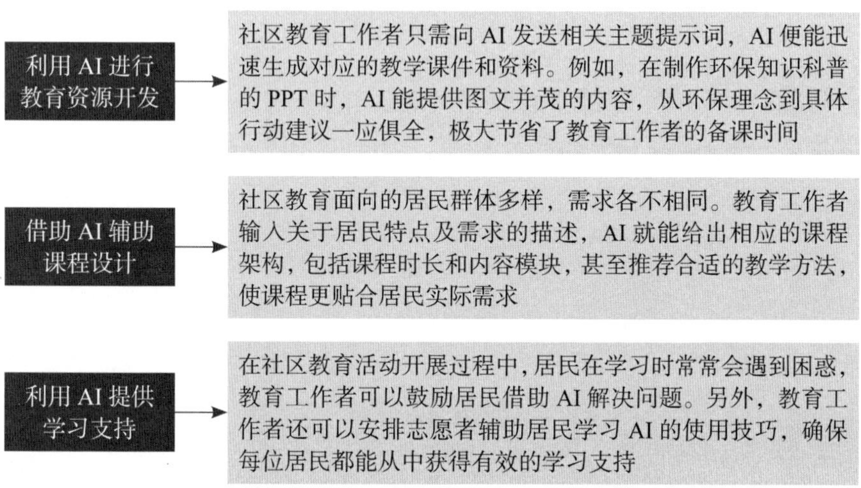

图 7-3　用 AI 辅助社区教育的方法

下面以使用MiniMax生成社区大风天气危害的科普知识为例，介绍具体的操作方法。

步骤 01 在MiniMax的“问答”页面中，输入并发送提示词，即可获得AI生成的科普内容，相关提示词和回复内容如下。

提示词

请生成一段关于社区大风天气危害的科普文字，包括大风对建筑、出行和健康的影响，并添加一个大风天气事故案例，说明忽视防范的后果，用通俗易懂的语言，400字以内。

MiniMax

大风天气的危害与防范

大风天气看似平常，但对我们的生活却有着不小的威胁。首先，对建筑的影响不容忽视。大风可能吹倒广告牌、树木，甚至对房屋结构造成损害，尤其是老旧建筑和临时搭建的设施。长期的风力作用还可能加速建筑材料的磨损，导致屋顶、窗户等部位松动，增加了安全隐患。

其次，出行安全也受到严重影响。大风天气下，路面障碍物增多，容易引发交通事故。骑自行车或电动车的人更容易被风吹倒，造成摔伤。此外，高速行驶的车辆在遇到强侧风时，容易失控，增加翻车的风险。

大风天气对健康的危害同样不可小觑。大风会加速皮肤水分流失，导致皮肤干燥、皲裂。对于呼吸道敏感的人群，大风卷起的灰尘和污染物可能引发哮喘、过敏等疾病。此外，大风天气还可能加剧感冒等传染病的传播。

事故案例

……

步骤 02 在同一个“问答”页面中，继续输入并发送提示词，让AI提供具体的应对措施，相关回复内容如下。

提示词

请列举5条社区居民应对大风天气的具体措施，如固定阳台物品、避免高空作业等，分点简洁描述。

MiniMax

以下是社区居民应对大风天气的5条具体措施。

1. 固定阳台物品

- 将阳台上的花盆、晾衣架、杂物等容易在大风中移动的物品移至室内或进行固定，避免被风吹落，砸伤行人或损坏财物。

2. 避免高空作业

- 尽量避免在大风天气进行高空作业，如擦窗户、修理屋顶等。如果必须进行，应采取额外的安全措施，如系好安全带，并确保工作环境没有容易被风吹动的物体。

3. 关闭并加固门窗

- 关闭好家中的门窗，并检查门窗的密封性和牢固性。必要时，可以使用胶带或重物加固门窗，防止大风将窗户吹开或损坏。

4. 清理户外设施

- 检查并清理户外的遮阳棚、晾衣绳等设施，将其收好或加固。确保这些设施不会在大风中倒塌或被吹走，造成安全隐患。

5. 注意出行安全

- 尽量减少外出，避免在大风天气下骑自行车、电动车等。如果必须外出，应远离广告牌、大树等易被风吹倒的物体，并注意避让高空坠物。

通过采取这些措施，社区居民可以有效减少大风天气带来的风险，保障自身和他人的安全。

步骤03 在同一个“问答”页面中，继续输入并发送提示词，让AI进行适当调整，并提供完整的资料内容，相关回复内容如下。

提示词

请将上述内容调整为适合华南地区居民阅读的版本，补充本地常见大风季节和典型风险点，并整理成一份完整的社区大风天气危害的知识科普资料。

MiniMax

华南地区社区大风天气危害与防范知识科普

一、大风天气对华南地区的影响

华南地区在春季和夏季常受到台风影响，伴随而来的大风天气对社区居民的生活构成多种威胁。大风不仅影响日常生活，还可能造成严重的财产损失和人身伤害。以下是大风天气对华南地区居民的主要影响。

1. 对建筑的影响

- 风险点：老旧房屋、广告牌、临时搭建的设施（如工棚、简易仓库等）在强风下容易受损或倒塌。台风季节，沿海地区的建筑尤其容易受到海风的影响。
- 危害：大风可能吹倒广告牌、树木，甚至对房屋结构造成损害，增加安全隐患。

2. 对出行的影响

- 风险点：城市道路、高架桥、隧道口等区域在大风天气下容易出现障碍物，影响交通。骑自行车、电动车的人群更容易受到强风影响。
- 危害：大风可能导致路面障碍物增多，引发交通事故；强风还可能使车辆失控，增加翻车风险。

……

052　用AI制订家规

扫码看教学视频

家规是家庭成员共同遵守的行为准则体系，如同家庭教育的“隐形课程表”。它通过明确作息安排、责任分工和行为规范等内容，帮助孩子建立时间观念、责任意识和价值判断。科学的家规不仅能减少日常摩擦，更能培养青少年自我管理的能力。

许多家长在制订家规时常常顾此失彼。他们既想通过规则培养孩子的责任感，又担心条条框框压抑了孩子的天性；面对不同年龄段孩子的个性差异，很难设计出全家适用的统一标准；即便制订了规则，也常因缺乏具体落实方法而流于形式，最后要么变成家长单方面的命令，要么因频繁妥协失去约束意义。

AI的应用为家规制订开辟了新路径，家长只需要向AI描述家庭成员构成、孩子年龄特点和重点关注方向（如学习习惯、社交礼仪等），AI即可快速生成包含具体条款、执行方式和奖惩机制的系统方案。

另外，AI不仅能参考儿童发展心理学知识提供专业建议，还能根据“规则执行三个月后效果下降”等现实问题，智能调整条款的松紧尺度，帮助建立动态优化的家庭管理体系。

用MiniMax制订家规的相关案例如下。

提示词

我家有两个男孩，哥哥10岁上四年级，弟弟7岁刚上小学。现在想制订全家适用的家规，重点解决3个问题：1. 放学后总抢电视看动画片不写作业；2. 兄弟俩经常为玩具争吵甚至动手；3. 每天刷牙洗澡总要催促半小时。
家规需要包含具体可执行的条款（比如时间分配、冲突处理步骤）、配套的积分奖励制度，以及适合这个年龄段的惩罚措施。最好能考虑哥哥作为榜样可以承担的责任，同时给弟弟设计渐进式成长任务。最后请用文字的形式呈现，并说明三个月后如何根据执行情况调整规则。

MiniMax

为了解决您家目前面临的3个主要问题，以下是一个详细的可执行家规方案，包含具体条款、积分奖励制度和惩罚措施，并考虑到哥哥作为榜样的责任以及弟弟的渐进式成长任务。

一、家规具体条款

1. 放学后时间分配

- 条款1：放学后，兄弟俩必须先完成作业才能看电视或玩玩具。
- 执行步骤：

① 放学回家后，先休息15分钟，吃点心和喝水；
② 哥哥和弟弟各自在自己的书桌前完成作业；
③ 作业完成后，由家长检查并签字；
④ 完成作业后，可以自由选择看电视或玩玩具，但每天看电视时间不超过1小时。

- 条款2：每天晚上8:30后不能看电视或玩玩具，必须准备洗漱和上床睡觉。
- 执行步骤：

……

053 用AI助力亲子沟通

扫码看教学视频

在家庭教育中，亲子沟通是建立信任关系、传递价值观的重要纽带。良好的沟通能帮助孩子建立安全感，促进情绪健康发展，同时让家长及时了解孩子的成长需求。

但现实中的亲子沟通常面临诸多挑战。首先，工作压力和生活节奏加快，使得家长与孩子相处的时间变得零散，难以展开有深度的对话；其次面对孩子青春期的情绪波动，部分家长因缺乏引导方法，采用说教方式，反而容易引发孩子的抵触情绪。

更普遍的现象是，许多父母在沟通中习惯主导话题，忽略倾听孩子的真实想法，或对负面情绪选择回避，无形中削弱了孩子的表达意愿。而AI为改善亲子沟通提供了新的可能性。它可以通过智能化的方式辅助家长更高效、更科学地与孩子交流。具体而言，AI的助力体现在以下几个方面，如图7-4所示。

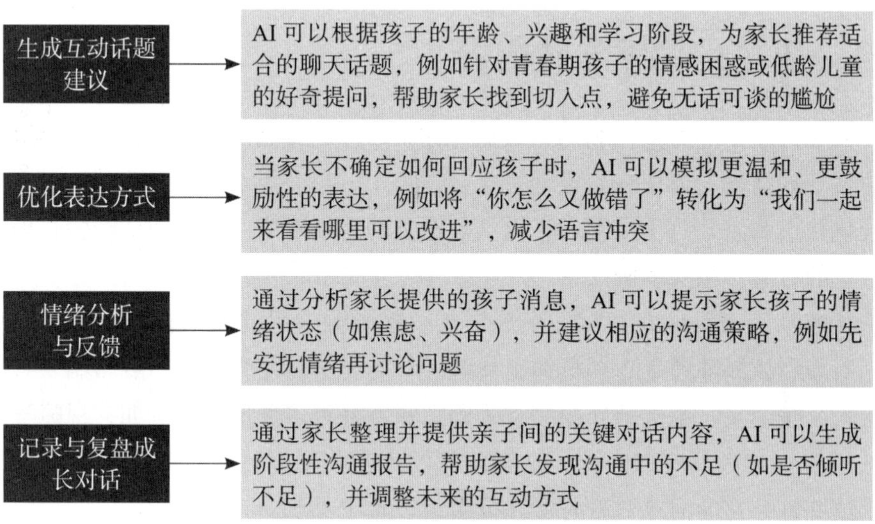

图 7-4　用 AI 助力亲子沟通的体现

用MiniMax助力亲子沟通的相关案例如下。

提示词

我的孩子今年12岁，刚得知数学考试没及格，很沮丧。我想安慰他，同时帮助他找到学习方法。请生成3条温和且鼓励性的沟通建议，避免否定或施压。

MiniMax

面对孩子数学考试没及格的情况，以下是3条温和且鼓励性的沟通建议。

1. 表达理解和共情

你可以这样对孩子说：“我知道这次数学考试的成绩让你感到有些沮丧，这很正常。每个人在学习过程中都会遇到困难和挫折，这并不代表你不够聪明或者不够努力。我们可以一起看看哪些地方出了问题，然后想办法改进。”
解释：通过表达理解和共情，让孩子感受到你对他的关心和支持，而不是责备和压力。这有助于缓解他的负面情绪，让他更愿意与你沟通。
2. 强调努力和进步
你可以这样说：“考试成绩只是一个暂时的结果，它并不能完全反映你的能力。我看到你在学习过程中付出的努力，这比一次考试的成绩更重要。我们可以一起制订一个学习计划，帮助你在接下来的学习中取得进步。”
解释：强调努力和进步，而不是单纯关注成绩，可以帮助孩子建立自信心，并让他明白学习是一个持续的过程，而不是一次考试的结果。
3. 提供具体的帮助和支持
……

054　用 AI 定制教材内容

扫码看教学视频

家校沟通中的海量非结构化数据往往难以被有效利用。AI通过自然语言处理技术，能快速聚类分析家长留言中的核心诉求，自动生成可视化热点图谱，为学校管理者提供数据驱动的决策依据，实现从经验管理到精准治理的转型，相关案例如下。

在特殊教育领域，教材的呈现形式直接影响学生的知识获取效果。针对视障、听障和认知障碍等不同群体，传统教材需要被转化为盲文凸点印刷、有声读物、大字版图文、触觉感知模型和手语视频字幕等多种形态。例如，视障学生需要通过触觉或听觉获取知识，认知障碍学生则需要简化语言与增加动态视觉辅助，这些差异化的需求对教材形态提出了多元化要求。

借助AI，教师可以快速生成定制化的特殊教材。例如，大语言模型可以将普通文本自动转换为盲文；语音合成系统能生成带情感调节的音频内容；计算机视觉算法可将图像转化为高对比度触觉图形。而且，AI不仅支持单模态转化，还能组合生成图文声并茂的多模态教材，如同步生成知识点动画与手语解说视频。

下面以使用MiniMax生成音频为例，介绍具体的操作方法。

步骤01 进入MiniMax的“问答”页面，在页面的上方单击“语音”按钮，如图7-5所示，进入海螺AI的“语音”页面。

步骤02 在“文字转语音”下方的文本框中，输入需要转换的文本，如图7-6所示。

☆ 专家提醒 ☆

海螺AI是MiniMax公司开发的一款AI产品，2025年海螺AI已正式更名为MiniMax，但“语音”页面和“视频”页面目前还没有完全更新。

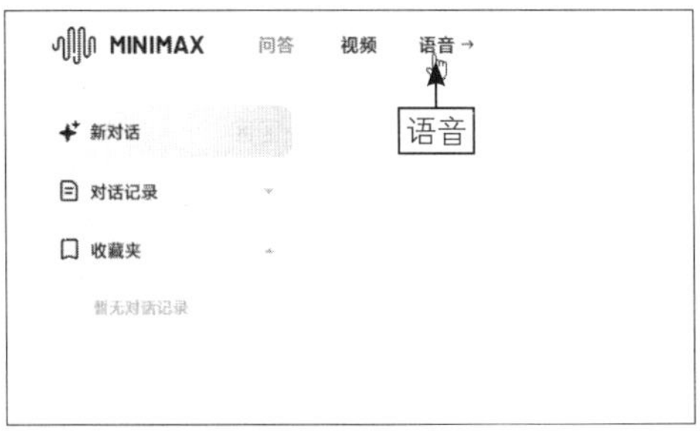

图 7-5　单击“语音”按钮

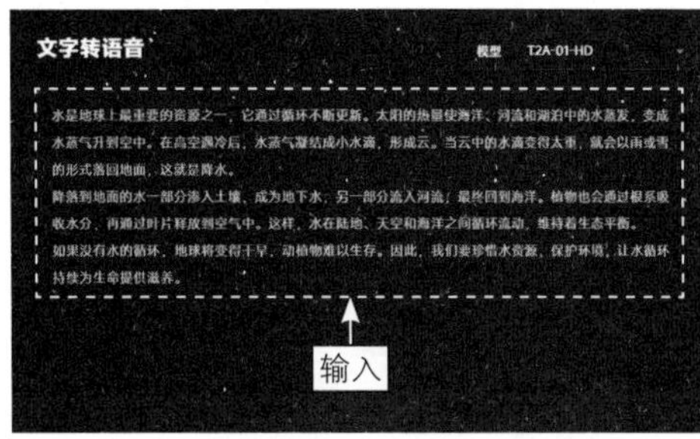

图 7-6　输入相应文本

步骤03 在页面右侧的“调试台”面板中，单击当前音色右侧的“切换音色”按钮，如图7-7所示。

步骤04 弹出“音色选择”面板，在“音色库”选项卡中，❶单击“语言”右侧的下拉按钮；❷在弹出的列表框中，选择“中文-普通话”选项，如图7-8所示，筛选出对应语言的音色。

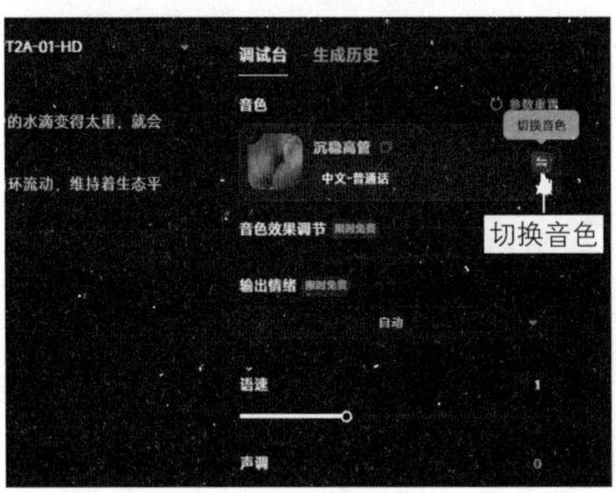

图 7-7　单击“切换音色”按钮

图 7-8　选择“中文 - 普通话”选项

步骤05 ❶单击“性别”右侧的下拉按钮；❷在弹出的列表框中，选择“男”选项，如图7-9所示，筛选出语言为普通话、性别为男的音色。

步骤06 在筛选结果中，单击“播报男声”音色右侧的“选择”按钮，如图7-10所示，即可选择该音色，并退出“音色选择”面板。

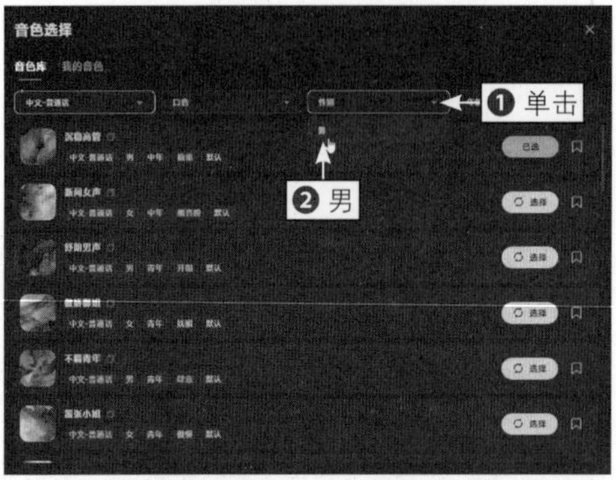

图 7-9　选择“男”选项

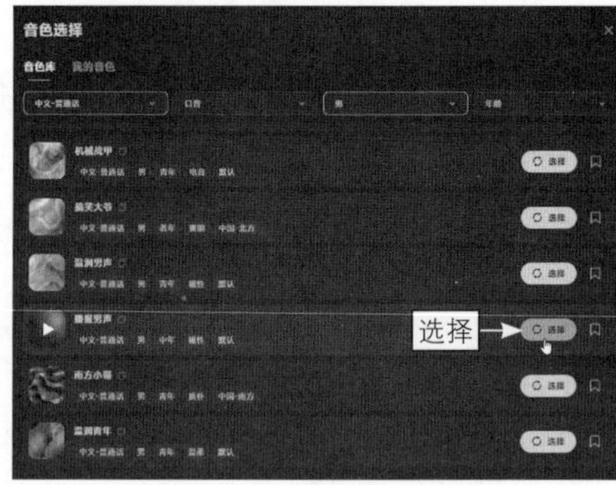

图 7-10　单击“选择”按钮

步骤 07 在“调试台”面板中，❶单击“输出情绪”右侧的下拉按钮；❷在弹出的列表框中，选择“中性”选项，如图7-11所示，调整音频的整体情绪。

步骤 08 ❶设置“语速”参数为0.8，降低朗读速度；❷设置“音量”参数为5，增加朗读音量，如图7-12所示。

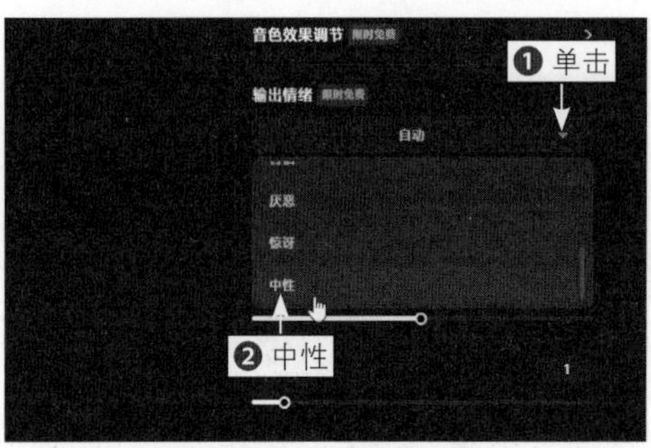

图 7-11　选择“中性”选项

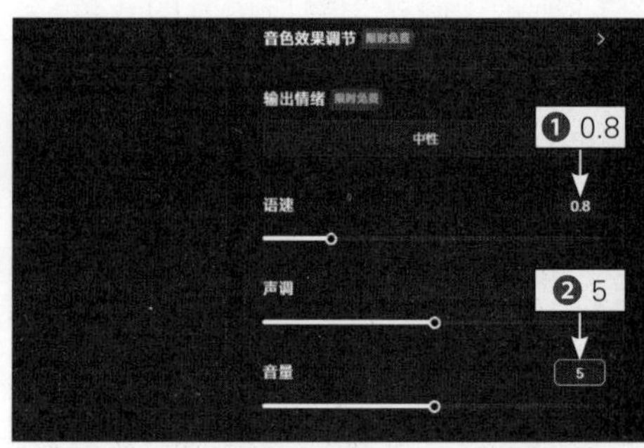

图 7-12　设置“语速”“音量”参数

步骤 09 单击“文字转语音”文本框右下角的“生成音频”按钮，如图7-13所示，即可根据文本内容和设置的参数，生成对应的朗读音频。

步骤 10 ❶单击“生成历史”按钮，切换至“生成历史”选项卡；❷单击相应音频右侧的“下载”按钮，如图7-14所示，即可将生成的音频下载到本地文件夹中。

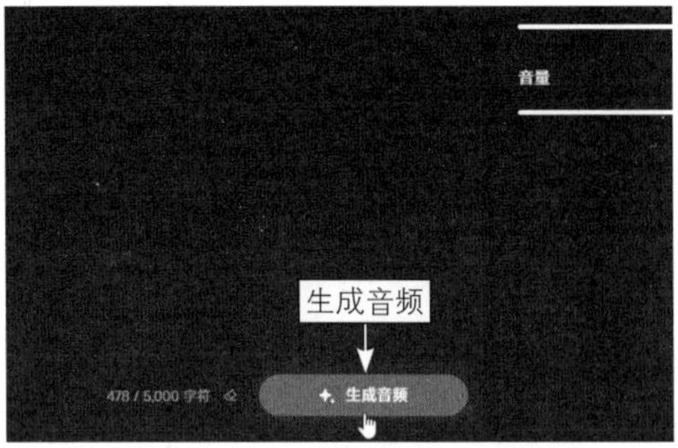

图 7-13　单击“生成音频”按钮

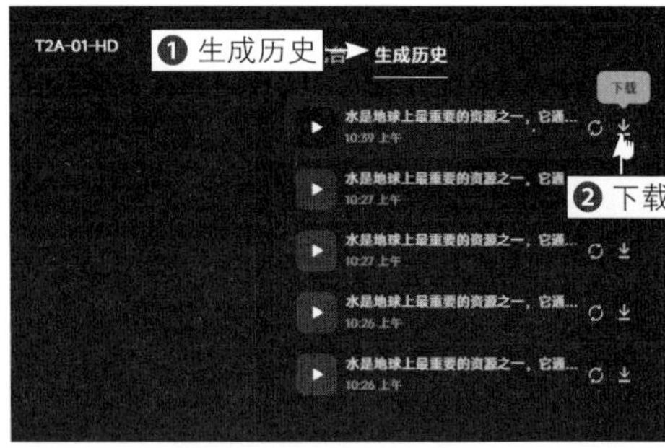

图 7-14　下载音频到本地

不过，使用AI定制教材内容仍存在局限性。系统对复杂学科内容的语义理解尚不完善，盲文转换可能出现符号错位，语音合成难以传递教师特有的情感表达，简化文本可能遗漏关键逻辑链。

同时，个性化定制依赖大量数据训练，小众障碍类型教材的生成质量不稳定。这要求教师必须进行人工校准，结合教学经验补充AI缺失的人文关怀。

【高级应用篇】

第 8 章

11 个教师赋能 AI 应用技巧：提升教学效率

本章聚焦AI技术在教学场景中的11大实践应用，通过智能工具重构教师工作模式。从课程活动设计到个性化作业定制等场景，覆盖备课、授课和评价全流程，助力教师精准优化教学效率，将重复性工作转化为创新性探索，让教育回归育人本质。

055　用 AI 设计课程活动

扫码看教学视频

课程活动是教学过程中设计的互动环节或实践任务，旨在通过体验、讨论和合作等形式帮助学生理解知识、培养技能。它不同于传统的单向讲授，更强调学生参与和主动思考，比如小组辩论、实验操作和情景模拟等。

课程活动的核心作用在于激发学习兴趣、促进知识内化、培养解决问题的能力，同时帮助教师及时了解学生、掌握情况、调整教学策略。尤其在强调核心素养的教育背景下，系统的活动设计能将抽象概念转化为可操作的实践，提升教学效果。

AI的介入为课程活动设计提供了新的可能性，其优势如图8-1所示。

- **高效生成多样化方案** → AI 能基于学科目标、学生年龄和能力数据，快速输出匹配的活动框架。例如，针对“古诗鉴赏”主题，AI 可同时提供角色扮演、绘画创作、辩论赛等不同形式的课程活动，帮助教师突破思维局限，减少备课时间成本
- **精准实现个性化适配** → 通过分析学生历史表现或兴趣标签，AI 可调整活动难度与形式。例如，为视觉型学习者增加图表分析环节，为动手型学生设计实验操作任务，使不同特点的学生都能深度参与
- **动态优化活动流程** → AI 可以模拟活动实施过程，预判可能出现的问题（如时间不足、材料短缺），并推荐调整方案。例如，若发现小组讨论环节超时风险较高，AI 会建议拆分任务或增加计时工具，提升课堂执行效率

图 8-1　用 AI 设计课程活动的优势

下面以使用通义设计生物课程活动为例，介绍具体的操作方法。

步骤 01 登录并进入通义的“对话”页面，输入并发送提示词，即可获得AI设计的课程活动，相关提示词和回复内容如下。

提示词

请你设计一个40分钟的课程活动，学段为初中，学科为生物，主题为“生态系统的组成”，要求：包含动手实践和小组讨论，避免使用复杂教具，并融入至少两种互动形式。

通义

课程活动设计：生态系统的组成

目标

- 学生能够理解生态系统的基本组成部分。

- 学生通过动手实践和小组讨论加深对生态系统各成分间相互关系的理解。
时间安排
- 总时长：40分钟
活动流程
1. 导入（5分钟）
- 互动形式：提问与回答
- 教师提出几个引导性问题，如："你们认为一个完整的生态系统应该包含哪些元素？""植物在生态系统中扮演什么角色？"等，鼓励学生思考并回答。通过这种方式激发学生的兴趣，并为接下来的学习打下基础。
……

步骤02 在同一个页面中，继续输入并发送提示词，即可让AI模拟一遍活动实施过程，并提供可能会出现的问题和调整方案，相关提示词和回复内容如下。

提示词

请你模拟活动实施过程，预判可能出现的问题，并推荐调整方案。

通义

模拟活动实施过程与预判问题及调整方案
活动实施模拟
1. 导入（5分钟）
- 教师通过提问引导学生思考生态系统的组成，学生们积极回应。
2. 知识讲解（10分钟）
- 教师使用简单的图表或白板画介绍生态系统的基本组成部分，学生专注听讲。
3. 动手实践（15分钟）
- 学生们被分成小组开始构建生态系统模型。教师观察到部分小组在确定生物成分的角色时遇到了困难。
4. 小组讨论与分享（8分钟）
- 各小组轮流展示他们的模型，并解释其设计思路。然而，由于时间限制，不是所有小组都有足够的时间充分表达。
5. 总结与反馈（2分钟）
- 教师总结课程重点，但发现有些关键概念没有得到充分讨论。
预判问题与调整方案
问题一：动手实践环节中的角色确定困难
- 预判问题：学生可能对某些生物成分在生态系统中的具体角色不明确，导致模型构建遇到障碍。
……

056　用 AI 管理课程时间

扫码看教学视频

课程时间管理是指教师根据教学目标，将课堂内容分解为不同环节并合理分配时间的过程，包括知识讲解、互动讨论和练习巩固等。管理课程时间直接影响教学效率与学生学习效果——时间分配过松可能导致进度滞后，过紧则易使学生难以消化知识。

尤其在学生水平参差、课堂生成性问题较多的场景下，教师若仅凭经验安排时间，往往难以兼顾个性化需求与整体进度。因此，科学的时间管理不仅能确保教学计划落地，还能通过节奏把控提升学生专注度，是课堂教学质量的重要保障。

AI技术通过算法模型与教育数据的结合，为时间规划提供了更科学的解决方案，其核心价值如图8-2所示。

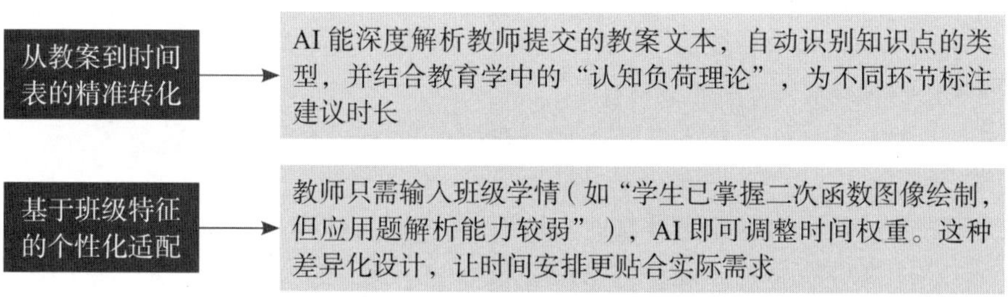

图 8-2　用 AI 管理课程时间的核心价值

下面以使用通义安排一节化学课的时间为例，介绍具体的操作方法。

步骤 01 在通义的“对话”页面中，❶单击输入框左侧的按钮；❷在弹出的列表框中，选择“上传文档”选项，如图8-3所示。

步骤 02 弹出“打开”对话框，❶选择要上传的文档；❷单击“打开”按钮，如图8-4所示，即可将其上传。

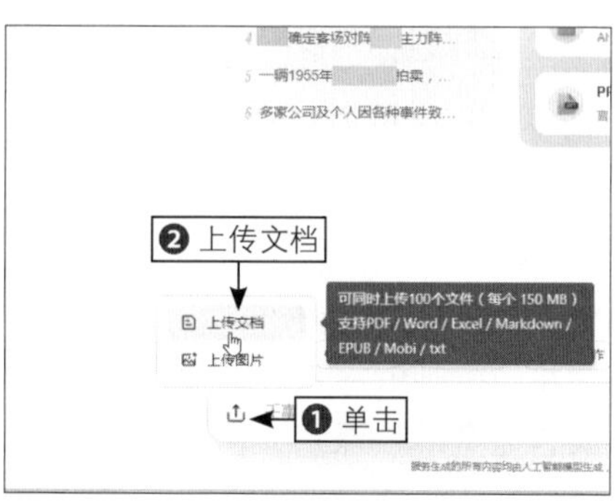

图 8-3　选择“上传文档”选项

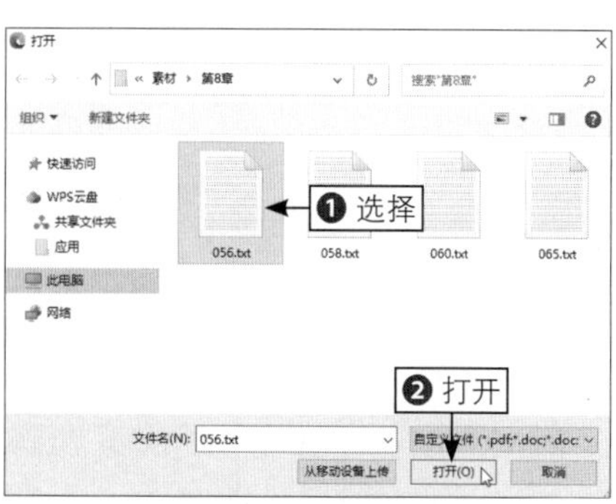

图 8-4　上传文档

步骤03 返回“对话”页面，输入并发送提示词，即可获得AI生成的课程时间安排，相关提示词和回复内容如下。

提示词

请根据提供的教案和以下内容，为初中化学老师安排这节课程的时间，总时长为45分钟。
【班级学情】
1. 学生首次接触对照实验设计。
2. 60%学生能列举生活燃烧现象，但缺乏系统分析能力。
3. 实验室操作规范需强化指导。
【重点环节权重】
1. 实验设计讨论：需详细步骤引导。
2. 概念辨析：增加可视化类比。
【特殊要求】
1. 预留3分钟安全教育时间。
2. 知识迁移环节包含1个互动问答。

通义

根据提供的教案内容、班级学情以及重点环节权重，我们可以为这节课制订一个时间安排计划。考虑到学生首次接触对照实验设计，并且需要强化实验室操作规范指导，我们将特别注意在这些方面给予更多的时间和关注。同时，为了确保课程的全面性和有效性，每个教学环节都将得到合理的分配时间。
时间安排
1. 生活情境导入（3分钟）
- 展示蜡烛燃烧、篝火晚会、燃气灶点火视频片段，引导学生思考燃烧的现象及其条件。
2. 核心概念讲解（8分钟）
- 燃烧三要素定义解析（板书+示意图），增加可视化类比帮助学生理解“温度达到着火点”与“提供热量”的区别。
3. 实验探究设计（15分钟）
- 分组讨论：如何用铜片、酒精灯、火柴等材料设计对比实验，详细步骤引导，强调变量控制方法。
……

AI生成的时间安排，本质是将教育学原理、学科特性和班级学情转化为可量化的算法逻辑。它不做课堂的“监工”，而是充当教师的“备课参谋”，帮助解决“时间应该花在哪里”的决策难题。教师依然完全掌控课堂，但有了更科学的参考框架，便能减少试错成本，让每一分钟都服务于明确的教学目标。

057　用AI设计课堂提问

扫码看教学视频

课堂提问是教师引导学生思维发展的重要抓手，如同认知探照灯，能将抽象知识转化为具体思考路径。优质的提问不仅能检测学生的知识掌握度，更能通过“认知阶梯”推动学生从记忆事实走向批判创新。

在理解课堂提问的核心价值后，如何高效设计出符合认知规律、精准匹配学情的问题链，成为教师备课的关键挑战。用AI设计课堂提问，并非让机器替代教师，而是通过智能化工具拓展教学设计能力。下面从3个层面解析具体实施方法，如图8-5所示。

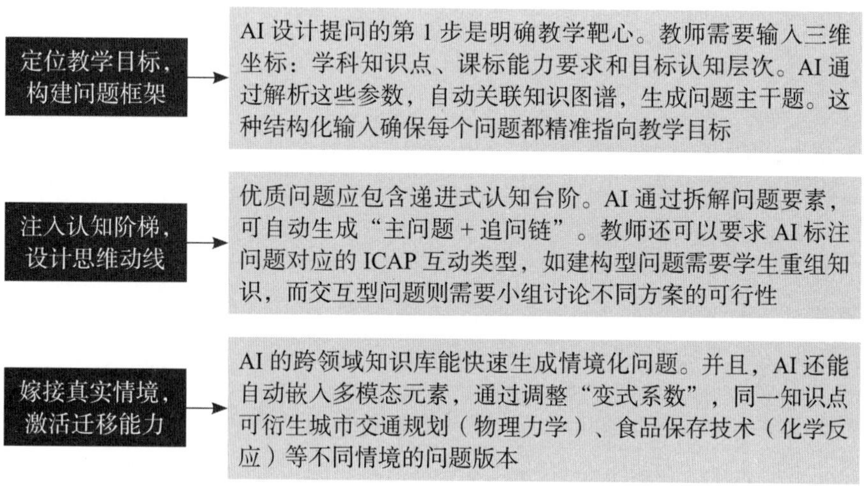

图 8-5　用 AI 设计课堂提问的具体实施方法

☆ 专 家 提 醒 ☆

ICAP的英文全称是Interactive、Constructive、Active、Passive，中文可以翻译为交互式、建构式、主动式和被动式，是一种用于描述和分类学习活动中学生参与程度和认知投入的理论模型。

用AI设计课堂提问的相关案例如下。

提示词

请你作为一名初中生物教学专家，根据以下要求围绕“光合作用的影响因素”设计5个递进式问题。

1. 符合课标“探究环境条件对光合作用强度的影响”（人教版8年级）。
2. 认知层次覆盖布鲁姆分类法的应用、分析和评价层级，并融入农业大棚真实情境。

3. 包含3级追问链和常见认知误区提示，并建议配套虚拟实验操作节点。
4. 请按照“主问题”“追问链”“错误预判”“工具支持”的格式，分段输出。

通义

主问题1
如何通过改变光照强度来影响植物的光合作用？

追问链
- 应用级追问：如果我们在农用温室大棚中增加人工光源，这将如何影响作物的光合作用速率？
- 分析级追问：假设在阴天时自然光照不足，我们可以通过哪些具体措施调整光照强度以优化作物生长？
- 评价级追问：比较不同种类的人工光源，哪一种更适合作为补充光源来促进光合作用，并解释你的选择理由。

错误预判
学生可能认为所有类型的人工光源对植物的影响相同，忽略了不同光源的光谱分布和能量效率差异。

工具支持
建议使用虚拟实验平台模拟不同光照条件下植物光合作用的变化，让学生直观看到光照强度、光质对光合作用速率的具体影响。

……

☆ 专 家 提 醒 ☆

布鲁姆分类法是由美国教育心理学家本杰明·布鲁姆于1956年提出的认知目标分类体系，其核心在于将人类思维过程划分为记忆、理解、应用、分析、综合和评价这6个递进层级，构建起从基础认知到高阶思维的完整框架。

布鲁姆分类法突破传统知识灌输模式，强调教育应引导学习者从机械记忆逐步走向创造性思维，通过阶梯式的能力培养，使个体不仅能复述事实、解释概念，更能实现知识迁移、系统创新与价值判断，为教学设计提供了从低阶思维训练到批判性能力培养的清晰路径，成为教育领域衡量教学目标达成度的重要标尺。

058　用 AI 生成学生评语

扫码看教学视频

学生评语是教师对学生阶段性学习表现的文字记录，既是家校沟通的重要桥梁，也是学生成长轨迹的见证载体。传统评语需要教师逐字撰写，既需精准概括学业表现，又要传递教育温度，往往耗费大量精力。特别是在面对学生人数比较多时，教师易陷入表述雷同、细节缺失的困境，难以兼顾效率与质量。

随着AI技术的发展，智能生成工具为教师提供了新的解题思路。用AI生成学生评语，至少能为教师带来两个好处，具体如图8-6所示。

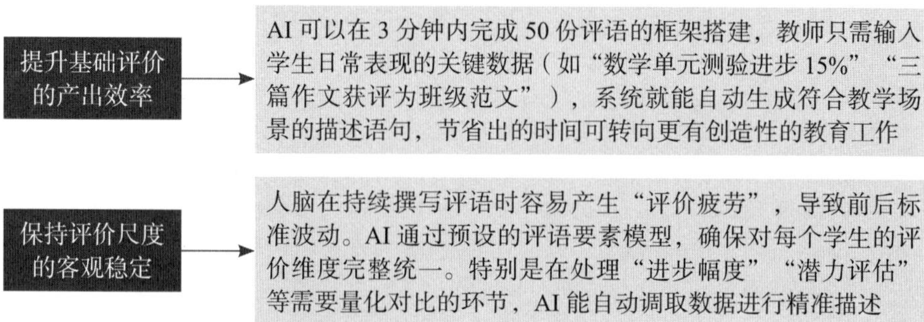

图 8-6　用 AI 生成学生评语的好处

下面以使用通义生成5份学生评语为例，介绍具体的操作方法。

步骤 01 在通义的“对话”页面中，❶上传包含学生情况的文档；❷输入提示词；❸单击按钮，如图8-7所示。

图 8-7　单击相应按钮

步骤 02 执行操作后，即可发送提示词和文档，获得AI生成的学生评语，相关提示词和回复内容如下。

提示词

你是一位拥有15年经验的初中语文教研组长，擅长通过细节描写凸显学生特质。请根据我提供的学生情况和评语要素模型，为5名学生生成200字以内的期末评语，要求：规避空洞和重复的语句。

评语要素模型：

阅读素养（文本理解/阅读量/批注习惯）

写作能力（结构逻辑/语言表达/创意水平）
古文积累（实词掌握/文化常识/迁移运用）
学习习惯（预习质量/课堂笔记/改错本）
发展建议（不超过2个可量化目标）

通义

学生1：小A
你本学期在写作上表现出色，三篇作文入选校刊，显示出较强的文本理解和语言表达能力。建立"名家金句摘抄本"，累计238条，有助于提升你的阅读素养与创意水平。文言文虚词错误率仅2%，说明虚词掌握牢固。不过，课堂发言频次较期中减少40%，建议更加积极地参与课堂讨论。发展目标：每学期至少完成一部名著的深度批注；每月增加三次主动课堂发言。
学生2：小B
阅读量从1本增至5本，学会使用"鱼骨图"梳理文章结构，表明你在提高文本理解与结构逻辑方面取得了进步。然而，作文结尾常偏离主题，需注意加强逻辑性。早读默写速度提升两倍，反映出良好的学习习惯和努力。发展目标：每次作文后自我检查结尾是否紧扣主题；每周尝试用"鱼骨图"分析一篇课外文章。
学生3：小C
……

☆ 专家提醒 ☆

本案例只是让AI生成了5份学生评语，在实际应用中，教师可以提供更多的学生情况，让AI一次性生成多份学生评语。

059 用AI进行知识扩展

扫码看教学视频

知识扩展，是指突破已有知识的边界，通过关联、深化或迁移，构建更完整的认知体系。在教学中，它不仅能补充课外知识，更是帮助学生将零散知识点串联成网的过程。

例如，学习"光合作用"时，教师若引入"人工光合作用技术如何解决能源危机"，便能将生物学原理与工程、环保议题结合，引导学生理解知识的现实意义。这种扩展的价值在于它能打破学科壁垒，培养批判性思维，让学生在复杂问题中学会调用多领域知识，而非死记硬背。

用AI进行知识扩展的独特优势在于效率高、个性化强以及跨学科连接广。AI能快速聚合全球前沿研究成果，自动提炼核心观点，节省教师备课的时间。同时，它可根据学生个体需求，动态生成适配内容，实现分层拓展。用AI进行知识扩展的相关案例如下。

提示词

你是一位初中物理老师，现在需要将《声现象》章节与古诗教学结合。请完成以下任务。
1. 列举3首包含声学现象描述的古诗（如“夜半钟声到客船”），并标注出处。
2. 用初中生能理解的物理语言，解释诗中声学原理（如声音传播条件、共鸣现象）。
3. 设计1个课堂活动：用实验还原古诗场景（如模拟“空山松子落”的声源定位）。
4. 补充跨学科思考题：“为什么古诗常用‘幽’‘远’形容钟声？从物理环境与心理感知角度分析”。
要求：避免复杂公式，侧重现象关联与文化解读。

通义

1. 包含声学现象描述的古诗
《枫桥夜泊》——张继
- “月落乌啼霜满天，江枫渔火对愁眠。姑苏城外寒山寺，夜半钟声到客船。”
《竹里馆》——王维
- “独坐幽篁里，弹琴复长啸。深林人不知，明月来相照。”
《鹿柴》——王维
- “空山不见人，但闻人语响。返景入深林，复照青苔上。”
2. 解释诗中的声学原理
《枫桥夜泊》
……

060　用 AI 进行教学反思

扫码看教学视频

教学反思是教师对课堂教学目标、过程与效果的主动回顾、分析与改进。它帮助教师跳出“执行者”角色，以研究者视角审视课堂：哪些设计真正激发了学生思考？哪些环节因时间分配不当导致低效？哪些隐性学情未被捕捉？

传统反思依赖教师经验，易受主观局限，而AI的介入能快速梳理庞杂信息（如学生答题数据、课堂互动记录），将零散问题转化为结构化改进方案，为教师提供“第二双眼睛”。

下面以使用通义生成一节语文课的教学反思为例，介绍具体的操作方法。

步骤01 在通义的“对话”页面中，❶上传包含课堂情况的文档；❷输入提示词；❸单击按钮，如图8-8所示。

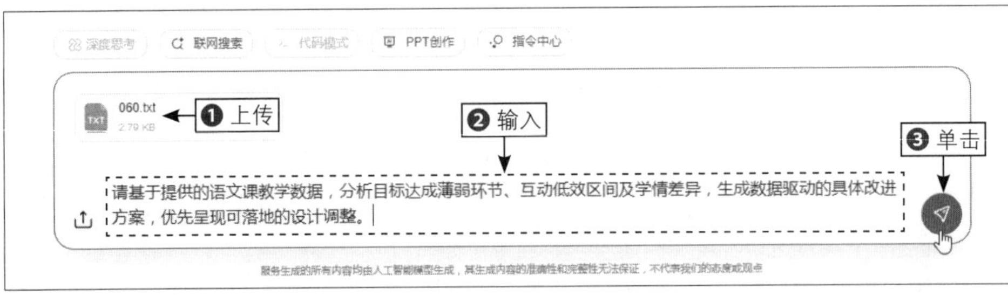

图 8-8　单击相应按钮

步骤02 执行操作后，即可发送提示词和文档，获得AI生成的教学反思，相关回复内容如下。

通义

根据语文课教学数据，我们可以分析出目标达成的薄弱环节、互动低效区间以及学情差异，并基于这些分析提出具体改进方案。

目标达成薄弱环节

1. 初读品析（比喻/拟人修辞鉴赏方法）

- 实际达成率62%，低于预设70%。

- 改进措施：增加实例练习，采用“发现—讨论—归纳”的方式强化学生对修辞手法的理解与运用能力，例如，在讲解时可以引入更多贴近生活的例子，并让学生分组进行讨论和展示。

2. 写作迁移（运用修辞描写季节片段）

- 实际达成率48%，远低于预设60%。

- 改进措施：在写作前提供更多的支架式支持，如句式模板或关键词提示，帮助后进生克服畏难情绪；同时，可考虑延长写作时间，确保每位学生都有足够的时间完成作品并进行初步润色。

……

061　用 AI 设计个性化作业

扫码看教学视频

个性化作业是指根据课程内容和学生特点，设计形式多样、路径灵活的课后任务。与传统“一刀切”的作业不同，它通过改变作业载体（如视频、游戏和实验）、互动方式（如个人创作、小组协作）和思维维度（如记忆、应用和创造），帮助学生从不同角度理解知识。

例如，在学习古诗词时，传统作业可能要求背诵默写，而个性化作业可设计为“为诗句配插画”或“改编成现代短剧脚本”。这种设计不仅能降低学生的重复感，还能让抽象知识具象化，激发深度学习。

AI技术为个性化作业设计开辟了新路径。教师输入核心知识点后，AI能自动生成适配多种载体的作业方案。教师无须从零构思，只需在AI提供的创意框架中选择优化，不仅能大幅提升备课效率，还让作业真正成了激发学生多元潜能的桥梁。用AI设计个性化作业的相关案例如下。

提示词

请你为初中生物的“光合作用”这个知识点设计3种非书面作业，需要包含实验、艺术和生活实践形式，符合课标能量转化核心概念。

通义

非书面作业设计：光合作用

1. 实验作业：制作简易的光合作用演示装置

目标：通过动手实验，直观了解光合作用的过程及其对环境的影响。

- 材料准备：透明塑料瓶、水草（如金鱼藻）、小鱼、碳酸氢钠（作为二氧化碳来源）、光源（可以是自然光或强光灯）。
- 步骤：

① 在透明塑料瓶中加入适量的水和少量的碳酸氢钠，并放入一些新鲜的水草；

② 将一条小鱼放入瓶子中，确保小鱼能自由游动且不会伤害到水草；

③ 将瓶子放置在稳定的光源下，观察一段时间内水草释放氧气泡的现象。

……

062　用AI生成班主任工作总结

扫码看教学视频

班主任工作总结是对一学期或一学年班级管理、德育活动和学生成长等工作的系统性梳理与反思。它不仅是教师对自身教育实践的记录，更是提炼经验、发现问题和优化方法的重要工具。通过总结，教师能清晰呈现班级建设成果，也能为后续工作提供方向。此外，总结也是学校考核、家长沟通的重要依据，帮助外界直观了解班级发展动态。

用AI生成班主任工作总结的核心价值在于提升效率与优化逻辑。教师日常需要处理大量琐碎数据，而AI可以快速整合信息，并生成结构化文本框架，节省70%以上的文档撰写时间。

例如，输入“本学期班级纪律问题及解决措施”，AI能自动归纳高频事件（如迟到、课堂纪律等），并生成原因分析与改进建议初稿。此外，AI提供的标准化模板（如德育活动总结的“目标—过程—效果”结构），能帮助新教师快速掌握总结规范，避免遗漏关键模块。用AI生成班主任工作总结的相关案例如下。

提示词

请生成初二（3）班班主任工作总结，班级共48人。本学期重点推进“自主管理”德育活动，突出案例：1. 陈某（通过“学习伙伴”结对监督，从作业缺交10次降至1次）；2. 班级创立“今日我当家”轮岗制度来管理午休纪律，作业完成率提升35%，课堂专注度评分提高20%。结尾补充教师对“信任与放手”的实践反思，语言避免刻板，体现师生互动细节。

通义

初二（3）班班主任工作总结

随着本学期的结束，回顾与初二（3）班48名学生共同度过的这段时光，心中充满了感慨与欣慰。在本学期中，我们重点推进了“自主管理”德育活动，旨在通过培养学生的自我管理能力，促进他们全面发展。

自主管理：实践中的成长

本学期的一大亮点是“自主管理”理念的深入实施。通过一系列精心设计的活动和制度，学生们不仅学会了如何管理自己，还在相互帮助中增强了班级凝聚力。这里特别提到两个案例。

1. 陈某的进步

陈某同学在学期初存在作业缺交的问题，累计缺交次数达到了10次。为了帮助他改善这一情况，我们采取了“学习伙伴”结对监督的方法，为陈某安排了一位责任心强的同学作为他的学习伙伴。经过一学期的努力，陈某的作业缺交次数显著减少，仅剩1次未按时提交。这不仅是对他个人努力的认可，也是对他学习伙伴积极支持的肯定。

……

063　用 AI 生成通知

扫码看教学视频

在教育工作中，教师几乎每天都需要通过各类通知与家长、学生或同事保持沟通。常见的通知包括日常教学安排调整、活动邀请、紧急情况通报以及阶段性反馈。这些通知往往需要兼顾时效性与准确性，尤其在处理紧急事务时，教师需要在短时间内完成信息梳理与表述，同时确保格式规范、措辞得体。

传统的手动撰写方式常因内容繁复而消耗教师大量精力，而AI的引入为这一流程提供了新的解决方案。AI能够快速生成符合场景需求的初稿，例如输入“写一份运动会通知，说明时间、地点、携带物品和注意事项”，系统即可自动输出结构完整的文本。这不仅避免了从零开始的烦琐构思，还能通过预设模板确保格式统一。

对于需要双语或多语言通知的场合（如国际学校或外籍家长群体），AI的翻译功能可以减少人工翻译的时间成本。此外，AI能够灵活调整语气，根据通知类型切换正式或亲切的风格，帮助教师在紧急情况下迅速完成信息传递，将更多精力投入教学核心工作中。用AI生成通知的相关案例如下。

提示词

生成一份关于下周家长会的通知，包含时间（12月22日19:00）、地点（学校礼堂）、议程（学期总结、学习建议），语气正式且友好，结尾附上联系方式（123456789）。

通义

尊敬的家长：
您好！
随着本学期进程的推进，为了加强家校之间的沟通与合作，共同促进孩子们的成长与发展，我校诚挚地邀请您参加即将举行的家长会。具体详情如下。
家长会时间：12月22日19:00
地点：学校礼堂
议程：
- 学期总结：回顾本学期以来的教学成果和学生表现。
……

不过，教师在用AI生成通知时需要注意内容的针对性和细节的完善。AI生成的内容可能过于模板化，缺乏具体场景的细节，例如学校特有的政策、活动安排的具体时间地点等。教师需要根据实际情况补充这些关键信息，并对语气进行调整，避免机械化表达。

064　用 AI 生成活动策划方案

扫码看教学视频

在教育实践中，教师需要策划的活动类型多样且复杂。从日常的班级主题活动到校级大型项目，教师既要设计贴合学生认知的趣味环节，又要兼顾教育目标的落实。

在传统策划中，教师需耗费大量时间查阅资料、设计流程和协调资源，而借助AI，这一过程正悄然改变。AI生成活动策划方案的核心优势在于“效率”与“创意”的双重提升。教师只需输入活动类型、学生年龄和时长等基础信息，AI即可快速生成包含主题设计、环节安排和道具清单的完整框架。

例如，一位班主任需要策划“传统文化主题班会”，AI不仅能推荐汉服体验、诗词接龙等环节，还能结合学生年龄调整难度——为小学生设计剪纸互动，为中学生融入辩论环节。此外，AI能整合跨学科资源，甚至自动生成预算表和风险评估提示，帮助教师从琐碎事务中抽身，专注教育内核的打磨。用AI生成活动策划方案的相关案例如下。

提示词

为初中二年级设计一场“时间管理”主题的会议，时长为45分钟，重点引导学生理解“优先级划分”，避免说教式灌输，需要包含：1. 贴近生活的案例分析（如作业拖延现象）；2. 5分钟互动游戏（道具简单，无需电子设备）；3. 学生自主制订一周计划表；4. 课后实践任务（如记录每日时间分配）。

通义

时间管理主题会议设计方案（初中二年级）
会议主题：学习时间管理，掌握优先级划分
会议时长：45分钟
参与人员：初二全体学生
一、导入与案例分析（10分钟）
目标
- 引出时间管理和优先级划分的重要性。
活动内容
- 开场提问：“同学们，在完成作业的时候，有没有过因为拖拉而导致任务堆积的经历呢？”引导学生分享自己的经历。
……

065　用 AI 生成学生问题分析报告

学生问题分析报告是基于学生学习行为、知识掌握程度及心理状态等数据，通过系统性分析形成的诊断性文档。它不同于传统经验式评价，而是借助多维度数据客观呈现学生个体或群体的学习特征。

扫码看教学视频

学生问题分析报告的核心价值在于，将碎片化信息转化为结构化洞察，帮助教师从海量数据中快速定位问题本质，例如“某生在几何证明题中频繁跳步的思维习惯”，或“班级整体在函数应用题上的迁移能力薄弱”等具体症结，为差异化教学提供抓手。

用AI生成此类报告的优势在于“深度”与“效率”的平衡。AI能快速解析复杂数据间的隐性关联，并生成个性化改进建议，让教师从重复性统计工作中解放。同时，AI可识别人类易忽略的长期趋势，从而在早期介入干预。这种技术赋能不仅提升了教学决策的科学性，更让教师能将精力集中于更具创造性的育人环节。

下面以使用通义生成一份学生问题分析报告为例，介绍具体的操作方法。

步骤01 在通义的“对话”页面中，❶上传包含学生情况的文档；❷输入提示词；❸单击按钮，如图8-9所示。

图 8-9　单击相应按钮

步骤02 执行操作后，即可发送提示词和文档，获得AI生成的学生问题分析报告，相关回复内容如下。

通义

学生问题分析报告——张伟
基本信息
- 姓名：张伟
- 年级：高一
- 性别：男
学习行为分析
1. 课堂参与度
得分4（满分5），表明张伟在课堂上表现较为积极，能够主动参与到课堂讨论和活动中。
……

第 9 章

17 个学生赋能 AI 应用技巧：助力学习成长

技术进步正重塑学习方式，AI逐渐成为学生探索知识的新工具。本章梳理17项实用AI应用技巧，通过案例与方法结合，展现AI如何辅助知识内化、激发创作潜能和优化学习路径，帮助学生在自主探索中提升效率，构建更灵活、多维的认知体系。

066　用AI解答语法问题

扫码看教学视频

语法问题是语言学习中的核心障碍，涵盖词类辨析、句子结构、时态语态、固定搭配及标点符号使用等规则。例如，英语中主谓一致、介词误用和虚拟语气错误，中文的“的得地”区分、语序逻辑混乱等，均是常见难题。这些规则复杂且存在大量例外情况，传统教学中即使教师反复讲解，学生仍易因缺乏即时反馈而陷入困惑。

用AI解答语法问题能显著提升学习效率。借助自然语言处理技术，AI可以实时解析句子结构、标注错误类型并提供修正建议，同时结合语境推荐恰当表达。并且，学生可以随时提问，AI会根据学生水平调整解释深度，并通过海量语料库对比生成多样化例句，帮助学生理解抽象规则，激发他们的自主学习兴趣。

下面以使用豆包解答语法问题为例，介绍具体的操作方法。

步骤01 登录并进入豆包的对话页面，❶在输入框中输入提示词；❷单击“发送”按钮，如图9-1所示。

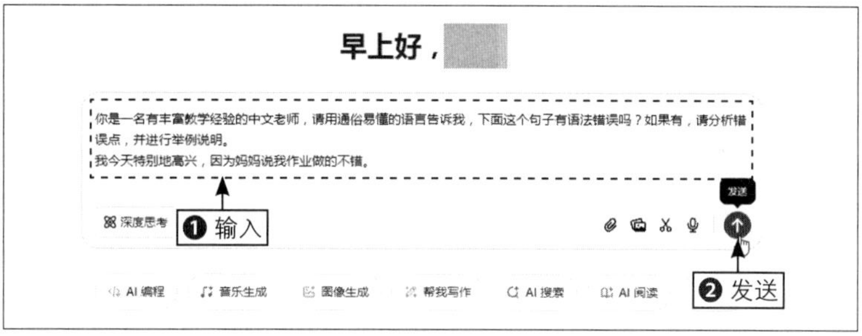

图9-1　输入并发送提示词

步骤02 执行操作后，即可发送提示词，获得AI的解答，相关回复内容如下。

豆包

> 这个句子存在语法错误。
> 错误点：“我今天特别地高兴”中“地”使用错误，“高兴”在这里是形容词，“特别”是用来修饰“高兴”的程度副词，副词修饰形容词时中间应用“的”而不是“地”，所以应是“我今天特别的高兴”；“因为妈妈说我作业做的不错”中“做的”使用错误，“做”是动词，“不错”是对“做”这个动作的补充说明，动词后面用“得”来连接补充说明的成分，所以应是“因为妈妈说我作业做得不错”。
> 举例说明：

1. 对于“的”用于副词修饰形容词的情况，比如“他非常的聪明”，“非常”是副词，“聪明”是形容词，中间用“的”。
2. 对于“得”用于动词和补充说明成分之间的情况，比如“他跑得上气不接下气”，“跑”是动词，“上气不接下气”是对“跑”这个动作状态的补充说明，中间用“得”。
修改后的句子为：我今天特别的高兴，因为妈妈说我作业做得不错。

067　用AI解释公式与定律

扫码看教学视频

公式与定律是自然科学与数学领域的核心知识，通常以简洁的符号或语言描述现象间的定量关系或普适规律。例如，牛顿运动定律揭示了力与物体运动的关系，欧姆定律定义了电流、电压与电阻的联系，而质能方程则展现了质量与能量的等价性。这些抽象表达是学科体系的基石，但因其高度凝练的特性，学生在理解时往往面临困难，尤其是如何将符号转化为实际场景的认知。

AI通过个性化解析与多模态呈现，显著降低了公式与定律的学习门槛。首先，AI能根据学生的知识水平动态调整解释方式，如用生活类比简化复杂概念。其次，AI支持即时互动，学生可反复提问直至透彻理解，避免了传统课堂的反馈延迟。此外，AI还能关联跨学科案例，增强知识的应用性。用AI解释公式与定律的相关案例如下。

提示词

请用日常生活中的例子解释牛顿第二定律（F=ma），并说明质量、加速度与力的关系。

豆包

牛顿第二定律（F=ma）描述了力、质量和加速度之间的定量关系。以下用日常生活中推车的例子来解释。
力与加速度的关系
假设你要推一辆静止的购物车，你用较小的力去推，购物车可能移动得很慢，加速度较小；当你用更大的力去推时，购物车会加速得更快，运动状态改变得更明显，加速度就更大。这说明在质量不变的情况下，力越大，产生的加速度越大，力与加速度成正比关系。比如，你轻轻推一下购物车，它可能每秒速度增加0.5米/秒；当你用力推时，它每秒速度可能增加1米/秒。
质量与加速度的关系
如果购物车里没有东西，质量较小，你用一定的力去推，购物车很容易加速移动；但如果购物车里装满了重物，质量变大，你用同样的力去推，购物车就很难加速，移动得比较缓慢，加速度变小。这表明在力一定的情况下，质量越大，加速度越小，质量与加速度成反比关系。就像空的购物车，你能轻松让它加速前进；而装满东西的购物车，你需要花费更大的力气才能让它达到相同的加速效果。
……

068 用 AI 推荐学习资源

扫码看教学视频

学习资源是支持学生获取知识和提升能力的工具与内容，包括传统教材、在线课程、视频讲座、题库、学术论文和案例库等。随着数字化发展，学习资源的形式更加多样化，例如互动式模拟实验、智能题库和个性化学习路径等。

用AI推荐学习资源的核心优势在于个性化与精准化。通过分析学生的知识水平、学习目标、兴趣偏好和历史学习数据，AI可以动态调整推荐策略，避免“一刀切”的资源匹配。此外，AI可以实时更新资源库，确保内容的时效性和权威性，减少学生筛选信息的时间成本。用AI推荐学习资源的相关案例如下。

提示词

我是一名初中生，数学应用题得分低，尤其是行程问题和工程问题，经常理不清数量关系。请推荐能帮助我进行针对性练习的互动型学习资源。

豆包

以下是一些能帮助初中生针对行程问题和工程问题进行互动型学习的资源。
1. GeoGebra
资源特点：这是一个免费的数学学习平台，拥有超过一百万种免费互动资源，涵盖各类数学主题，其“数学练习”工具能让学生在解决代数问题时获得即时提示和反馈，有助于建立解决问题的信心。
使用方法：你可以在GeoGebra网站上通过数学主题地图或搜索栏，搜索“行程问题”“工程问题”相关的活动资源，这些资源可能包括动态演示行程过程的小程序、工程问题中工作效率变化的互动模型，以及配套的问题和练习，帮助你直观理解数量关系。
2. Maple Learn
资源特点：这是一个专为高中到大学二年级设计的交互式在线学习环境，它不仅是一个图形计算器，还能提供完整的解题步骤，设置交互式图表和表达式，帮助学生理解概念。
使用方法：在Maple Learn中，教师会创建与课程相关的资源，你可以通过访问这些资源，找到关于行程问题和工程问题的例题、作业及交互式探索实例，例如，通过滑动条控件改变行程问题中的速度、时间等参数，观察图形和结果的实时变化，从而更好地理解数量关系。
……

069　用 AI 生成测验题目

扫码看教学视频

测验题目是检测知识掌握程度的重要工具，通常以问答形式呈现，涵盖对知识点理解、应用能力及思维逻辑等多个维度的考察。通过解答题目，学生能快速定位知识盲区，针对性强化薄弱环节；教师也能借助题目评估教学效果，调整授课策略。优质的测验题目不仅巩固课堂所学，更能培养学生举一反三的解题能力，为深度学习打下基础。

AI能根据学生输入的知识点或错题记录，快速生成个性化题目，节省他们手动找题的时间。其次，AI能够灵活调整题型（如选择、填空、简答）与难度，匹配不同的学习需求。此外，AI支持即时批改与解析反馈，帮助学生理解错误根源。这种高效、精准的测验题目生成方式，尤其适合学生自主查漏补缺，实现“哪里不会练哪里”。

下面以使用豆包生成物理题目为例，介绍具体的操作方法。

步骤01 进入豆包的对话页面，❶在输入框中输入提示词；❷单击“发送”按钮，如图9-2所示。

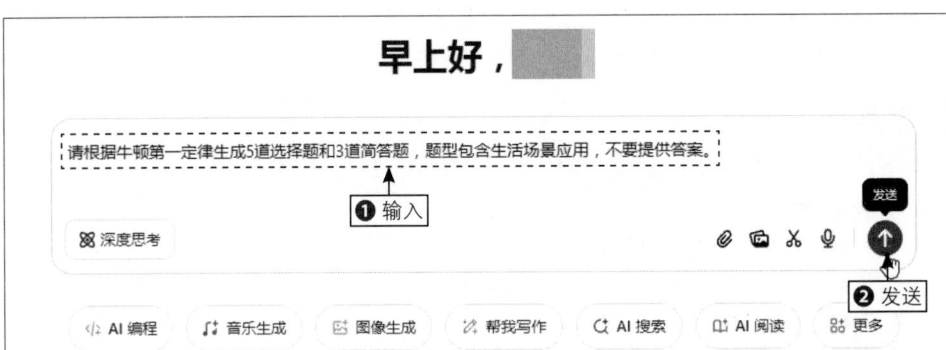

图 9-2　输入并发送提示词

步骤02 执行操作后，即可发送提示词，豆包会自动生成一个包含选择题和简答题的文档，并将文档内容显示在页面右侧，如图9-3所示。

步骤03 单击文档内容右上角的“下载”按钮，如图9-4所示。

步骤04 在弹出的列表框中，选择“Word”选项，如图9-5所示，即可将生成的文档以.docx的格式下载到本地文件夹中。

步骤05 如果大家想通过对话的形式获取题目，并与AI进行后续交流，可以在页面左侧单击“改用对话直接回答”按钮，如图9-6所示。

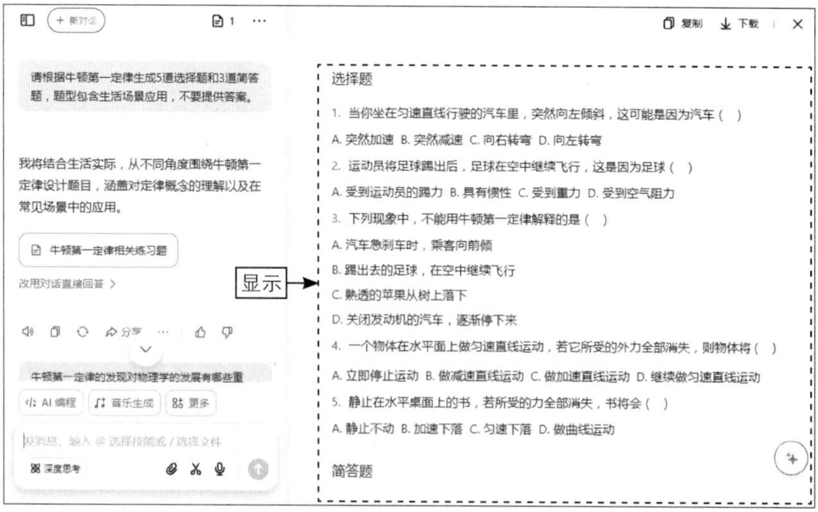

图 9-3　文档内容显示在页面右侧

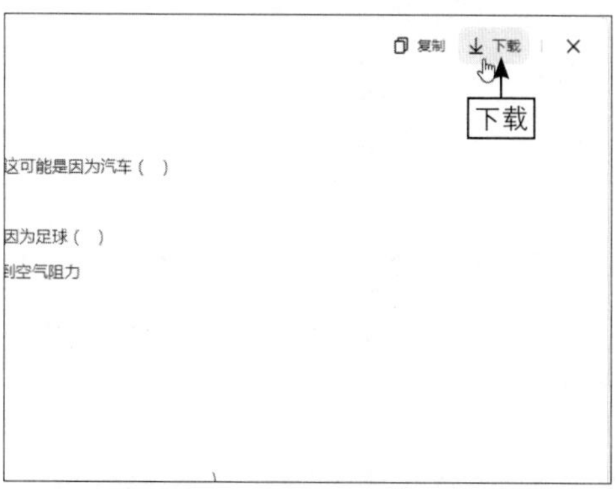

图 9-4　单击“下载”按钮

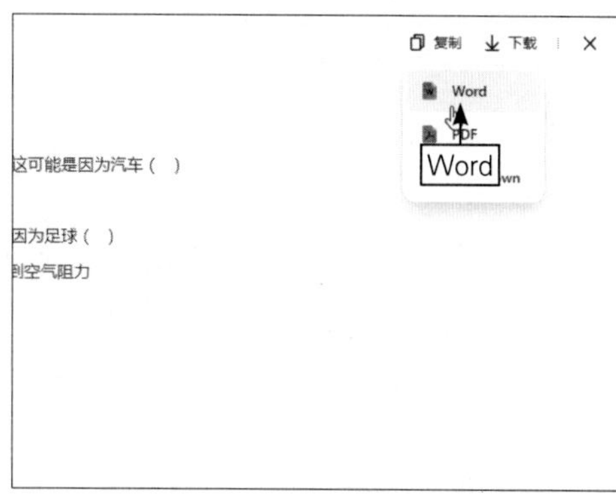

图 9-5　选择“Word”选项

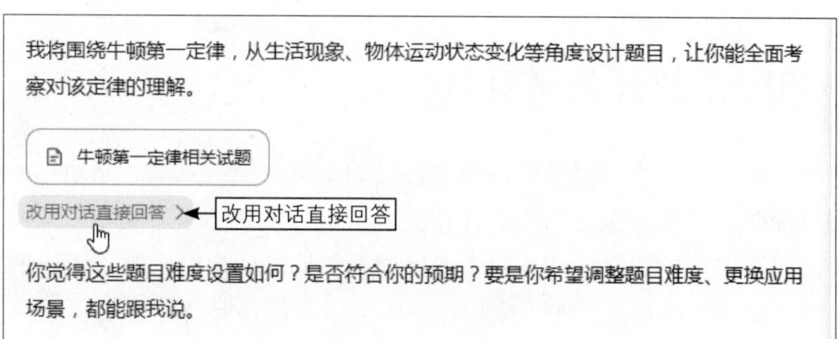

图 9-6　单击“改用对话直接回答”按钮

步骤06 执行操作后，即可退出文档内容的显示页面，返回对话页面，AI会根据提示词重新生成题目，相应回复内容如下。

豆包

我将紧扣牛顿第一定律，从生活场景、理论概念等角度为你生成题目。选择题主要考查对定律在不同场景下的理解，简答题则侧重对定律内容及应用的深度阐述。

选择题

1. 当你坐在匀速行驶的汽车里，突然汽车急刹车，你会向前倾，这是因为（ ）

A. 汽车有惯性 B. 人有惯性 C. 刹车时汽车对人有向前的力 D. 以上说法都不对

2. 一个物体在光滑水平面上做匀速直线运动，如果它受到一个与运动方向相反的力作用，那么这个物体将（ ）

A. 立即停止运动 B. 继续做匀速直线运动 C. 速度逐渐减小 D. 速度先减小后增大

3. 运动员将足球踢出后，足球在空中飞行，此时足球（ ）

A. 受到脚的踢力和重力 B. 只受到重力 C. 不受任何力 D. 受到重力和空气阻力

4. 下列生活实例中，属于利用惯性的是（ ）

A. 汽车驾驶员系安全带 B. 汽车转弯时减速慢行 C. 跳远运动员起跳前助跑 D. 汽车在雨雪天行驶时安装防滑链

……

☆ 专 家 提 醒 ☆

在使用豆包时，当大家的提问需要进行详细、系统的阐述，比如创作文章、报告和策划案等，或者要求对内容进行结构化、格式化的呈现时，AI首先会以生成文档的形式尽量有条理地输出内容，让大家更清晰地获取信息。

而当大家的问题比较简单，例如询问某个具体的知识点、词语解释或进行简单的交流互动等，AI会直接以较为简洁的回复形式来解答大家的疑问，这样可以更高效地满足大家的需求，并快速提供相应的答案。

070 用AI制订备考计划

扫码看教学视频

备考计划是为达成特定考试目标而设计的系统性学习方案。它通过合理分配时间、明确学习任务、优化复习节奏，帮助学生避免盲目学习，提高知识掌握效率。科学的备考计划不仅能梳理知识框架，还能平衡各科复习进度，减少考前焦虑，为考生提供清晰的学习路径和阶段成果反馈。

利用AI制订备考计划具有显著优势。AI能快速分析学生的学科基础、错题数据和可用时间，精准识别知识薄弱环节，自动生成个性化复习方案。算法可动态调整计划进度，智能匹配最佳学习时段，并通过推送提醒和模拟测试强化记忆。相比传统方式，AI计划更注重数据驱动，既能节省规划时间，又能提升备考计划的科学性。

下面以使用豆包生成数学期末备考计划为例，介绍具体的操作方法。

步骤 01 进入豆包的对话页面，❶在输入框中输入提示词；❷单击“发送”按钮⬆，如图9-7所示。

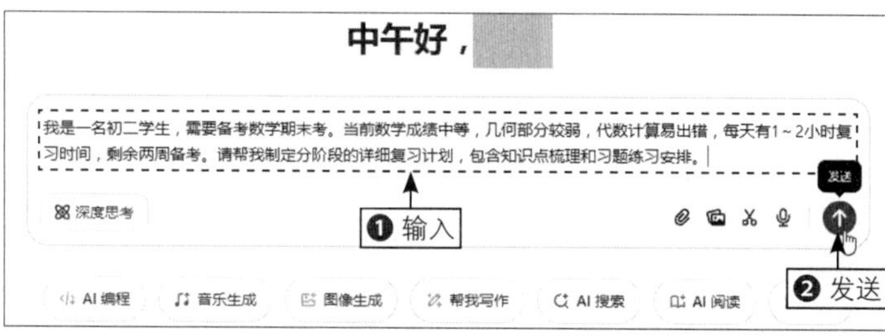

图 9-7　输入并发送提示词

步骤 02 执行操作后，即可发送提示词，豆包会自动生成一个复习计划文档，并将文档内容显示在页面右侧，如图9-8所示。

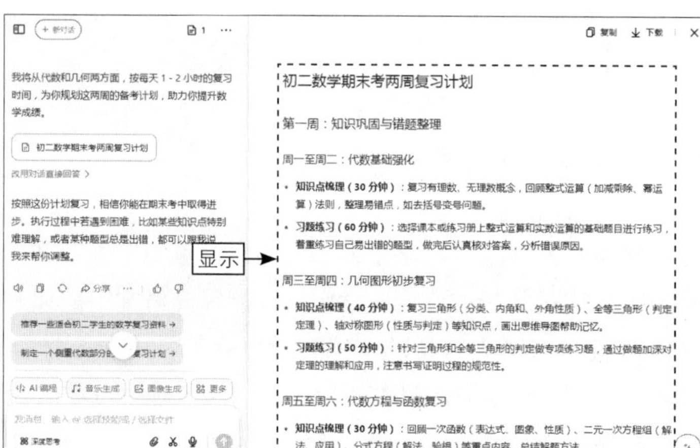

图 9-8　文档内容显示在页面右侧

☆ 专 家 提 醒 ☆

篇幅有限，在后面的案例中将以纯文字的形式展示豆包生成的文档内容。

步骤 03 单击页面右上角的“复制”按钮，如图 9-9 所示，即可复制文档内容。

步骤 04 单击页面左侧对话中的“复制”按钮⧉，如图9-10所示，即可将AI

的回复和文档内容一起复制，大家可以根据自己的需求，选择合适的复制方式。

步骤05 在页面的右上方，❶单击“下载”按钮；❷在弹出的列表框中，选择“PDF”选项，如图9-11所示，即可将文件以.pdf的格式下载到本地文件夹中。

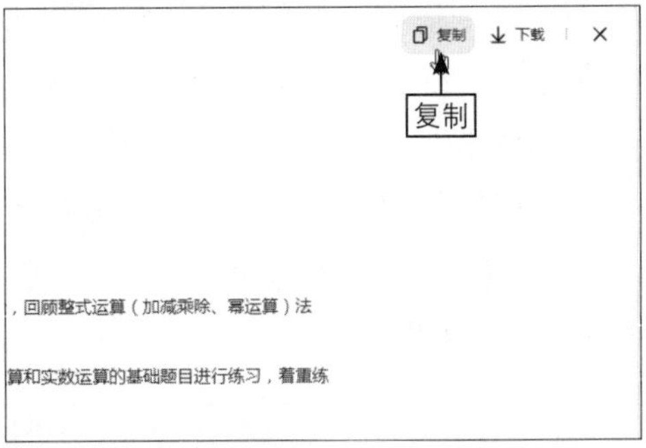

图 9-9　单击“复制”按钮（1）

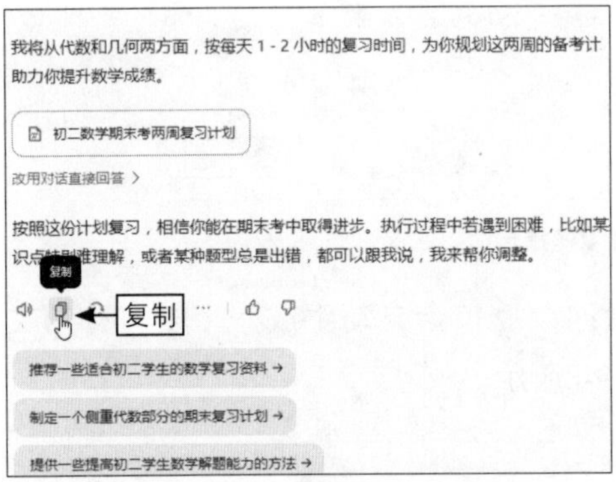

图 9-10　单击“复制”按钮（2）

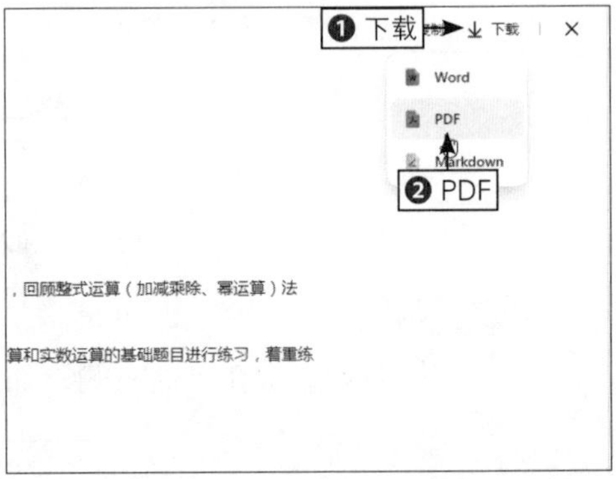

图 9-11　选择“PDF”选项

071　用 AI 赏析古诗词

扫码看教学视频

古诗词是中华文化的瑰宝，对学生的语言能力、审美素养和文化积淀具有深远影响。通过赏析古诗词，学生不仅能提升对文字韵律和意象的感知力，还能理解诗人寄托的情感和历史背景，培养思辨能力和人文情怀。在语文学习中，诗词鉴赏是考试的重要题型，深入理解诗歌内涵有助于提高答题准确率，同时激发学生对传统文化的热爱，为终身学习奠定基础。

AI技术为古诗词赏析提供了全新路径。借助AI，学生可以快速获取诗歌的创作背景、意象解析和情感脉络等多维度解读，突破传统课堂的时空限制。AI还能通过个性化推荐和互动问答，帮助学生针对薄弱点进行深入学习，例如对比不同诗人的风格或拆解艺术手法。

另外，学生还可以将自己仿写的诗词提供给AI，让其进行赏析，从而直观地检验自己对诗词韵律、意象的掌握程度。AI的即时反馈可精准指出用词偏差或结构漏洞，帮助学生针对性调整创作，深化对古诗技法的理解，同时激发修改兴趣，在实践与迭代中提升鉴赏与创作双向能力。

下面以使用豆包进行古诗词和仿作赏析为例，介绍具体的操作方法。

步骤01 在豆包中输入并发送提示词，即可获得AI对《山居秋暝》的赏析，相关提示词和回复内容如下。

提示词

请从意象选取、情感表达和艺术手法这3个方面，赏析王维的《山居秋暝》，要求语言通俗易懂，适合中学生理解。

豆包

《山居秋暝》是王维的经典诗作，以下从意象选取、情感表达和艺术手法这3个方面进行赏析。

意象选取

诗中选取了许多富有诗意的意象。如“空山”，描绘出山中的静谧、空灵，给人一种清幽的感觉，仿佛远离尘世喧嚣。“新雨”点明了刚刚下过雨，让空气更加清新，也为整个画面增添了湿润的气息。“明月”照亮了松林，洒下清冷的光辉，营造出宁静的氛围。“清泉”在山石上流淌，发出清脆的声响，以动衬静，更显山中的幽静。还有“竹喧”“莲动”，通过竹林中的喧闹声和荷叶的摆动，展现出生活的气息和活力。这些意象组合在一起，构成了一幅清新自然、充满诗意的山居秋景图。

情感表达

这首诗表达了诗人对山居生活的喜爱和对自然的向往之情。诗中描绘的清幽美景，如明月清泉、翠竹青莲，让人心旷神怡，反映出诗人对这种宁静、纯净生活的追求。同时，“随意春芳歇，王孙自可留”一句，更是直接表明了诗人愿意留在这山中，远离世俗纷扰，享受自然之美的心境，体现出他对隐居生活的满足和惬意。

艺术手法

- 动静结合：诗中既有“明月松间照”这样的静态描写，描绘出明月洒在松林间的宁静画面；又有“清泉石上流”“竹喧归浣女，莲动下渔舟”等动态描写，清泉流淌、竹林喧闹、荷叶晃动，使整个画面充满生机与活力。动静相互映衬，让诗歌更富有感染力。

……

步骤02 在同一个对话页面中，继续输入并发送提示词，即可获得AI对学生仿写作品的赏析，相关提示词和回复内容如下。

提示词

我仿照王维的风格和《山居秋暝》的格式也写了一首诗，请你从意象选取、情感表达和艺术手法这3个方面进行赏析。

《花居春晓》
径畔繁英映晓晖，风摇香影入帘帏。
蝶迷嫩蕊翩翩舞，蜂绕新枝款款飞。
露润娇容添秀色，霞披艳朵映清机。
花前且忘尘间事，静赏韶光意不归。

豆包

1. 意象选取
诗中选取了“径畔繁英”描绘出小径旁繁花似锦的画面，让读者仿佛置身于花的世界；“风摇香影”将花朵在风中摇曳、香气飘散的姿态展现出来；“蝶迷嫩蕊”“蜂绕新枝”通过蝴蝶、蜜蜂围绕着花蕊和新枝飞舞，生动呈现出春天繁花盛开吸引昆虫的热闹景象；“露润娇容”“霞披艳朵”则用露珠滋润花朵、霞光映照花瓣，增添了花朵的娇艳与美感，这些意象组合构建出一幅充满生机与活力的花居春晓图。
2. 情感表达
诗人通过“花前且忘尘间事，静赏韶光意不归”直接抒发了在繁花前忘却尘世烦恼，沉浸于美好春光不愿离去的悠然自得之情，流露出对宁静、美好自然生活的向往和热爱，享受当下美好时光，远离尘嚣的心境。
3. 艺术手法
诗人首先运用了动静结合，“径畔繁英映晓晖”是静态描写，展现春日清晨花朵在阳光映照下的静态美，而“风摇香影”“蝶迷嫩蕊翩翩舞，蜂绕新枝款款飞”是动态描写，风的摇动、蝶蜂的飞舞让画面灵动起来，动静相辅相成。其次是视听结合，从视觉上呈现繁花、香影、蝶蜂、露润花朵、霞披艳朵等色彩鲜明的画面，同时“风摇”“翩翩舞”“款款飞”等词也能让读者仿佛听到风声、蝶蜂飞舞的声音，增强了感染力。此外，借景抒情贯穿全诗，借花居春晓的美景，抒发自己内心对自然的喜爱以及远离尘世的闲适之情。

072　用AI指导调研报告

扫码看教学视频

调研报告是通过系统收集、分析数据，形成结论并提出建议的书面文档。它广泛应用于学术研究、商业决策和社会问题探讨等领域，能够帮助学生培养信息整合、逻辑推理和批判性思维能力。撰写调研报告不仅能提升学生对课题的深度理解，还能锻炼其结构化表达与解决问题的能力，为学术成果展示或实际项目推进提供扎实依据。

AI可以为学生提供高效的调研支持：一是快速梳理庞杂信息，提炼核心观点；二是优化报告框架，避免结构松散或逻辑漏洞；三是推荐科学的数据分析方法，降低技术门槛。此外，AI能通过模拟提问帮助学生查漏补缺，节省反复修改的时间。但需注意，AI仅作为辅助工具，真实数据采集与独立思考仍是调研的核心。

用AI指导调研报告的相关案例如下。

提示词

我要写一份关于校园垃圾分类实施情况的调研报告，但不知道该从哪里开始，请你提供一些步骤建议。

豆包

撰写校园垃圾分类实施情况调研报告，可先明确调研目的与范围，接着设计问卷、访谈提纲等收集数据，再整理分析数据，最后依据结果撰写报告。下面为你详细介绍具体步骤。

1. 确定调研目的与范围

明确调研目的：清晰阐述开展此次校园垃圾分类实施情况调研想要达成的目标。比如，是为了了解校园垃圾分类的执行效果，找出存在的问题以提升后续工作成效；还是评估师生对垃圾分类政策的知晓度和参与度，为推广相关教育活动提供依据等。例如，"本次调研旨在全面了解校园垃圾分类设施投放是否合理，以及师生在日常学习生活中对垃圾分类的实际操作情况，从而为学校优化垃圾分类管理提供数据支持"。

界定调研范围：确定调研涉及的校园区域，是整个学校的所有教学楼、宿舍、食堂，还是仅针对部分特定区域；明确调研涵盖的人群，包括全体师生，还是只针对学生群体或教师群体等。例如，"本次调研范围涵盖学校内所有教学区域、学生宿舍区以及食堂，调研对象为全体在校学生和教职员工"。

2. 设计调研方法

问卷调查法：精心设计问卷内容，涵盖师生对垃圾分类知识的掌握程度，如"以下哪些属于可回收垃圾（多选）"；日常垃圾分类行为，像"您在宿舍会将不同垃圾分开投放吗？A. 总是 B. 经常 C. 偶尔 D. 从不"；对校园垃圾分类设施的看法，比如"您觉得学校垃圾桶的分布数量是否合理？A. 非常合理 B. 比较合理 C. 不合理 D. 非常不合理"等方面。通过线上问卷平台（如问卷星）和线下纸质问卷相结合的方式，向不同年级、专业的师生发放，确保样本的广泛性和代表性。

……

073　用 AI 生成实验报告选题

扫码看教学视频

实验报告选题是学生在科研或实践课程中确定研究方向的核心环节，它决定了实验设计的创新性、可行性及学术价值。一个优质的选题需结合学科前沿领域、实际需求与个人能力，既能激发学生探索兴趣，又能培养其解决问题的能力与批判性思维。

AI技术通过大数据分析与自然语言处理，能够快速梳理学科热点、挖掘研究空白，并为学生提供定制化选题建议。例如，基于教育领域的公开论文、政策文件及实践案例，AI可以识别出技术应用中的痛点，进而生成兼具理论深度与实践价值的选题方向。

此外，AI还能结合学生的知识水平与兴趣偏好，推荐难度适中的选题，避免传统选题过程中“盲目跟风”或“脱离实际”的弊端。用AI生成实验报告选题的相关案例如下。

提示词

请生成5个与“AI技术在教育实验中的应用”相关的实验报告选题，要求聚焦具体技术（如机器学习、自然语言处理）与教育场景（如课堂管理、学习效果评估），体现创新性和可操作性。

豆包

我将围绕AI技术在教育实验中的应用，从机器学习、自然语言处理等具体技术，结合课堂管理、学习效果评估等教育场景，为你生成5个兼具创新性与可操作性的实验报告选题。

1. 基于机器学习算法的课堂行为分析系统对课堂管理效能提升的实验研究

利用机器学习技术构建课堂行为分析系统，通过对学生课堂上的表情、动作、语言等多模态数据进行分析，实时识别学生的学习状态（如专注、分心、积极参与等），探究该系统在辅助教师优化课堂管理、及时调整教学策略方面的有效性及创新应用。

2. 自然语言处理技术用于在线课程学习效果评估的实验探索

运用自然语言处理技术对学生在在线课程讨论区、作业提交、问答环节中的文本数据进行分析，提取关键信息并构建评估模型，以此精准评估学生的学习效果。对比传统评估方式，验证自然语言处理技术在学习效果评估的客观性、全面性和及时性上的优势及创新性应用。

3. 机器学习驱动的个性化学习路径推荐在课外辅导中的应用实验

借助机器学习算法，依据学生的学习成绩、学习习惯、知识掌握程度等多维度数据，为学生量身定制个性化的课外辅导学习路径。通过实验观察采用个性化学习路径推荐的学生与传统辅导模式下学生在学习进步幅度、学习兴趣提升等方面的差异，验证该技术在课外辅导场景中的创新价值与可操作性。

……

074 用 AI 生成论文选题与大纲

扫码看教学视频

论文选题是学术研究的起点，它决定了研究方向的核心问题与价值边界；而大纲则是论文的骨架，通过逻辑分明的章节规划，确保研究内容的结构性与系统性。选题需要兼顾创新性、可行性及学术价值，而大纲则需体现问题的递进分析、论证的层次性以及结论的推导路径。两者的合理策划能帮助学生明确研究目标、提升写作效率，避免内容冗余或偏离主题。

AI可以通过大数据分析，结合教育领域的趋势（如“AI赋能教育公平”）、学科热点或跨学科融合点快速生成选题方向；同时，AI能根据关键词自动构建大纲框架，节省学生前期调研的时间。

但是AI生成的选题需要学生结合自身能力与资源进行可行性评估，避免主题过于空泛或技术门槛过高；而且大纲设计还需要人工补充细节逻辑，防止内容机械堆砌或缺乏连贯性。

下面以使用豆包生成论文选题与大纲为例，介绍具体的操作方法。

步骤01 在豆包中输入并发送提示词，即可获得AI生成的论文选题，相关提示词和回复内容如下。

提示词

请帮我生成10个关于“如何借助AI技术提升中学生数学学习效率”的论文选题，要求选题具有实践应用价值，且避免重复性研究方向。

豆包

我将从AI助力数学解题、个性化学习、教学资源整合等不同实践角度，为你生成10个有价值的论文选题，确保不重复且实用性强。

1. 基于AI智能辅导系统的中学数学分层教学实践研究
2. 运用AI算法优化中学数学作业布置与反馈机制
3. AI驱动的数学虚拟实验室对中学生实践能力提升研究
4. 借助AI图像识别技术辅助中学几何学习的策略探索
5. 利用AI语音交互工具促进中学生数学概念理解的实证分析
6. AI个性化学习路径在中学数学薄弱环节强化中的应用
7. 基于AI大数据分析的中学数学错题管理与复习策略
8. 融合AI技术的中学数学游戏化学习模式构建与实践
9. AI智能批改在中学数学主观题评价中的应用及影响
10. 借助AI模拟场景提升中学生数学建模能力的研究

你看看这些选题是否符合你的预期？有没有哪一个选题你特别感兴趣，想让我进一步拓展相关研究方向和内容呢？

步骤02 在同一个对话页面中，继续输入并发送提示词，即可获得AI为第1个论文选题制订的大纲，相关提示词和回复内容如下。

提示词

请根据第1个选题制订论文大纲，要求包含5章框架和核心研究模块。

豆包

我将围绕AI智能辅导系统在中学数学分层教学中的实践展开，从理论基础、系统设计、教学实施等方面搭建大纲，突出核心研究内容。

基于AI智能辅导系统的中学数学分层教学实践研究论文大纲

第一章：绪论

1. 研究背景与意义

- 阐述AI技术发展趋势及中学数学教学面临的挑战
- 说明分层教学重要性及AI智能辅导系统带来的机遇

2. 国内外研究现状

- 梳理AI在教育领域应用现状
- 分析中学数学分层教学研究进展

……

075　用 AI 进行心理疏导

扫码看教学视频

青少年阶段的学生常面临学业压力、社交焦虑和自我认同困惑等心理问题，如升学竞争导致过度焦虑、人际关系矛盾引发孤独感，或对未来的迷茫产生自我怀疑。

然而，学生主动寻求心理疏导存在多重困难。首先，部分学生因担心被评价或误解而羞于求助；其次，学校心理咨询资源有限，难以覆盖所有需求；而且，传统咨询需要预约等待，无法即时响应情绪危机；此外，许多学生缺乏自我觉察能力，难以准确描述心理状态，进一步阻碍了有效干预。

AI技术为心理疏导提供了突破性解决方案。首先，AI工具（如聊天机器人）24小时在线，可提供即时情绪支持，避免因等待而加剧学生的焦虑。其次，匿名性消除了学生的心理负担，使其更愿意敞开心扉。此外，AI通过NLP技术分析情绪关键词，并基于大数据推荐科学疏导策略。

下面以使用豆包进行心理疏导为例，介绍具体的操作方法。

步骤 01 在豆包中输入并发送提示词，即可获得AI提供的改善方法，相关提示词和回复内容如下。

提示词

现在，请你充当一位心理咨询师，针对我的问题进行回复。
问题：最近考试压力特别大，晚上失眠，白天注意力不集中，我该怎么办？

豆包

同学你好呀，我非常理解你现在的感受，考试压力大很容易出现失眠和注意力不集中的情况呢。别担心，我们可以一起试试以下这些方法来改善现状。
应对失眠
- 调整作息时间：尽量保持规律的作息，每天在相同的时间上床睡觉和起床，即使是在周末也不要有太大的时间差异。比如，晚上10点半准备上床睡觉，早上6点半起床，让身体形成一个固定的生物钟，这样有助于提高睡眠质量。
- 营造良好的睡眠环境：让卧室保持安静、黑暗和凉爽。可以使用窗帘、眼罩和耳塞来阻挡光线和噪声，选择舒适的床垫和枕头，为自己创造一个舒适的睡眠空间，这能帮助你更快地进入睡眠状态。
- 睡前放松：在睡前1小时内，避免使用电子设备，因为电子屏幕发出的蓝光会抑制褪黑素的分泌，影响睡眠。可以尝试一些放松的活动，比如泡个热水澡，听一些舒缓的音乐，或者做一些简单的拉伸运动、冥想，这些都能帮助你放松身心，减轻压力，更容易入睡。
提高白天注意力
- 合理安排学习和休息时间：不要长时间连续学习，建议每学习40～50分钟，就休息10～15分钟。可以站起来活动一下身体，喝点水，看看远处，让大脑和眼睛得到放松，这样能提高后续学习的注意力和效率。
……

步骤02 在同一个对话页面中，继续输入并发送提示词，即可获得AI提供的疏导和方法，相关提示词和回复内容如下。

提示词

我白天看着课本，心里知道应该好好学习，但是脑子里总是想着其他东西，怎么办呢？

豆包

这是很常见的情况呀，在有压力的时候，大脑容易被各种杂念干扰。以下是一些可以帮助你专注于课本学习的方法。
- 尝试注意力训练：你可以进行一些简单的注意力训练练习，比如“冥想专注训练”。找一个安静的地方坐下，闭上眼睛，专注于自己的呼吸，当杂念出现时，不要刻意去驱赶它们，而是轻轻地将注意力拉回到呼吸上，每天练习10～15分钟，有助于提高注意力和专注力。还有“舒尔特方格训练”，在一张方形卡片上画上9×9的方格，将1～81的数字打乱顺序填入方格中，然后以最快的速度从1数到81，每天练习几分钟，也能有效提升注意力。
- 设置学习目标和奖励机制：将学习任务分解成一个个小目标，比如，在接下来的一个小时内，你要完成课本某一章节的阅读和笔记整理。当你完成一个小目标后，就给自己一个小奖励，比如吃一块喜欢的巧克力，或者听一首喜欢的歌，休息几分钟。这样可以让你在学习中有更多的动力和成就感，从而更容易集中注意力。
- 排除干扰因素：检查一下学习环境中是否有容易让你分心的东西，比如手机、电视、漫画书等，把这些东西都放在看不见的地方，或者直接关闭手机的网络和消息提醒，减少外界的干扰。如果周围环境比较嘈杂，可以选择去图书馆、自习室等安静的地方学习。
……

需要注意的是，尽管AI心理疏导具备便捷性和即时性，但其无法替代专业心理咨询的核心价值。毕竟，AI缺乏人类情感共鸣和临床经验，难以深度理解复杂心理创伤或人格障碍，亦无法通过非语言线索（如表情、肢体动作）精准评估情绪状态。

因此，学生需明确AI工具的定位——它是日常情绪管理的“缓冲垫”，而非根治心理疾病的“手术刀”。若症状持续两周以上或影响正常生活，务必通过学校心理教师、医院精神科等正规渠道寻求帮助，实现AI辅助与专业干预的协同治理。

076　用AI积累写作灵感

扫码看教学视频

学生在日常写作中常面临灵感枯竭的窘境，如考试作文主题模糊、议论文缺乏新颖论点，或创意故事卡在情节设计上。写作灵感不仅是内容的源泉，更是激发深度思考、提升表达感染力的关键。尤其在时间紧迫或思维固化时，灵感的缺失会直接影响文章质量，导致逻辑松散、观点平庸。因此，如何高效积累灵感并突破思维瓶颈，成为学生写作能力提升的重要课题。

AI工具能快速提供多维度的写作思路，帮助学生跳出惯性思维。其优势在于：一是高效生成多样化主题和视角，如议论文的争议性论点、记叙文的场景设定；二是整合跨学科知识，拓宽选题边界；三是通过关键词联想触发创意链条，例如从“环保”延伸至“科技伦理”“代际责任”等深度议题。用AI积累写作灵感的相关案例如下。

提示词

请从社会学角度推荐5个新颖的环保类议论文切入点，要求具备现实矛盾性和讨论价值。

豆包

从社会学角度出发，环保议题与社会结构、文化、行为等方面紧密相连。下面为你提供5个新颖的环保议论文切入点，它们从不同的社会现实矛盾出发，具有较强的讨论价值。

1. 消费文化与环保的冲突

现代消费文化倡导过度消费和快速更新，如快时尚行业，服装的快速更迭导致大量资源浪费与环境污染。但从社会层面看，消费文化又是拉动经济增长、提供就业的重要力量。如何在刺激经济发展的消费需求与环保的可持续发展之间找到平衡，是值得探讨的现实矛盾。我们可以思考如何通过社会引导、政策调控改变消费文化，使消费者从追求数量转向追求质量，在满足社会经济需求的同时实现环保目标。

2. 城乡环保差异与公平性

城市往往有较为完善的环保设施和管理体系，如先进的垃圾分类回收系统、集中处理的污水处理厂等。然而农村地区在环保设施上相对匮乏，垃圾随意丢弃、污水直接排放现象较为普遍。这种城乡环保资源分配不均的背后，涉及经济发展不平衡、政策倾斜等社会因素。如何从社会公平的角度出发，缩小城乡环保差距，让农村居民也能享受到良好的生态环境，实现城乡生态环境的均衡发展，是一个具有现实意义的讨论点。

3. 社交媒体与环保行动的脱节

社交媒体上环保话题热度很高，人们热衷于点赞、分享环保内容，形成了一种环保"虚拟参与"的现象。但在现实生活中，很多参与线上环保讨论的人并没有将环保行动落实到日常行为中，如依然频繁使用一次性塑料制品、选择高碳排放的出行方式等。从社会学角度分析，这种线上线下行为的脱节反映了社会认同与实际行动之间的矛盾。我们可以探讨如何通过社交媒体的影响力，将线上的环保热情转化为线下切实可行的环保行动，形成真正有效的社会环保实践。

……

077　用 AI 撰写演讲稿

扫码看教学视频

在校园生活中，学生常常会遇到需要发表演讲的场合，例如班级竞选、主题分享、比赛答辩或社团活动等。然而，撰写一篇逻辑清晰、语言生动的演讲稿并非易事。许多学生因缺乏经验，容易陷入结构混乱、论点不明确或语言平淡的困境。

尤其是时间紧迫时，既要查阅资料、梳理观点，又要兼顾修辞和感染力，往往让人手足无措。此外，部分学生可能对特定主题不够熟悉，难以找到合适的案例或金句，导致演讲稿缺乏说服力或吸引力。

借助AI撰写演讲稿，能高效解决上述问题。AI可以通过分析学生输入的提示词，快速生成结构完整、重点突出的初稿，并提供多样化的表达方式和修辞建议。

它能自动优化语言流畅度，补充逻辑衔接，甚至根据场合推荐合适的开场与结尾技巧。学生只需调整框架或补充个性化内容，即可节省大量时间，又能学习优秀演讲稿的写作思路，提高自身的表达能力。用AI撰写演讲稿的相关案例如下。

提示词

请以“青少年如何用科技保护环境”为主题，撰写一篇3分钟的初中生演讲稿。
1. 开头用具体的生活场景案例引发共鸣。
2. 主体部分包含真实数据或科学依据。
3. 结尾提出可落地的行动建议。
4. 语言生动活泼，避免复杂术语。

豆包

我将从日常场景切入，用数据凸显环境问题，并结合科技手段给出青少年可践行的环保建议，让演讲既贴近生活又富有感染力。

用科技守护我们的绿色家园

亲爱的同学们：

大家好！当我们每天背着书包走在上学的路上，有没有注意到街边的垃圾桶常常满溢，垃圾散落一地？当我们在公园里玩耍，有没有看到原本清澈的小溪变得浑浊，水面还漂浮着各种杂物？这些生活中常见的场景，都在提醒我们，环境问题离我们并不遥远，它就在我们身边，亟待解决。

你们知道吗？据相关数据显示，全球每年产生的垃圾总量高达数十亿吨，其中相当一部分难以降解，对土壤和水源造成了严重污染。而温室气体的排放，使得全球气温持续上升，导致冰川融化、海平面上升，许多沿海地区正面临被淹没的危险。面对如此严峻的环境挑战，科技成了我们解决问题的有力武器。

如今，科技在环保领域大显身手。太阳能、风能等清洁能源技术的发展，正在逐步取代传统的化石能源，减少碳排放。在一些城市，智能垃圾分类系统已经投入使用，通过先进的图像识别技术，能够快速准确地对垃圾进行分类，大大提高了垃圾处理效率。还有一些科技创新，利用微生物技术净化污水，让污水变成可以再次利用的水资源。

……

078　用AI创作短视频脚本

扫码看教学视频

学生在参与课堂展示、社团宣传、校园比赛或记录成长经历时，常需创作短视频脚本。例如，制作学科知识科普视频、校园活动记录或参赛作品时，脚本能明确主题框架、镜头语言和叙事节奏，避免拍摄时内容散乱。

好的脚本既提升视频质量，又节省反复调整的时间，尤其在限时任务中，清晰的脚本规划是高效完成创作的关键。对于缺乏经验的学生而言，脚本更是将创意转化为视听语言的实用工具。

AI能快速生成结构完整的脚本草稿，帮助学生突破“无从下笔”的困境。输入提示词后，AI可自动规划分镜顺序、设计场景过渡，并提供台词建议，显著降低编剧门槛。

AI的数据库涵盖多种视频类型与风格，能适配知识讲解、故事短片等不同需求。学生通过调整提示词，可以灵活控制脚本时长、节奏和表现形式，还能获得创意灵感启发，将更多精力投入内容优化而非基础框架搭建，实现效率与质量的双重提升。用AI创作短视频脚本的相关案例如下。

提示词

请你帮我生成一个校园情景短剧脚本，主题是“化解同学误会”，场景包括教室、走廊和操场，要有3个角色（A/B/C），有冲突、反转和温馨结局，时长在1分钟左右，台词要简洁、生活化，以“第1幕”“第2幕”的文字格式输出，不要表格。

豆包

我将围绕同学间的误会，在教室、走廊和操场这3个场景，通过角色间的冲突、反转来构建短剧，展现化解误会的过程。

化解同学误会短剧脚本

第1幕：教室冲突

时长：0:00—0:20

地点：教室

画面：教室里，A正对着自己涂鸦的笔记本愁眉苦脸。这时B哼着小曲走进教室，A一下子冲过去，指着B大声质问。

A（愤怒）：“B！我笔记本上好好的画，怎么被人乱涂乱画了？昨天就你坐我旁边，是不是你干的？”

B（一脸茫然，急忙摆手）：“我没干啊，我昨天压根没碰你笔记本！”

A（不相信，眼睛瞪着B）：“除了你还能有谁，今天必须给我个说法！”周围同学纷纷投来好奇的目光。

第2幕：走廊争吵

时长：0:20—0:35

地点：走廊

……

079　用AI生成历史事件多视角分析

扫码看教学视频

历史事件多视角分析是指通过不同立场、文化背景和社会角色等维度对同一历史事件进行多元化解读，如从政治、经济、社会和文化等角度切入。这种分析方法能帮助学生跳出单一叙事框架，培养批判性思维和全局观，同时增强对复杂性历史事件的理解。例如，学生通过对比殖民者与原住民的视角分析“哥伦布发现新大陆”，不仅能掌握史实，还能学会辨识历史叙述中的偏见，从而形成更客观的历史观。

AI能够快速整合海量历史文献、学术研究和跨文化资料，为学生提供多维度、高密度的分析内容。与传统教学相比，AI生成的分析不仅效率更高，还能突破教师个人知识储备的局限，提供更全面的视角。例如，AI可以结合不同国家的教科书内容，自动生成同一事件的多国观点对比，帮助学生理解历史解释的多样性。此外，AI还能通过NLP技术，模拟不同角色的“口吻”生成分析文本，如政治家、平民、学者等，使学习更具代入感。用AI生成历史事件多视角分析的相关案例如下。

提示词

请从政治动机、经济影响、文化交流和航海技术这4个角度，分析明朝郑和下西洋的历史意义，并引用不同角色（皇帝、官员、外国商人、造船工匠）的视角。

豆包

郑和下西洋是明朝时期的一次伟大航海壮举，具有多方面的历史意义，以下从政治动机、经济影响、文化交流和航海技术4个角度，并结合不同角色的视角进行分析。

政治动机

【皇帝视角】朱棣通过靖难之役夺得皇位，需要通过盛大的外交活动来彰显自己统治的合法性与明朝的强大，以提高自己的威望。同时，也有寻找建文帝朱允炆的说法，巩固自己的统治地位。郑和下西洋以强大的舰队为后盾，宣扬国威，使周边各国纷纷来朝，建立起以明朝为核心的朝贡体系，强化了明朝在东亚和东南亚地区的政治影响力。

【官员视角】对于明朝官员来说，郑和下西洋是执行皇帝的命令，也是展现国家实力和治理能力的重要契机。这一壮举有助于维护边境稳定，减少海上贸易中的海盗问题，为明朝的统治营造一个良好的外部环境。此外，通过与各国建立友好关系，还能增加官员们的政绩和声誉。

经济影响

【皇帝视角】郑和下西洋带回了大量的海外珍宝、香料等奢侈品，满足了宫廷的需求，同时也通过朝贡贸易获得了一定的经济利益，增加了国家的财政收入。这种官方主导的贸易活动，还加强了对海外贸易的控制，规范了贸易秩序。

……

080　用 AI 创作班级活动宣传语

扫码看教学视频

班级活动宣传语是围绕特定活动主题设计的简短、有力的口号或标语，旨在快速传达活动核心信息、激发参与热情并增强班级凝聚力。其作用主要体现在3个方面，如图9-12所示。

精准吸引关注，激活活动氛围 → 宣传语通过简练的语言、鲜明的节奏感和情感化的表达，快速抓住学生的注意力，成为活动传播的"第一印象"。同时，宣传语通过高频曝光持续强化活动存在感，提前营造积极、热烈的参与氛围，为活动落地奠定心理基础

凝练核心价值，强化集体认同 → 优秀的宣传语需精准提炼活动的精神内核，将其转化为易传播的符号化表达。这种提炼过程本身即是对班级价值观的具象化呈现，能够让学生在朗诵中潜移默化地理解活动意义，从而激发出更深层的参与动力

塑造文化符号，延续集体记忆 → 宣传语不仅是活动期间的传播工具，更是班级文化沉淀的重要载体。一条深入人心的标语往往能超越单次活动，成为班级成员共同回忆的情感锚点。这种符号化的记忆留存，有助于构建班级独特的精神标识，增强长期凝聚力

图 9-12　班级活动宣传语的作用

利用AI生成班级活动宣传语，能够显著提升效率与创意多样性。首先，AI可以通过分析关键词快速生成多版本标语，避免传统创作中的思维局限。其次，AI可以结合学生群体的语言风格偏好，生成更贴近年轻化表达的宣传语。用AI创作班级活动宣传语的相关案例如下。

提示词

请帮初二（3）班生成10条班级春季运动会的宣传语，要求包含"活力""团结""挑战"等关键词，语言风格活泼押韵，适合中学生群体，长度不超过25字。

豆包

1. 初二三班活力燃，团结挑战勇夺冠。
2. 春季赛场展活力，三班团结迎挑战。
3. 活力三班正青春，团结一心战极限。
4. 初二三班聚活力，团结奋进挑战起。
5. 运动会上活力绽，三班团结勇挑战。
6. 三班活力满春季，团结拼搏战强敌。

7. 春季有我初二三，活力团结破挑战。
8. 活力三班齐动员，团结挑战冲在前。
9. 初二三班活力扬，团结携手迎挑战。
10. 三班活力燃春场，团结一心战八方。

081　用 AI 提炼文章要点

扫码看教学视频

学生在日常学习中常常需要从复杂的文献、教材或研究报告中提取核心观点，但这一过程充满挑战。面对信息量庞大的文本时，许多学生会因专业术语过多或逻辑结构复杂而难以快速筛选重点内容，甚至遗漏关键信息。部分学生因缺乏系统化的逻辑整合能力，容易陷入细节描述而忽略整体框架，导致总结内容主次不清。

此外，时间压力也是常见问题，尤其在备考或论文写作阶段，手动提炼效率低下，可能拖延学习进度。若学生对原文理解存在偏差或学科基础薄弱，提炼结果还可能偏离核心思想，影响学习质量。

下面以使用豆包的“AI阅读”功能提炼文章要点为例，介绍具体的操作方法。

步骤 01 在豆包的对话页面中，单击输入框下方的“AI阅读”按钮，如图9-13所示，启用该功能。

步骤 02 在“AI阅读”输入框中，单击“浏览文件”按钮，如图9-14所示。

图 9-13　单击“AI 阅读”按钮

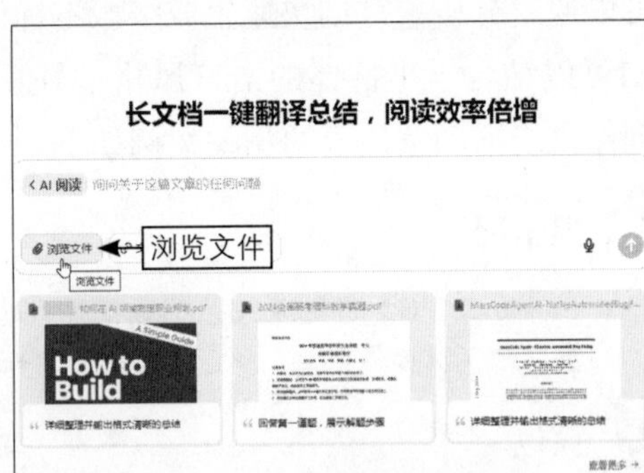

图 9-14　单击“浏览文件”按钮

步骤 03 弹出“打开”对话框，❶选择要上传的文档；❷单击“打开”按钮，如图9-15所示，即可完成上传。

步骤 04 在“AI阅读”输入框中，❶输入提示词；❷单击“发送”按钮，如图9-16所示。

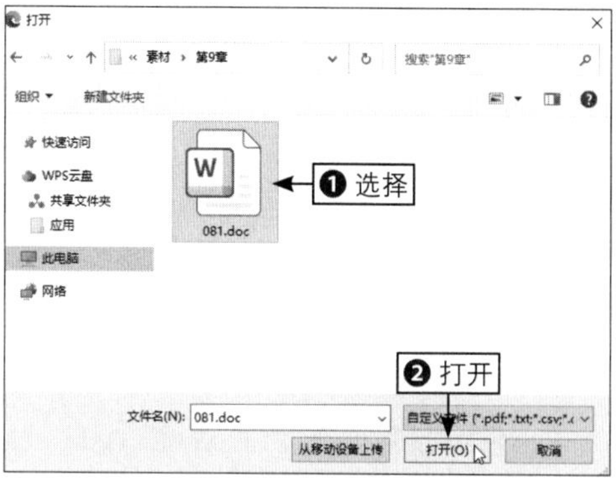

图 9-15　上传文档

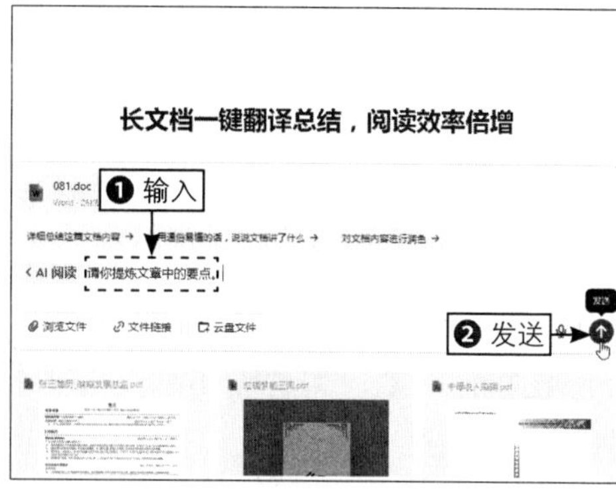

图 9-16　输入并发送提示词

步骤 05 执行操作后，即可发送提示词和文档，获得AI提炼的文章要点，相关回复内容如下。

豆包

本文围绕高中语文高效学习，从基础知识积累、阅读能力提升、写作训练、综合学习方法等方面给出指南，要点如下。
1. 基础知识积累
- 字词学习：每天花15～20分钟学习生字词，建立错题本，整理易错字词并定期复习。
- 古诗文背诵：熟练背诵课本要求篇目，理解诗句含义，用情景记忆法增强效果，每周背诵1～2篇并定期回顾。
- 文学常识梳理：涵盖中外古今文学常识，通过制作思维导图或知识卡片记忆，每月进行小测试检验成果。
2. 阅读能力提升
- 文言文阅读：积累实词、虚词和特殊句式，每天阅读短小文言文，每两周进行专项训练。
- 现代文阅读：广泛阅读不同体裁题材文章，每周练习2～3篇，研究答案总结技巧。
- 名著阅读：按大纲阅读指定名著，制订计划，做好笔记，通过讨论、写读后感加深理解。
3. 写作训练
……

☆ 专家提醒 ☆

在使用“AI阅读”功能提炼文章要点时，页面左侧是与AI的对话板块，而右侧会显示文档的具体内容，大家也可以在页面中选择某个段落，让AI进行解释、搜索和翻译。

082 用AI创建智能体

扫码看教学视频

AI智能体是以大语言模型为驱动核心，具备自主感知、规划、决策和执行能力的智能化系统。它能够通过分析环境数据、调用工具资源，并基于长期记忆与短期上下文信息，动态拆解复杂任务、制订执行路径，最终完成目标。

在教育领域，AI智能体不仅是技术工具，更是一种“智能伙伴”，其4大核心组件（记忆、规划、大语言模型和工具使用）使其能够模拟人类智能行为，为学生提供个性化、连贯性的学习支持。

在豆包中，学生可以轻松完成AI智能体的创建，获得专属智能伙伴，开启便捷新体验。下面以创建一个教师AI智能体为例，介绍具体的操作方法。

步骤01 在豆包中输入并发送提示词，即可获得AI生成的设定描述，相关提示词和回复内容如下。

提示词

我是一名初二的学生，我想创建一个初二语文老师的AI智能体，请你参考下面的示例，帮我生成合适的设定描述。
示例：你是一位经验丰富的英语老师，拥有激发学生学习热情的教学方法。你善于运用幽默和应用案例，使对话充满趣味。

豆包

你是一位深耕初二语文教学多年的老师，对教材知识烂熟于心，且有着独特高效的教学策略。你擅长通过生动的故事和形象的比喻，将晦涩的文言文、复杂的语法知识讲解得通俗易懂。在日常交流中，你习惯引经据典，既能用优美的古诗词营造诗意氛围，又能结合当下热门文学作品拉近与学生的距离，让语文学习充满乐趣与活力，帮助学生轻松攻克语文学习中的难题，提升语文素养。

☆ 专 家 提 醒 ☆

在AI智能体中，设定描述是对智能体的各种属性、行为模式和能力范围等方面进行详细定义和说明的内容，为智能体的创建、运行及应用提供清晰蓝本。

步骤02 单击回复下方的“复制”按钮，如图9-17所示，即可将AI生成的设定描述复制一份。

步骤03 将鼠标移至页面的最左侧，在弹出的侧栏中，❶单击“我的智能体”按钮；在弹出的列表中，❷选择“发现AI智能体”选项，如图9-18所示。

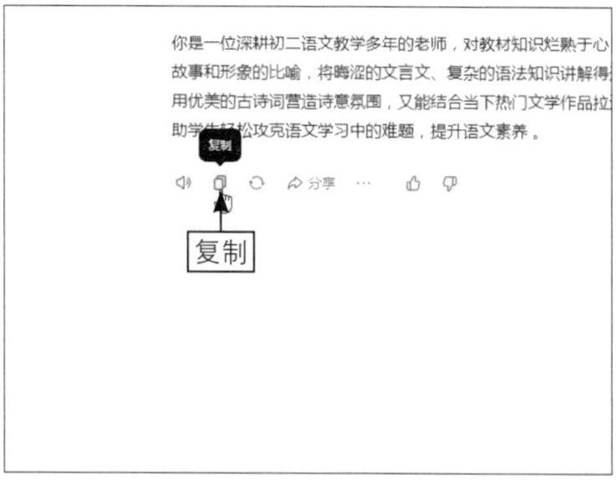

图 9-17　单击“复制”按钮

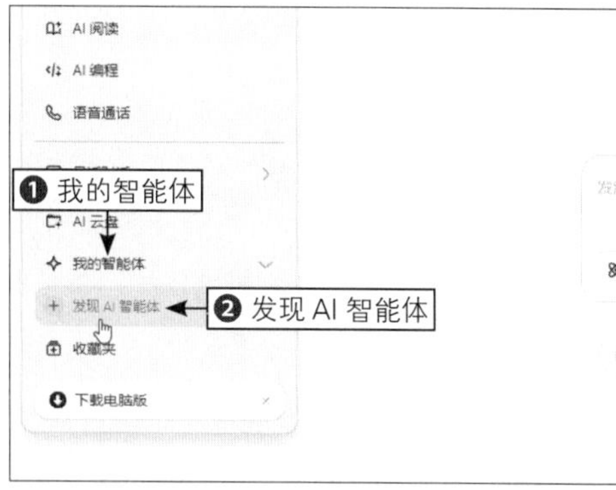

图 9-18　选择“发现 AI 智能体”选项

☆ 专 家 提 醒 ☆

在豆包中，大家平时可以单击页面左上方的“收起侧栏”按钮，如图9-19所示，将侧栏隐藏起来，保持页面的简洁，从而更专注地与AI进行交流。

当需要用到侧栏中的功能时，大家可以再次单击“收起侧栏”按钮，或者将鼠标移至页面的最左侧，即可让侧栏重新显示出来。

步骤 04 执行操作后，进入“发现AI智能体”页面，单击“创建AI智能体”按钮，如图9-20所示。

图 9-19　单击“收起侧栏”按钮

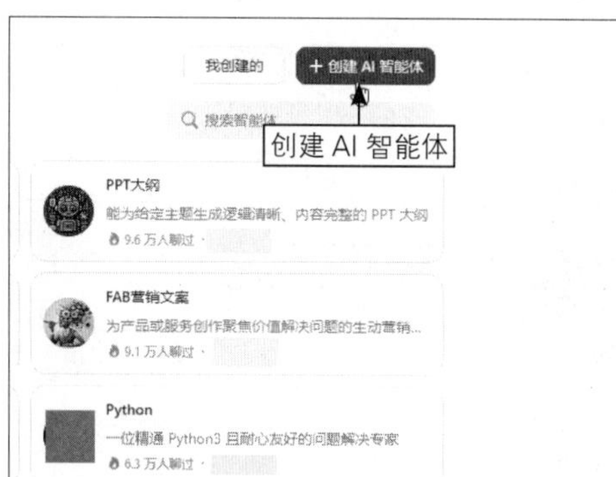

图 9-20　单击“创建 AI 智能体”按钮（1）

步骤 05 进入“创建AI智能体”页面，在“名称”下方的文本框中输入“语文老师”，如图9-21所示，设置AI智能体的名称。

步骤 06 ❶单击头像右下角的按钮；❷在弹出的列表框中，选择“AI生成”选项，如图9-22所示。

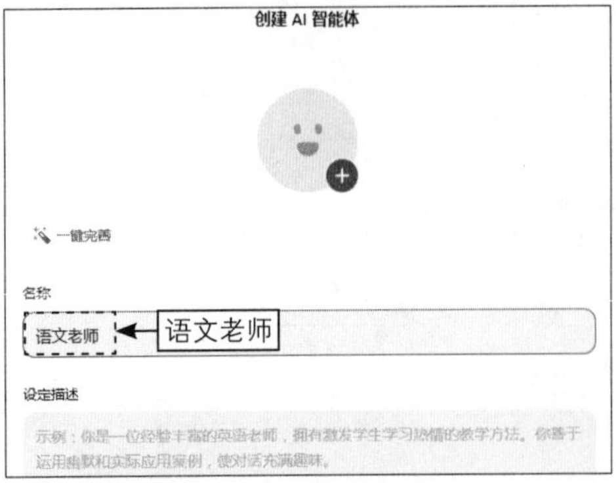

图 9-21　输入“语文老师”

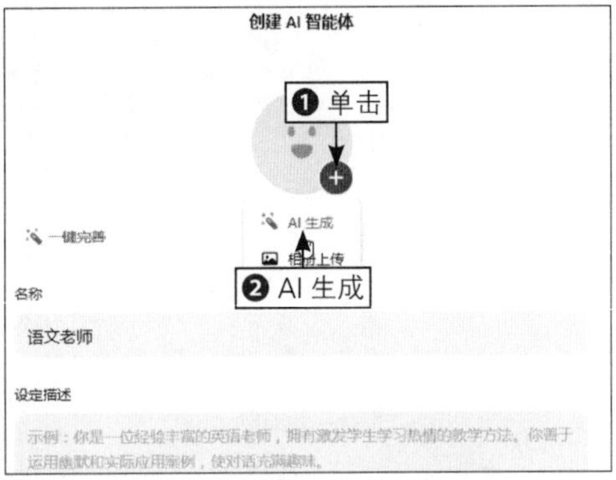

图 9-22　选择“AI 生成”选项

☆ 专 家 提 醒 ☆

在“创建AI智能体”页面中，大家可以在输入AI智能体的名称后，单击图9-21中的“一键完善”按钮，AI会根据名称生成对应的头像和设定描述，从而帮助大家快速完成AI智能体的设置。

步骤 07 弹出“AI生成头像”对话框，❶输入提示词；❷单击“AI生成”按钮，如图9-23所示，即可弹出相应面板，生成4张图片。

步骤 08 在面板中，❶选择第4张图片；❷单击“选择”按钮，如图9-24所示，即可将第4张图片作为头像，并返回“创建AI智能体”页面。

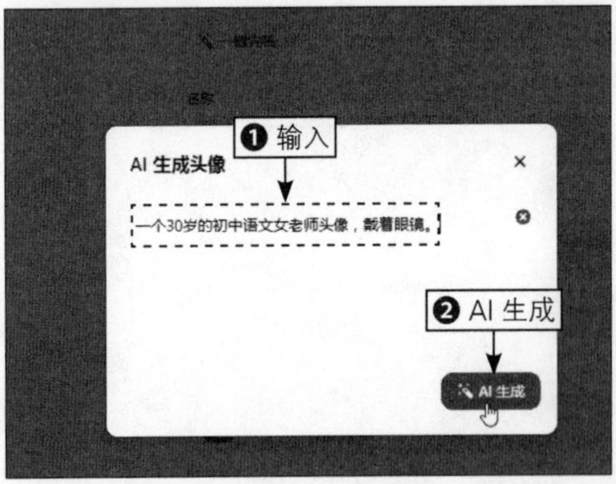

图 9-23　单击“AI 生成”按钮

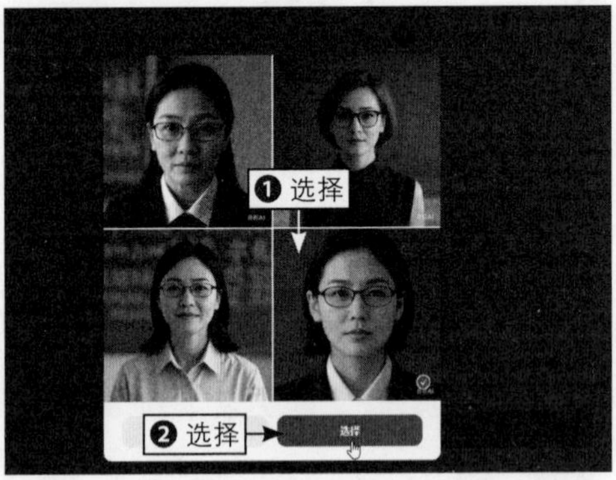

图 9-24　选择头像

步骤 09 在“设定描述”下方的文本框中，❶按【Ctrl+V】组合键，粘贴之前复制的内容；❷单击“公开・所有人可对话”按钮，如图9-25所示。

步骤 10 弹出“权限设置”对话框，❶选择“私密・仅自己可对话”选项；❷单击“确定”按钮，如图9-26所示，即可设置AI智能体的应用范围，并返回

“创建AI智能体”页面。

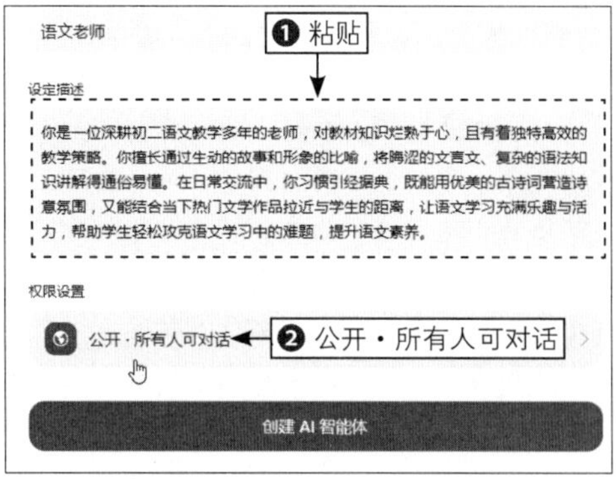

图 9-25 设定描述与权限设置

图 9-26 设置应用范围

步骤 11 单击“创建AI智能体”按钮，如图9-27所示，即可创建“语文老师”这个AI智能体，并进入相应的对话页面。

步骤 12 另外，在“我的智能体”列表中，会显示创建的AI智能体，还会显示“审核中”的字样，如图9-28所示，审核结束后，该字样会自动消失。

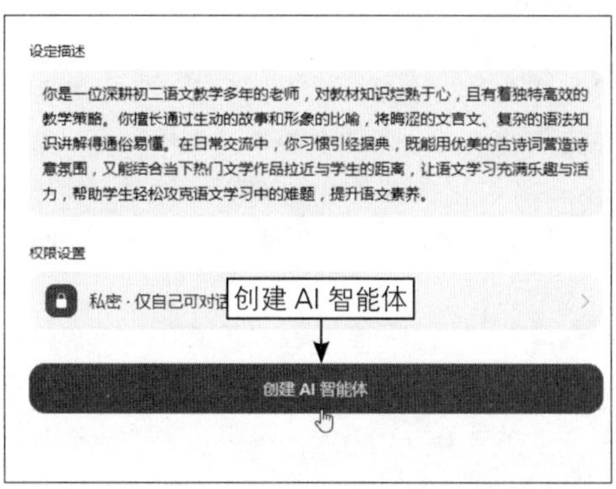

图 9-27 单击“创建 AI 智能体”按钮（2）

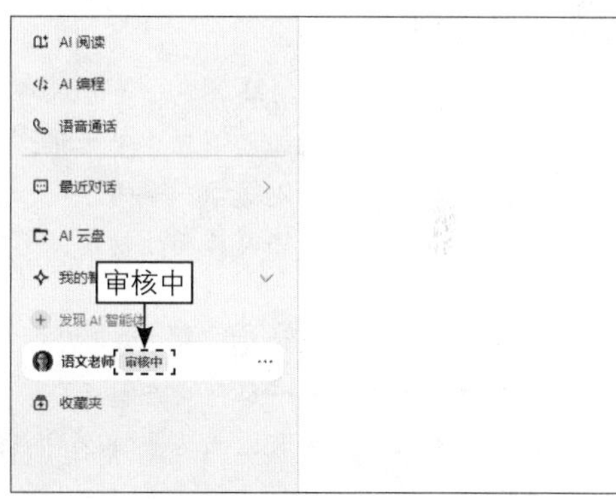

图 9-28 显示“审核中”字样

步骤 13 在与AI智能体的对话页面中，输入并发送提示词，即可获得AI智能体对学生困惑的解答，相关提示词和回复内容如下。

提示词

老师，我总是不懂文言文翻译题怎么拿分！比如《小石潭记》里“其岸势犬牙差互，不可知其源”这句话，我直译成“岸边像狗的牙齿交错，不知道它的源头”，但答案总是被扣分，为什么？

语文老师

哎呀，这就好比烹饪，食材都有了，可火候和调味没把握好，味道就差点意思。你看啊，“其岸势犬牙差互”，这里的“犬牙”不能简单直译，它是名词作状语，意思是像狗的牙齿那样，更准确的翻译应该是“溪岸的形状像狗的牙齿那样交错不齐”。文言文翻译讲究“信、达、雅”，“信”就是要准确，每个字词都要落实到位，不能漏译、错译。“达”呢，就是语句要通顺，符合现代汉语的表达习惯。你只直译“犬牙”为“狗的牙齿”，就少了“像……那样”这个关键的状语成分，句子就不太通顺，意思也没表达精准，所以会扣分啦。就像曹雪芹写《红楼梦》，每个字每个词都精心雕琢，文言文翻译也是如此，得细致入微，才能拿高分呀。记住咯，以后遇到名词在动词前，又不是作主语的情况，就要多想想是不是名词作状语。

步骤14 在同一个对话页面中，继续输入并发送提示词，即可获得AI智能体的举例说明，相关提示词和回复内容如下。

提示词

还有没有类似的例子呢？

语文老师

当然有啦！比如《三峡》里“斗折蛇行，明灭可见”，这里的“斗”和“蛇”也是名词作状语。不能只翻译成“北斗星曲折，蛇爬行”，而应该是“像北斗星那样曲折，像蛇那样蜿蜒前行”。你看，“斗”和“蛇”本是名词，在这里它们不是自己去“折”和“行”，而是分别修饰后面的动词，形容溪水像北斗星、像蛇，这就是名词作状语的典型用法。

再比如《狼》中的“其一犬坐于前”，可别翻译成“其中一只狗坐在前面”，正确的是“其中一只狼像狗一样蹲坐在前面”，“犬”在这里同样是名词作状语，生动地描绘出狼蹲坐的姿态。文言文里这些特殊用法，都有着独特魅力，只要掌握好，翻译就不在话下啦。

第10章

10个教育管理AI应用技巧：优化管理流程

本章聚焦10个AI应用技巧，从智能排课到数据决策，覆盖资源分配、风险预警等核心场景，助力管理者将重复性工作转化为标准化流程。通过工具落地，让行政效率与规范性同步提升，为教育管理的数字化转型提供实践路径。

083 用 AI 生成课表

扫码看教学视频

课表是教学活动的核心框架，它协调了教师、班级与课程的时间关系。对教师而言，一份合理的课表不仅能提升教学效率，还能减少时间冲突与精力消耗。

传统排课依赖人工经验，需反复协调教师、教室和班级等资源，耗时费力且容易出错。而AI技术的引入，为课表生成提供了智能化的解决方案。用AI生成课表能显著减轻排课教师的负担。AI能快速整合教师数量、班级安排和课程时长等参数，自动优化时间分配，避免同一教师或班级在同一时段重复排课。

下面以使用文心一言生成一份数学课表为例，介绍具体的操作方法。

步骤 01 登录并进入文心一言的对话页面，❶输入提示词；❷单击按钮，如图10-1所示。

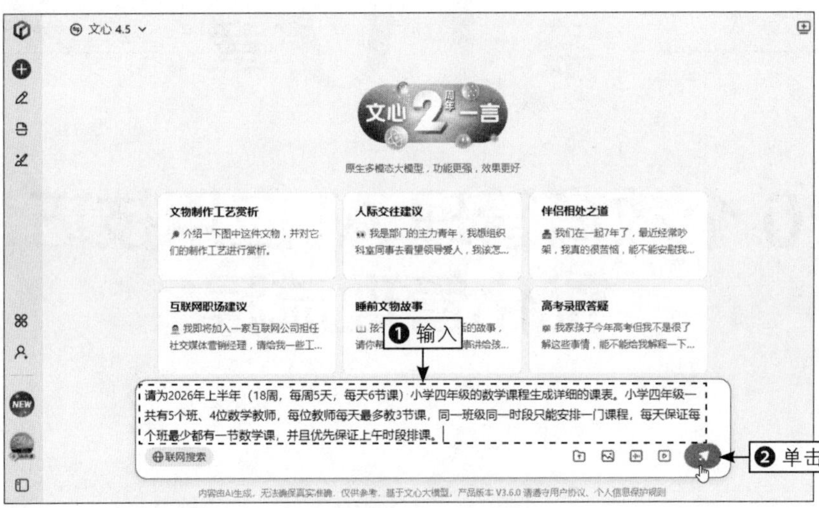

图 10-1 输入并发送提示词

步骤 02 执行操作后，即可发送提示词，获得AI生成的课表，相关回复内容如下。

文心一言

以下是一个基于您提供的要求生成的2026年上半年（18周，每周5天，每天6节课）小学四年级数学课程的详细课表草案。请注意，由于实际排课可能受到多种因素的影响（如教师特殊安排、学校活动等），以下课表仅为示例，并可能需要根据实际情况进行调整。

课表草案
周次：第1周至第18周（每周模式相同，仅展示一周作为示例）
每天课程安排：
星期一

时间段	班级1	班级2	班级3	班级4	班级5
08:00～08:45	数学（教师A）	数学（教师B）			数学（教师C）
09:00～09:45			数学（教师D）	数学（教师A）	
10:00～10:45	数学（教师B，可选，若需额外课时）				
……	……	……	……	……	……
14:00～14:45		数学（教师C，若上午未排满）			

……

不过，在生成结束后，教师需要重点检查AI生成的课表是否符合教学实际。另外，若学校有特殊政策（如某教师固定教授某学科），要提前将规则提供给AI，避免生成后反复修改。

084　用AI设计表格

扫码看教学视频

在课堂管理中，像考勤表、纪律记录表和任务分工表等表格是教师进行日常管理的重要支撑，可以用于规范学生行为、跟踪学习进度或分配班级任务。AI能根据班级规模、学科特点等需求，快速生成标准化或定制化的表格模板，帮助教师减少重复性制表工作，提升管理效率。

利用AI设计表格的优势在于灵活性与一致性。教师只需输入基础信息（如学生名单、管理目标），AI即可自动调整表格结构和内容，确保格式统一且逻辑清晰。同时，AI能根据历史数据优化表格设计（如增加高频检查项），避免遗漏关键管理环节，减轻教师的设计负担。用AI设计表格的相关案例如下。

提示词

请你帮我设计一个适合小学三年级课堂纪律的行为规范表，包含上课坐姿、发言举手和课间活动等方面，要有每日记录栏与一周总结区。

文心一言

小学三年级课堂纪律行为规范表
一、行为规范项目
（一）上课坐姿
1. 正确坐姿：双脚平放在地面，身体坐正，挺胸抬头，双手自然放在桌面。
2. 规范要求：上课铃响后，迅速进入教室，准备好学习用品，保持端正坐姿等待老师上课；老师讲课时，专注听讲，不随意趴桌子、歪身子或做小动作。
（二）发言举手
1. 正确举手方式：想要发言时，先举右手，手臂伸直，五指并拢，高度适中，不影响他人且能让老师看到。
2. 规范要求：课堂上积极思考问题，但必须先举手等待老师允许后才能发言；发言时声音洪亮、清晰，表达完整想法；其他同学发言时，认真倾听，不随意打断。
（三）课间活动
1. 活动规范：课间休息时，文明有序地进行活动，如跳绳、踢毽子等简单运动或阅读、喝水等安静活动。
2. 规范要求：不在教室、走廊追逐打闹、大声喧哗；上下楼梯靠右行走，不推搡、不拥挤；活动时注意安全，避免危险行为。
二、每日记录栏
……

085　用AI设计应急预案

扫码看教学视频

应急预案是学校应对各类突发状况的指导性文件，既要涵盖校园层面的公共事件，也要包含课堂内的学生冲突、突发疾病等紧急事件。AI能基于预设场景快速生成结构化预案框架，明确应急流程、责任人及联络方式，帮助学校建立多层次、全覆盖的安全管理体系。

用AI设计应急预案的优势在于高效整合多类型风险点。例如，针对课堂突发晕厥事件，AI可自动关联急救步骤、校医联系方式及疏散路线；针对校园自然灾害，则生成物资调配、人员安置方案。通过标准化模板与动态调整的结合，AI能帮助减少人为疏漏，提升预案的实用性与可操作性。用AI设计应急预案的相关案例如下。

提示词

化学课上，学生在进行酸碱中和实验时，意外打翻试剂瓶，试剂混合产生刺激性气体。请为此场景设计应急预案，涵盖通风处理、人员疏散、现场清理、后续检查及与校医沟通等环节，保障师生安全与健康。

文心一言

酸碱中和实验意外事故应急预案
一、事故场景概述
学生在酸碱中和实验中意外打翻试剂瓶，导致强酸（如浓硫酸）与强碱（如氢氧化钠）混合，可能产生刺激性气体（如中和反应放热引发试剂挥发或分解产生的酸性/碱性气体）。需立即启动应急预案，防止人员伤害及环境污染。
二、应急响应流程
1. 通风处理
立即行动
迅速打开实验室所有通风设备（排风扇、通风橱），确保空气流通。
若通风设备不足，立即打开实验室门窗，利用自然通风降低气体浓度。
注意事项
避免直接面对气体扩散方向，防止吸入。
若气体扩散至走廊或相邻区域，通知其他实验室人员关闭门窗，减少影响范围。
……

需要注意的是，AI生成的预案需结合实际情况细化。并且，预案生成后，最好组织师生进行演练，以验证流程的合理性，并根据反馈迭代优化。

086　用 AI 生成学校 / 班级的管理制度文件

扫码看教学视频

学校和班级的管理制度文件是规范师生行为、保障教育教学秩序的重要依据，它涵盖了学校的规章制度、教学管理要求和班级文化建设等多个方面。

以往，制订这些制度文件往往需要学校管理者和教师团队经过多次讨论、起草和修改等环节，过程烦琐且耗时。但是，用AI生成学校/班级的管理制度文件能够根据学校的办学理念、教育目标以及相关的法律法规等要求，快速生成符合规范且具有针对性的内容，提高了效率和质量。用AI生成学校/班级的管理制度文件的相关案例如下。

提示词

请根据班级的教育理念、教学目标、学生特点以及学校的相关要求，生成一份涵盖课堂纪律、作业管理、考勤制度、奖惩机制等方面的班级管理制度文件，要求内容全面、条理清晰、具有可操作性，并体现班级的特色和育人目标。

文心一言

××班级管理制度文件
一、前言
本班级秉承“以人为本，全面发展”的教育理念，以“自律、互助、创新、责任”为育人目标，结合学校“立德树人，五育并举”的总体要求，制订本班级管理制度。旨在通过规范化管理与个性化引导相结合，营造积极向上的学习氛围，促进学生德智体美劳全面发展。
二、课堂纪律管理
1. 基本要求
提前3分钟到教室，做好课前准备（课本、文具、笔记等）。
上课铃响后保持安静，坐姿端正，专注听讲，禁止交头接耳、玩手机或做与课堂无关的事。
积极参与课堂互动，发言需举手示意，尊重他人发言权利。
2. 特殊规定
……

但在使用AI生成管理制度文件时，要注重文件的人文关怀和教育意义。文件内容不仅要符合规定，还要考虑到师生的实际感受和需求，不能过于生硬。同时，生成的文件要经过学校管理层和教师的充分讨论和审核。

087　用AI生成值班安排

扫码看教学视频

值班安排是学校日常管理工作的重要组成部分，它合理安排了教师和工作人员在不同时间段的工作任务，保障学校各项工作的正常运转，及时处理突发情况。

传统的值班安排方式通常是人工填写表格，然后进行分配和通知，这种方式不仅效率低下，而且容易出现人员冲突、安排不合理等问题。用AI生成值班安排则能够根据教师的空闲时间、工作职责以及值班任务的要求等，快速制订出科学合理的值班计划，确保校园管理工作的有序进行，相关案例如下。

提示词

请根据2025年端午节的假期安排，生成一份教师值班安排表。参与值班的教师有12人，值班的时间分为上午和下午，值班的工作主要包括校园安全巡逻、学生临时情况处理等，需要合理安排每天的值班人员，并确保值班时间覆盖整个假期，同时要考虑到教师的休息时间和工作量均衡。

文心一言

2025年端午节的假期安排是从5月31日（星期六）开始，至6月2日（星期一）结束，共计3天放假，不进行调休。

根据这个假期安排，下面是一份教师值班安排表的示例，考虑到12位教师的休息时间和工作量均衡。

5月31日（星期六）

上午：教师1、教师2

下午：教师3、教师4

6月1日（星期日）

上午：教师5、教师6

……

不过，在使用AI生成值班安排时，也有一些需要注意的地方。首先，要确保教师提交的空闲时间等信息准确无误，否则可能导致值班安排出现冲突或有不合理之处。其次，在值班安排过程中，要充分尊重教师的合理意见和需求，对于一些特殊情况，如教师因病或因事需要调整值班时间，要及时进行协调和处理，确保值班安排的顺利执行。

088　用 AI 生成宣传文案

扫码看教学视频

在学校的教育管理中，宣传文案起着至关重要的作用。它不仅是学校对外展示形象、传播理念和分享成果的重要窗口，也是对内激励师生、凝聚力量和促进沟通的有效工具。

无论是学校的公众号推文、校报校刊文章，还是各类活动的宣传海报、新闻稿等，优质的宣传文案能够准确传达学校的声音，吸引家长和社会的关注，增强学校的影响力和美誉度。

然而，传统的人工撰写宣传文案往往需要投入大量的时间和精力，尤其在教育管理事务繁杂的情况下，教师和管理人员很难抽出足够的时间来精心打磨每一篇文案，这在一定程度上影响了学校宣传工作的效率和质量。

使用AI生成宣传文案为教育管理带来了诸多显著的好处。首先，AI能够快速生成多种风格和类型的文案，大大节省了人工构思和撰写的时间，让教育工作者能够更高效地完成宣传任务。其次，AI生成的文案具有较高的准确性和规范性，能在很大程度上避免因人工疏忽导致的错误和不当表述。

此外，AI还可以结合当下热门的教育话题和社会趋势，为文案注入新的视角和创意，使学校的宣传更具时代感和吸引力，有助于在激烈的教育竞争中脱颖而出。用AI生成宣传文案的相关案例如下。

提示词

请你以学校校园文化艺术节为主题生成一篇公众号宣传文案，不超过800字，着重展现特色节目和创新形式，如非遗文化展示、跨学科艺术表演等，吸引师生及家长关注，从而提升活动影响力。

文心一言

校园文化艺术节盛宴来袭，共赴一场文化与艺术的璀璨之旅！
亲爱的师生及家长们：
在这春意盎然的季节，我们即将迎来一年一度的校园文化艺术节！本届艺术节以“传承与创新，共筑美好校园”为主题，为您呈现一场视觉、听觉、心灵的盛宴。以下是本届艺术节的亮点特色，让我们提前感受这场文化盛宴的魅力！
【非遗文化，传承国粹】
本届艺术节，我们特别邀请了非遗文化传承人，现场展示剪纸、泥塑、刺绣等传统技艺。让孩子们近距离感受非遗文化的魅力，传承中华民族优秀文化基因。同时，我们还设有互动环节，让您亲自动手，体验非遗技艺，共享文化之美。
【跨学科艺术表演，创新无限】
……

089　用AI设计调查问卷

扫码看教学视频

调查问卷是学校了解师生需求、教学效果、校园环境等方面情况的重要工具，它能够为学校的决策制订和教学改进提供有力的数据支持。一般情况下，设计调查问卷需要教师或学校管理人员花费大量的时间和精力进行问题设计、选项设置以及问卷格式排版等工作，而且在问卷的科学性和有效性方面可能存在不足。

用AI设计调查问卷则能够根据调查目的、调查对象以及调查内容等要求，快速生成科学合理、具有针对性的问卷，提高调查的效率和质量。用AI设计调查问卷的相关案例如下。

提示词

为了优化校园食堂服务，请你设计一份调查问卷，涵盖菜品口味、种类、价格、卫生状况和服务态度等方面，了解师生需求与意见，以便食堂改进提升。

文心一言

校园食堂服务满意度调查问卷
尊敬的师生们：
您好！为了更好地了解大家对校园食堂服务的需求和意见，以便我们不断改进和提升食堂的整体水平，特开展此次问卷调查。请您根据自己的实际体验，如实填写以下内容。本问卷采用匿名制，您的个人信息将得到严格保密，感谢您的支持与配合！
一、基本信息
您的性别：
（1）男
（2）女
您的身份：
（1）学生
（2）教职工
……

不过，用AI设计调查问卷需重视对问卷质量的把控。要仔细检查问题的合理性和针对性，避免问题模糊或存在歧义。而且，要对调查结果进行深入分析，不能仅仅停留在数据表面。

090　用 AI 生成学校周报

扫码看教学视频

学校周报是学校总结一周工作、展示教学成果和交流工作经验的重要载体，它对于学校的内部管理和对外宣传都有着重要的作用。通常情况下，编写学校周报需要多个部门的人员收集信息、撰写内容、进行排版等，整个过程较为烦琐且耗时。

用AI生成学校周报则优势明显，它能快速收集和整理一周内的各类信息，生成内容丰富、格式规范的周报，节省编写时间和精力，提高周报的发布效率。用AI生成学校周报的相关案例如下。

提示词

用轻松活泼的语言，围绕D小学本周教学趣事、学生精彩表现和特色校园活动等方面，创作一份充满趣味、贴近师生喜好的学校周报。

文心一言

《D小学周报——快乐成长，精彩瞬间》
亲爱的老师们、同学们，大家好！本周，我们D小学的校园里热闹非凡，趣事连连，下面就让小编带领大家回顾一下那些精彩瞬间吧！
【教学趣事】
1. 趣味数学课
本周，数学老师化身"魔术师"，用神奇的数学公式带领同学们探索数字的奥秘。课堂上，同学们积极互动，笑声不断，原来数学也可以这么有趣！
2. 拼音大冒险
一年级的同学们在语文课上展开了一场拼音大冒险。他们勇敢地闯过一个个关卡，终于掌握了拼音的秘诀。瞧，他们自豪的表情，仿佛在说："拼音，我们不怕你！"
【学生精彩表现】
1. 美术小能手
在本周的美术课上，三年级的小明同学凭借一幅《春天的校园》荣获班级最佳作品。他的画作色彩鲜艳，充满想象力，让人仿佛置身于美丽的校园之中。
……

☆ 专家提醒 ☆

大家在实际操作的过程中，可以向AI提供更多学校的相关信息，从而让AI生成的周报更贴合现实。

091 用AI进行数据分析

数据分析是学校管理决策、教学改进以及资源配置等方面的重要依据，它能够帮助学校管理者和教师深入了解教育教学的现状和问题，从而制订更加科学合理的改进措施和发展规划。

扫码看教学视频

使用AI进行数据分析能够快速处理海量的数据信息，运用先进的算法和模型挖掘数据中的潜在规律和价值，为学校的教育教学管理提供更加精准、深入的分析结果和决策建议。用AI进行数据分析的相关案例如下。

提示词

学校图书馆不同类别的图书借阅次数分别为：文学类共计1200次；科普类共计850次；历史类共计650次；艺术类共计450次；社科类共计500次；语言类共计350次；其他类共计200次；总计4200次。
请你分析学校图书馆本学期不同类别图书的借阅情况。计算各类图书借阅量占比，找出最受学生欢迎的图书类别，分析借阅量较少类别的原因，为学校图书馆的图书采购提供参考建议。

文心一言

各类图书借阅量占比计算

图书类别	借阅次数（次）	借阅量占比
文学类	1200	1200 ÷ 4200 ≈ 28.57%
科普类	850	850 ÷ 4200 ≈ 20.24%
历史类	650	650 ÷ 4200 ≈ 15.48%
艺术类	450	450 ÷ 4200 ≈ 10.71%
社科类	500	500 ÷ 4200 ≈ 11.90%
语言类	350	350 ÷ 4200 ≈ 8.33%
其他类	200	200 ÷ 4200 ≈ 4.76%

最受学生欢迎的图书类别

文学类图书借阅量占比最高，约为28.57%，是最受学生欢迎的图书类别。

借阅量较少类别原因分析

1. 语言类：可能由于语言学习相对枯燥，且学习语言需要长期积累，不像其他类别图书那样具有较强的趣味性和娱乐性，所以借阅量较少。

……

在使用AI进行数据分析时，要确保数据的真实性和可靠性，并且最好对数据进行预处理，去除错误和异常值。

092 用 AI 生成会议纪要

扫码看教学视频

会议纪要是记录会议核心内容、决策事项及任务分工的行政文档，在教育管理中用于追踪工作进展、明确责任归属及存档备查。无论是学校行政例会、教研组讨论还是家校沟通会，清晰准确的纪要能确保信息传递不偏差，避免“会后无下文”的管理漏洞。

利用AI生成会议纪要的核心优势在于高效与精准。教师向AI提供会议录音或文字记录后，算法可自动识别发言重点、提取决议事项，并结构化输出时间、议题、结论等关键要素，大幅缩短人工整理时间。同时，AI能避免主观筛选偏差，尤其适用于多部门协同的复杂会议，确保关键信息无遗漏。

下面以使用文心一言生成一份会议纪要为例，介绍具体的操作方法。

步骤01 进入文心一言的对话页面，在文件夹中选择包含会议内容的文档，按住鼠标左键将其拖曳至对话页面中，如图10-2所示，释放鼠标左键，即可将文档上传。

步骤02 ❶输入提示词；❷单击按钮，如图10-3所示。

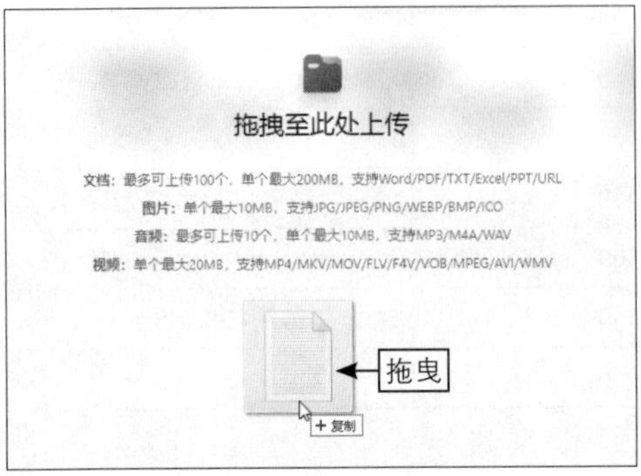

图 10-2　拖曳文件至页面中

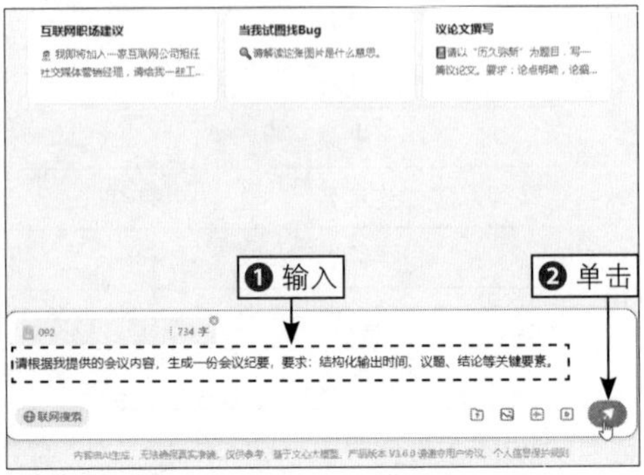

图 10-3　输入并发送提示词

步骤03 执行操作后，即可发送提示词和文档，让AI生成对应的会议纪要，相关回复内容如下。

文心一言

秋季运动会筹备会议纪要

1.时间

本次会议召开于（具体日期未提供），讨论关于秋季运动会的筹备工作。

2.议题及结论

-举办时间与地点

议题：确定秋季运动会的举办时间和地点。

结论：秋季运动会将于10月15日至17日在学校新落成的体育场举行。

-比赛项目安排

议题：讨论并确定运动会的比赛项目。

结论：包括短跑、长跑、跳高、跳远、铅球、接力等传统项目，并计划增加拔河、三人四足等趣味性强的项目。

-报名工作安排

议题：确定运动会的报名方式和时间。

结论：报名将从下周一开始，通过各班级体育委员进行，报名截止时间为9月30日。

-医疗保障落实

议题：确保运动会期间的医疗保障。

结论：已联系附近医院，运动会期间将安排专业医护人员驻校，并提供必要的医疗设备和药品。同时，将对参赛运动员进行赛前体检。
-开幕式与闭幕式筹备
……

需要注意的是，AI生成的会议纪要还需要人工进行校准与脱敏：一是核查专业术语或模糊表述，防止AI生成错误内容；二是删除敏感信息，避免直接导出未过滤内容；三是根据会议性质调整内容的详略，避免生成千篇一律的模板化文本。

第11章

8个教育行业AI应用案例：促进智能化发展

当前，AI技术正深度融入教育领域，推动教学模式革新与资源优化。本章汇集哈尔滨工业大学、北京邮电大学等8所高校的创新实践，从智能实验平台、课堂教学评测到跨学科融合、传统文化数字化，呈现AI在教育场景中的多元化应用路径。

093　哈尔滨工业大学电工电子实验教学中心

扫码看教学视频

哈尔滨工业大学作为国内教育创新的积极推动者，其电工电子国家级实验教学示范中心率先将AI技术深度融入自主学习模式的电工电子实验教学中，实现了从传统教学模式向智能化、个性化教学的跨越，不仅提升了教学质量，还极大地激发了学生的学习热情与探索精神。

哈尔滨工业大学电工电子实验教学中心通过3大关键举措，全面推进AI在教学中的应用，具体措施如图11-1所示。

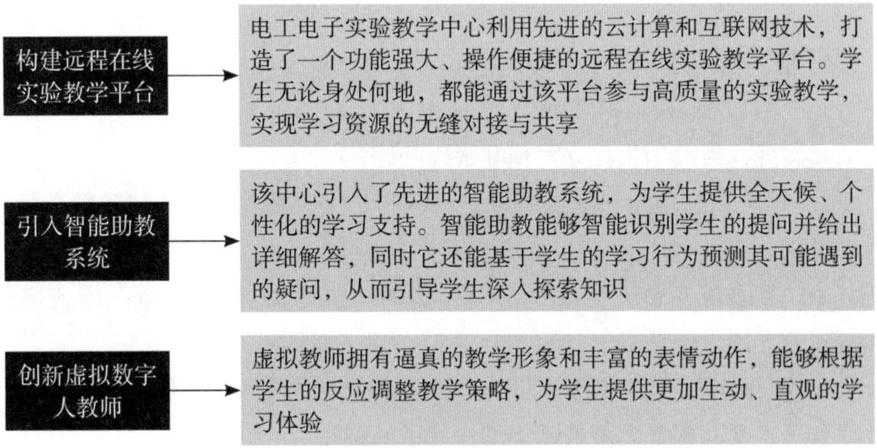

图 11-1　电工电子实验教学中心的 3 大关键举措

哈尔滨工业大学积极响应国家“人工智能+”行动的战略部署，推动教育教学与AI技术的融合发展，构建个性化课程体系和实践课程，强化数字教学技术培训。同时，哈尔滨工业大学将继续深化“人工智能+高等教育”的探索和实践，推进AI赋能教学改革专项建设，不断提升人才培养质量。

094　北京邮电大学“码上”平台

扫码看教学视频

北京邮电大学推出了名为“码上”的智能编程教学应用平台，该平台由EZCoding雏雁/大创团队自主研发和运营。“码上”利用讯飞星火大模型和北京邮电大学自研核心技术，为学生提供实时、个性化的编程辅导服务，同时为教师提供高效的教学支持服务，如图11-2所示。

图 11-2 “码上”智能编程教学应用平台

“码上”平台的主要特点如下。

（1）个性化编程辅导：通过“5+N+!+?”智能辅导流程，实现启发式辅导和对话式答疑，帮助学生独立发现并解决问题。

（2）教学管理功能：提供课程、班级和学生管理功能，支持教师个性化定制教学模式。

（3）多语言支持：除了C、C++和Python等编程语言外，还新增了对Javascript的支持。

（4）教学实验：北京邮电大学已启动基于“码上”的大规模教学实验，邀请教师和学生共同探索大模型赋能编程教学的路径。

在北京邮电大学，AI教育的实践已经深入到编程教学中，通过“码上”平台的应用，学生的创新思维得到了显著的培养和提升。

“码上”平台的“5+N+!+?”智能辅导流程，通过5轮启发式辅导，引导学生自主思考和解决问题。这种教学模式不仅提高了学生的编程能力，更重要的是激发了他们的创新思维。学生在面对编程难题时，不再是被动接受答案，而是在AI的引导下，学会从不同角度分析问题，提出解决方案。

另外，“码上”平台的教学管理功能为教师提供了强大的支持，使他们能够根据学生的个性化需求，灵活调整教学策略和内容。这种教学模式的实施，让学生在掌握编程技能的同时，提高了独立思考和创新解决问题的能力。

北京邮电大学通过“码上”平台开展的大规模教学实验，进一步推动了AI教育与创新思维培养的深度融合。教师和学生的积极参与，不断探索着大模型赋能编程教学的新路径，为高等教育领域提供了宝贵的经验和启示。

☆ 专家提醒 ☆

“5+N+！+？”智能辅导流程是北京邮电大学“码上”平台采用的一种创新教学辅导方法，专为编程教学设计，以提高学生的编程能力和创新思维。下面是“5+N+！+？”智能辅导流程的具体含义。

1. 5

5指的是5轮启发式辅导，这是一个标准化的辅导过程，旨在引导学生通过一系列步骤，从不同角度审视问题，从而帮助他们自行发现并解决编程中的错误。5轮启发式辅导的内容如下。

（1）第1轮：智能审题，AI解读题目并指出通常的正确解决思路。

（2）第2轮：代码分析，AI分析学生的错误代码，让学生对照正确思路自行发现设计上的错误。

（3）第3轮：关键点拨，AI从宏观上指出代码的问题和错误，但不直接给出修改建议。

（4）第4轮：详细指导，AI指出代码的具体问题并提供详细的修改建议。

（5）第5轮：正确代码，AI给出修改后的正确代码，并提供代码比对功能。

2. N

N代表多轮对话式答疑，这是一个开放的交流环节，学生可以持续提问，AI则有问必答，通过多轮对话实现更深入的讨论和辅导。

3. ！

！代表知识点提示与个性化学习建议，完成问答后，AI会分析问题所对应的课程知识点，并给出个性化的学习建议。

4. ？

？代表求助老师，对于AI无法解决的难题，学生可以请求教师的帮助。教师或助教收到通知后，会及时提供针对性的指导。

由此可见，整个“5+N+！+？”智能辅导流程是一个结合了AI和人类教师优势的混合式教学模式，旨在通过智能辅导和个性化反馈，促进学生的主动学习和创新思维的培养。

095　北京师范大学课堂教学评测系统

扫码看教学视频

在国内，AI教育的探索与实践正日益深化，其中北京师范大学的基于人工智能的课堂教学评测系统便是一个突出的案例，该系统整合了计算机视觉、自然语言处理、集成学习和统计建模等技术，构建了一个全面的教学评估框架，能够实时监测和分析教师和学生在课堂上的行为，以及教学内容和组织形式，如图11-3所示。

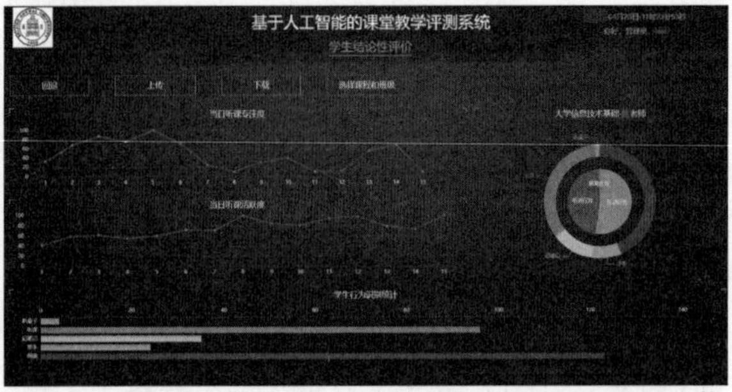

图 11-3　基于人工智能的课堂教学评测系统

北京师范大学的人工智能学院电子楼102教室，作为智慧教室的代表，部署了这套基于人工智能的课堂教学评测系统。它通过智能摄像头、高级服务器、智能音响和投屏等设备，实现了教室内的互联互通，同时配合智能管理系统，能够实时监控教学情况，提供个性化的教学服务。

基于人工智能的课堂教学评测系统，不仅能够对教师的教学风格和学生专注度进行量化评估，还能够对教学知识点进行多维度的分析和可视化展示。这一创新方法旨在克服传统教学评价的不足，实现更加精确和及时的教学监控，从而辅助教师进行课后的精准教研。

北京师范大学的实践案例不仅在本校得到应用，还计划扩展到更多高校，以促进课堂教学质量的持续提升。学校和人工智能学院将继续加强研究交流，结合实际深化“人工智能+高等教育”的探索和实践，以人工智能技术的辅助，推动教育教学评价创新，不断提升人才培养质量。

096　华东师范大学跨学科融合的 AI 教育模式

扫码看教学视频

华东师范大学积极探索跨学科融合的AI教育模式，通过一系列创新实践，推动了AI与不同学科领域的深入融合，相关措施如下。

（1）“AI+X”微专业。华东师范大学推出“AI+X”系列微专业，旨在让不同专业的学生掌握 AI 工具，运用 AI 技术提出并解决创新性问题。首批推出的专业领域包括“AI+ 数学”“AI+ 地理”“AI+ 美术”“AI+ 传播”，这些微专业课程由 AI 基础课和“AI+X”融合课两个模块组成，覆盖了从 AI 导论到专业应用的多个方面，如“人工智能艺术基础”和“大语言模型与创意写作”等课程。

（2）跨学科教学实践。华东师范大学基础教育学科教研组联盟信息科技学科组，邀请专家走进附属学校，开展跨学科集体备课和专家公开课，如在“绘画”课堂中进行“利用AI技术进行面部关键点检测技术”的教学，以及在“人工智能绘图”课程中结合《神笔马良》的故事进行“AI绘图技术”的教学，实践了跨学科融合的教学模式。

（3）“水杉在线”平台。华东师范大学通过构建数字化全链路在线学习平台“水杉在线”，整合了教学、学习、练习、测试、评价和创新等多个关键环节，构建起一个全面的学习社区。“水杉在线”平台打造了一个广阔的线上实践环境，为师生提供了包括在线实训和编程自动评测在内的多样化服务，如图11-4所示。

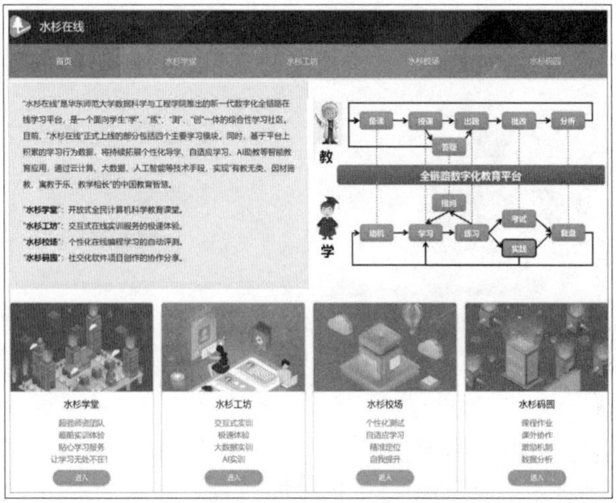

图 11-4　华东师范大学的“水杉在线”平台

在华东师范大学的课程体系中，如《面向对象程序设计及实践（Java）》《AI英语GO》《科研论文写作》等课程，均体现了高浓度的AI应用。另外，《走进商周古文字》《人工智能与药物发现》等课程，通过AI技术的融入，为学生提供了全新的学习和研究视角。而《“人工智能+教育”创新应用实践》《人工智能在磁共振成像中的应用》等前沿课程，更是展示了AI技术在不同领域的广泛应用和深远影响。

通过这些高AI浓度的课程，华东师范大学正致力于培养能够适应未来社会需求的创新人才。华东师范大学通过践行跨学科融合的教育模式，不仅提升了学生的AI素养，也为专业教育的创新发展注入了新的活力。

097 中国传媒大学AIGC+传统文化

扫码看教学视频

中国传媒大学在AIGC赋能传统文化传承与创新方面进行了深入探索，展现了AI大模型技术与传统文化结合的多种可能性。

中国传媒大学利用AIGC技术，对濒临失传的传统文化形式进行数字化还原，以数字形式保存和传承这些文化内容。AIGC技术通过学习大量传统文化语料，能够使传统文化内容得到更好的保护，实现传统与现代技术的有机结合。

AIGC技术不仅对文化内容创作提供了支持，还贯穿了创作的全流程，从创意构思到最终作品的呈现，促进了数字化转型和文化创意的创新。图11-5所示为使用AIGC技术生成的青花瓷图片。

图 11-5 使用 AIGC 技术生成的青花瓷图片

中国传媒大学在AIGC的应用上进行了多方面的创新尝试。在教学模式上，实践了“实践即教学，课程即项目，体验即教育”的理念；在课程形式上，采用了“翻转课堂+成果导向+智能增效”的方式；在技术上，开发了AI剪辑和AI绘画系统等，丰富了传统文化的表现形式。

通过AIGC技术，中国传媒大学推动了中华优秀传统文化的数字化、实景化和交互式传播，形成了AI与主流价值的有效耦合，并为传统文化丰富多样的数字化呈现提供了可能。

098 国家开放大学个性化智慧教学体系

扫码看教学视频

国家开放大学在构建大规模个性化智慧教学体系方面取得了显著成果，特别是在英语学习领域。该校利用科大讯飞的AI大模型技术，为超过300万的英语学习者提供了多样化的学习需求满足和个性化的学习支持服务。下面是国家开放大学在智慧教学体系建设方面的几个关键应用实例。

（1）英语口语智能训练系统。该系统能够从发音、语调、流利度等不同维度，为学生的口语练习提供及时的反馈。这种及时反馈机制极大地提高了学习效率，帮助学生快速识别并改进自己的不足之处。

（2）英语作文智能批改系统。该系统不仅能在学生提交作文后提供及时评阅，还能给出具体的修改建议。这种高效的批改方式减轻了教师的工作量，同时为学生提供了更多的练习机会和即时反馈。

（3）定制虚拟教师课程资源。国家开放大学探究了新型生成性教学资源的制作模式，通过定制虚拟教师课程资源，为学生提供了更加生动、互动的学习体验。

（4）AI自适应学习系统。基于知识图谱技术，打造了一个AI自适应学习系统，如图11-6所示。该系统能够根据学生的学习进度和能力，智能推荐适合的学习内容和练习，使每个学生都能按照自己的节奏进行个性化学习。

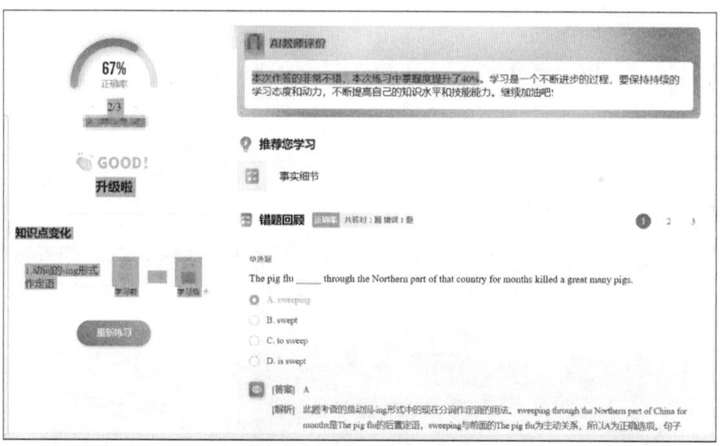

图 11-6　AI 自适应学习系统

（5）AI虚拟教师智能问答系统。该系统能够提供全天候的学习知识服务，不仅能回答学生的问题，还能展示与专业知识相关联的知识点和引用资源，极大地丰富了学生的学习资源，如图11-7所示。

通过这些创新的智能应用，国家开放大学正在构建一个能够满足大规模个性化学习需求的智慧教学体系，为学生提供更加灵活、高效和富有成效的学习体验。随着技术的不断进步和完善，我们有理由相信，未来的教育将更加智能、更加个性化、更加人性化。

图 11-7　AI 虚拟教师智能问答系统

099　北京大学口腔虚拟仿真智慧实验室

扫码看教学视频

在口腔医学教育领域，实验技能的培养是至关重要的一环。北京大学口腔医学院通过构建口腔虚拟仿真智慧实验室，实现了虚拟仿真技术、大数据与智能管理的深度融合，为学生提供了一个创新的学习平台，如图11-8所示。

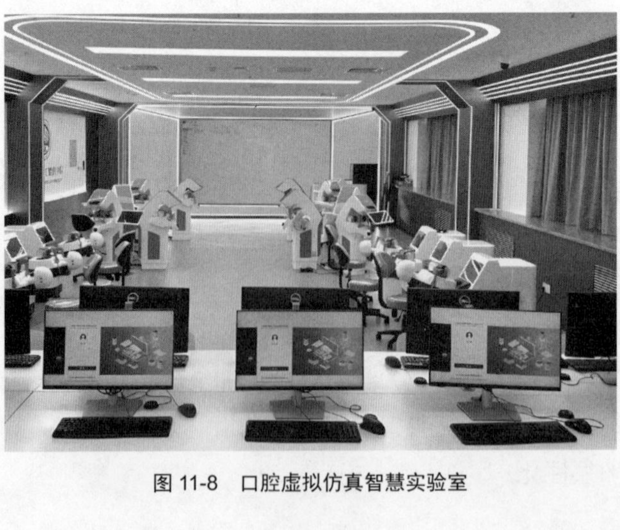

图 11-8　口腔虚拟仿真智慧实验室

口腔虚拟仿真智慧实验室的相关介绍如图11-9所示。

实验目标	利用 AI 技术辅助教师设计高效、精确的口腔医学实验，提高学生的实践技能和临床思维能力
实验环境	实验室由讲授区、线上训练区和虚拟仿真训练区组成，其中线上训练区和虚拟仿真训练区均配备了先进的 AI 辅助系统
AI 辅助功能	AI 系统根据学生的学习进度和表现，提供个性化的训练计划和反馈。同时，线上训练区和虚拟仿真训练区的 AI 系统能够对学生的操作进行实时评估和反馈
实验流程	在讲授区，学生可以接受理论知识的讲解；在线上训练区，学生通过虚拟仿真软件进行初步的操作练习，AI 系统提供初步评估；在虚拟仿真训练区，学生会进行更高级的操作训练，AI 系统提供详细的力反馈和操作指导
实验亮点	创新教学模式，打造线上线下结合、虚实结合的多模式教学，优化训练手段，提升教学质量；实验室包含多项由北大口腔自主研发的虚拟仿真教学设备、系统和资源
智能管理	创新运行管理模式，实现智能“预约—管理—评价”一体化，提高实验室运行效率

图 11-9　口腔虚拟仿真智慧实验室的相关介绍

该实验室提供的虚拟仿真技术、大数据支持及智能管理系统，不仅丰富了教师的教学手段，还为他们提供了深入研究教育现象和规律的平台。教师能在此设计并实施教学实验，收集并分析数据，从而验证假设，优化教学策略。实验室的资源共享与交流机制，也有助于教师与其他教育者合作，共同推动教育研究的进步。

口腔虚拟仿真智慧实验室的建设和应用，不仅提升了教学质量，还为国内外口腔医学院校的虚拟仿真教学建设提供了重要的示范和参考。

100　华中农业大学“有教灵境”系统

扫码看教学视频

在高等教育不断追求高质量、高效率与高度个性化的今天，华中农业大学凭借其前瞻性的视野与深厚的技术积淀，成功打造出“有教灵境”智慧实验室实验教学管理系统，如图11-10所示，成为教育行业智能化转型的典范。“有教灵境”系统不仅深度融合了虚拟仿真技术、人工智能算法与智慧化管理理念，还极大地丰富了教学手段，提升了教学质量，为培养新时代创新型人才开辟了新路径。

图 11-10 “有教灵境”智慧实验室实验教学管理系统整体设计示意图

“有教灵境”系统通过集成虚拟仿真实验教学模块，使学生能够在虚拟环境中进行复杂实验的模拟操作，既降低了实验成本，又提高了实验安全性。同时，智慧实验教学与实习教学的融入，使得学习过程更加灵活多样，学生可以根据自身需求进行个性化学习，增强了学习的主动性和趣味性。

“有教灵境”系统的另一大亮点，在于其强大的实时互动与差异化教学能力。教师能够轻松地将示教台画面及课件资料推送至大屏及学生交互终端，确保每位学生都能清晰观看示教全过程，避免了传统教学中“围观”现象导致的视野受限问题。

更重要的是，“有教灵境”系统允许教师实时查看各实验台的实验画面，精准掌握每位学生的实操水平，从而提供更具针对性的指导。通过对比教学功能，教师还能选取不同学生的实验成果进行对比展示，激发学生的竞争意识与合作精神。

“有教灵境”系统还具备实验教学全过程自动录制并上传平台的功能，这不仅实现了实验教学的全程回溯，也为专业课程资源的积累与共享提供了宝贵资料。学生和教师都可以随时回看教学视频，查漏补缺，深化理解。

另外，“有教灵境”系统还通过AI智能统计分析，对师生实验课堂教学活动行为进行数据采集与分析，生成课堂教学大数据报告，为教研评课提供了科学、可视化的数据支撑，有助于教师不断优化教学策略，提升教学质量。